조선 최고의 호조판서 권이진

2024년 4월 10일 초판 1쇄 찍음
2024년 4월 20일 초판 1쇄 펴냄

지은이   권선준
펴낸이   이상
펴낸곳   가갸날
주소   경기도 고양시 일산동구 강선로 49, 402호
전화   070.8806.4062
팩스   0303.3443.4062
이메일   gagyapub@naver.com
블로그   blog.naver.com/gagyapub
페이지   www.facebook.com/gagyapub
디자인   강소이
ISBN   979-11-87949-98-5(03910)

조선 최고의
호조판서 권이진

권선준 지음

가갸날

머리말

잠자던 과거의 이야기가 새롭게 다가오는 것은 살아있는 현재에 메시지를 던질 때이다. 그건 자연스럽게 미래가 던지는 물음에 대한 응답도 될 것이다. 가속화되는 초현대문명의 질주 속에서 굳이 역사를 돌이켜 보는 것은 바로 이런 이유 때문이다. 우리가 흔히 역사에서 배운다는 것은 과거를 통해 현재를 배우고, 현재에 비추어 과거를 배운다는 의미다. 저명한 역사학자 카(E. H. Carr)는 "과거가 미래를 밝혀주고 미래가 과거를 밝혀주는 것이야말로 역사의 정당화인 동시에 역사의 설명이다."라고 말했다.

최근 미래학자들은 과학기술의 비약적인 발전으로 인류는 존립을 위협받는 심각한 위기에 봉착할 것이라고 경고하고 있다.《사피엔스》의 저자 유발 하라리는 인공지능의 개발을 잠시 멈춰야 한다는 지적도 하고 있다. 현재 우리가 당면한 혼란과 두려움으로 전통적 가치의 권위는 심각하게 위협받고 있다. 종교도 사상도 민주주의도 미래의 길을 제대로 밝히지 못하고 있다. 특히 서구 물질문

명과 결이 다른 우리의 전통 문화와 가치는 더 많이 위축되고 자리를 잃어가고 있다.

과거 그대로 박제된 상태로 두어서는 전통의 가치를 유지 존속할 수 없다. 끊임없이 현재의 시각으로 재해석함으로써 살아있는 현재와 미래의 물음에 응답해야만 한다. 오늘의 문제의식을 가지고 살피고 미래의 전망 속에서 재해석되어야 우리 역사가 오늘에도 미래에도 빛을 발산할 수 있다.

역사에 문외한이나 다름없으면서도 줄곧 관심의 끈을 놓지 않은 것은 역사를 통해 정체성을 확인하고 인생의 목표를 찾고자 해서였다. 그러던 중 10대조 할아버지 유회당 권이진의 《유회당집》을 접하면서 좀 더 많은 사람들과 공유하면 좋겠다는 생각을 갖게 되었다. 조선 영조시대에 호조판서를 지내며 애민의 일념으로 나라에 헌신하고, 실사구시의 정신으로 정책을 추진한 유회당의 삶을 제대로 알리고 공유하는 것은 매우 의미 있는 일이라는 생각이 점점 커졌다.

사실 유회당에 얽힌 일화는 어릴 적부터 숱하게 들어왔다. 하지만 가슴속에 자부심을 품고 있으면서도 그분이 추구했던 삶의 가치에 대해서는 잘 알지 못했다. 퇴임을 앞두고 있을 때 마침 대학에서 한국사를 가르친 선친의 주도로 《유회당집》이 우리글로 번역 발간되었다. 덕분에 유회당의 삶과 사상을 제대로 알 수 있게 되었다.

지식과 소양이 일천함에도 불구하고 글을 쓰는 만용을 부릴 수 있었던 것은 힘겨운 역사를 살아온 선조들에 대한 감사와 부채 의식에서다. 문집이 국역되어 있지만 한글세대인 젊은이들이 선뜻 손을 대기엔 쉽지 않은 게 현실이다. 마침 은퇴한 이후 여유가 생겨 MZ세대도 쉽게 읽을 수 있도록 가이드 역할을 자청하게 되었다. 기성세대 또한 함께 읽고 토론하고 공유하는 기회가 되었으면 좋겠다. 아무쪼록 우리 역사에 관심 있는 독자들의 큰 관심을 기대한다. 나아가 유회당의 치열한 삶의 가치와 성과가 당면한 우리의 위기를 타개하는 데 일조했으면 하는 마음이다.

책을 준비하면서 충남대 성봉한 교수, 성균관대 임경석 교수의 조언이 큰 도움이 되었다. 또 출판에 조언을 아끼지 않은 김찬 학형과 가갸날 출판사 이상 대표에게도 감사의 말씀을 전한다.

2024년 봄을 맞아 유등천을 걸으며

2. 조선 최고의 호조판서

3. 자주 외교, 국방을 위해

4. 의인 권이진의 아름다운 인연

부록

1.

당파를 넘어 애민의 길로

대전광역시 유형문화재 유회당 장판각(대전시 중구 무수동, 한민족대백과사전)

옹주의 은주발은 아니되옵니다

"내가 운 좋게도 한 사람의 옛 직신(直臣, 강직한 신하)을 천년 이후에 보게 되었다. 어제 연석(筵席, 임금이 신하들과 더불어 경전을 강론하거나 시사를 의논하는 자리)에 든 호조판서 권이진이 '은주발 수삼 개를 새로 궁에 들이라는 분부가 계셨으나 이는 부녀의 밥그릇에 불과한데 전하께서 장차 어디에 쓰시려는 것입니까?' 하고 아뢰었다. 주상이 이르기를 '제대로 쓸데가 있으니 쓸데를 물을 필요는 없고 모름지기 속히 만들어 들이라' 하였다. 호판(戶判, 호조판서)이 다음과 같이 대답하였다.

'신이 감히 그 비용을 걱정하는 것이 아니고 또한 성상의 명령을 굳이 거스르려는 것도 아닙니다. 대저 은그릇을 궁중에서 쓴다면 너무 사치하고 외부 사람에게 상으로 준다면 너무 분수에 지나칩니다. 만일 그 쓸데가 의리에 합당하다면 신이 실로 속히 받들어 거행하겠습니다만 그렇지 않으면 중지하는 것이 어떻겠습니까?'

주상이 처음에는 얼굴빛이 편치 못하더니 갑자기 목소리를 내어 '호판은 고집불통이며 시골뜨기다. 내가 당당한 한 나라의 임금으로서 어찌 수삼 개의 은그릇을 쓰지 못한단 말인가?' 하고 말했다. 그러자 호판이 엎드려 아뢰었다.

'신은 본디 시골사람으로 어리석고 어둡고 치우친 것은 타고난 성품입니다만, 명분이 없고 긴요치 않은 물건에 이르러서는 신은 죽음이 있을 뿐이지 결코 감히 봉행하지 못하겠습니다.'

주상의 노여움이 엄하여 좌우에 모신 신하들이 모두 두려워하였으나 호판은 홀로 태연하였다."

흥미로우면서도 자못 긴장케 하는 이 이야기는 조선시대 영조 5년(1729년)에 있었던 일로 당시 동부승지(同副承旨)였던 이인복이 수찬(修撰) 권부에게 전한 말이다. 이인복은 "이것이 내가 운 좋게도 오늘날 다시 보게 된 것이다." 하고 덧붙여 말했다. 권부는 탄식하기를 "권이진이 호조판서 자리에 오래 있지 못하겠구나." 하였다.

이 이야기는 당시 호조판서 권이진(權以鎭)의 인물됨을 상징적으로 보여주는 일화로 두고두고 회자되었다. 그는 이 일이 있은 지 오래지 않아 권부가 우려했듯이 호조판서의 자리에서 내려오게 된다. 하지만 훗날 영조는 "권 아무개가 호조판서로 있을 때 원망을

1. 당파를 넘어 애민의 길로

산 적이 있으나 조정에는 적임자라 할 만하다."고 평가했다.

이 이야기는 필자도 어렸을 적부터 꾸준히 들어왔다. 명절이면 언제나 집안 어른들이 조상들에 대해 이런저런 이야기를 나누었는데, 그중 기억되는 가장 대표적인 일화가 바로 이것이었다.

탄방동과 권득기, 권시 부자

권이진은 1668년(현종 9년) 대전시 탄방동(炭坊洞)에서 태어났다. 행록(行錄, 언행을 기록한 글)에 의하면 그는 매우 총명해 처음에《증사(曾史)》(남송 말기의 증선지가 지은《십팔사략》의 약칭)로 시작해 문리가 통달하니 사람들이 신동이라고 칭찬했다고 한다. 불과 10살에 〈가을비(秋雨)〉라는 절구 시를 지어 주위 사람들을 놀라게 하기도 했다. 시 전문이 문집에 기록되어 전해지고 있다.

꺼지지 않고 밝게 빛나는 외로운 등불
이 고요한 창문을 비추네
누워서 가을 빗소리를 듣노라니
낭랑한 구슬 소리 끊이지 않네

　　　　　　　　　　　　　　　1. 당파를 넘어 애민의 길로

그가 태어난 탄방동은 현재 정부 제3청사와 대전광역시청이 있는 둔산 신도시에 있다. 당시의 행정구역으로는 공주목 유성현 천내면 탄방리였다. 권이진과 탄방의 인연은 할아버지인 권시(權諰, 1604~1672)가 1627년(인조 5년) 이곳으로 입향한 데서 비롯되었다. 원래 선조들은 대대로 한양 인근 지역에 살던 권문세족이었다. 권시는 입향 후 이곳의 호서(湖西) 사림과 적극적으로 교류하면서 지역에 정착하게 된다. 그러나 가학(家學, 집안 대대로 전해오는 학문)의 전통과 그가 갖고 있던 철학과 정치적 소신은 당시 성리학의 주류인 호서 사림과 꼭 일치되지는 않았다. 이로 인해 그들과 견해 차이를 보이게 되고 인조의 계비인 자의대비(慈懿大妃)의 복제를 두고 일어난 당파간 논쟁인 기해예송(己亥禮訟) 이후 소원해지고 다른 방향의 길을 가게 된다.

탄방은 고려시대에는 명학소(鳴鶴所)라 불리던 소와 부곡이 많은 지역이었다. 흥미롭게도 1176년의 망이·망소이 난(고려 명종 때 신분제 타파를 목적으로 충청도 지역에서 일어난 농민과 소민들의 봉기)이 일어난 곳이 바로 이 지역이다. 하층민이 살던 지역이 조선시대에 와서 건국 주체인 신흥사족의 새로운 경제적 기반으로 변모한 것으로 보인다. 당시 유성현에서 사족의 근간을 이룬 곳은 버드내(현재 이름 유등천)를 끼고 있는 남쪽의 구릉지대이다. 이곳은 선사시대부터 사람들이 생활터전으로 삼았던 곳으로 구석기, 신석기, 청동기시대의 유물이 발견되었다. 1만 2천 년 전 마지막 빙하기가 끝나자 동굴에서 나와 활동하게 되는 한반도 최초의 현생인류들이 터전을 잡은 곳 중의 하나로 보인다. 그만큼 사람이 살기 좋은 지역이었던 것이다.

탄방과 관련되어 흥미로운 것은 장차 권시와 사돈지간이 되는 윤휴(尹鑴)도 만 21세 때인 1638년(인조 16년) 어머니를 모시고 공주 유성현 유천의 선산 아래로 이사했다는 기록이다. 또 윤휴는 1656년(효종 7년) 장남 윤의제(尹義濟)를 데리고 이곳으로 내려온다. 권시의 둘째 딸과 혼인시키기 위해서였다. 이때까지도 신랑이 신부 집으로 가서 혼인하는 풍습이 계속되고 있었다. 윤휴는 여관을 빌려 아들의 혼인식을 치렀다. 이때는 기해예송(1659년)이 일어나기 전으로 두 사람이 당쟁으로 인한 참화를 겪기 이전의 시기이다.

충남대 최근묵 교수에 의하면 안동권씨가 공주의 재지(在地) 사족으로 처음 등록된 것은 1633년(인조 11년)이다. 공주향교 〈청금록(靑衿錄)〉(유향소를 운영하던 향중 사류들을 수록한 향약서)에 권시와 그의 사촌형 권지가 등록된다. 이후 1657년(효종 8년)에 권시의 차남이자 권이진의 부친인 권유(權惟)가 등록되고, 권시의 장남 권기(權愭)가 1668년(현종 10년)에, 그리고 권이진은 1689년(숙종 15년)에 등록된다.

현재 탄방동에는 권시의 부친인 권득기(權得己, 1570~1622)와 권시를 추모하기 위해 세운 도산서원(道山書院)이 있다. 1711년(숙종

37년) 사액(賜額, 임금이 사원, 절 등에 이름을 지어 건물 명칭을 쓴 액자를 내림)을 받았으며, 1871년(고종 8년) 대원군의 서원철폐령으로 헐리었다가 1973년 전체가 복원되었다. 현재는 대전시 문화재자료로 지정되었다.

권이진의 세계관을 형성하는 데 기본이 된 것은 가학의 전통이다. 이 가학을 다지고 완성한 사람이 바로 만회(晩悔) 권득기와 탄옹(炭翁) 권시이다. 경희대 김태영 교수는 〈만회·탄옹의 왕도정치론〉에서 만회·탄옹 부자에 대해 집권당의 대세가 주자의 학설만을 숭앙하고 맹신하는 지적 풍토에서, 가장 일찍이 주자의 학설에만 의존하지 않고 강한 의혹도 제기하면서 독특한 '구시(求是)'의 학풍을 수립해 이를 가학으로 전승시켰다고 했다.

효심과 우애로 가꾼 무수동

　태어난 곳은 할아버지 탄옹이 터전을 잡은 탄방동이지만 권이진이 성장하고 벼슬에 나선 이후 선대의 묘소와 후손들의 보금자리를 마련한 곳은 대전 보문산 남쪽에 자리잡은 무수동(無愁洞)이다. 그는 1707년(숙종 33년) 이곳으로 이사해 정착하게 된다. 지금도 자손들이 화목한 마을을 유지하며 살고 있다. 마을 중심에 자리한 종택(宗宅)은 대전시가 지정한 지방문화재로 보존되고 있다. 동편 운람산에 위치한 유회당과 삼근정사, 거업재, 장판각, 여경암 등도 대전시 유형문화재이다.

　　　　외로운 등불 찬비에 하룻밤이 일 년 같아
　　　　산사에 종 울리니 자는 나그네 괴로워라

22　　　　　　　　　　　　　　　　　　1. 당파를 넘어 애민의 길로

시름 속에 세월은 한 해가 끝나가고
고요한 가운데 이 몸은 병으로 얽혔네
조정에서 일찍이 삼사의 직을 맡았으나
선영에는 오늘날 몇 이랑의 밭도 없네
평생의 일을 헤아려 보니 무척 우습구나
원래 세상만사는 모두가 하늘의 뜻이네

이 시는 권이진이 벼슬길에 나선 후 모처럼 가족을 이끌고 무수동에 돌아와 선영에 배알하고, 섣달 그믐날 보문사(대전 보문산에 위치한 절)에서 자면서 지은 것이다. 무수동에 선조의 묘소를 모셨으나 그것을 유지·관리할 수 있는 몇 이랑의 밭도 마련하지 못했음을 한탄하고 있다. 훗날 그는 벼슬하며 받은 녹봉을 아껴 무수동 선영을 잘 관리할 수 있도록 큰아버지의 자손들에게까지 농토를 마련해주었다.

권이진은 선조에 대한 지극한 효성으로 무수동을 일구고 자신의 가족이 정착할 수 있도록 갖은 노력을 다했다. 만년(晩年)에는 부모님 묘소 아래 병사(丙舍, 무덤에 있는 재실)를 짓고 "날이 새도록 뒤척이면서 두 분이 그리워 잠 못 이루네(明發不寐 有懷二人)."라는 뜻으로 '유회당(有懷堂)'이라 이름지었다. 이후 유회당은 그의 호가 되었다.

또한 선대 산소에 심은 나무를 보호하기 위해 재사(齋寺)를 짓고 여경암(餘慶菴)이라 하였다. 지은 지 3년 후에 불이 나 다시 짓고, 집 한 채를 더 지어 아이들이 독서하는 곳으로 삼았다. 건물 앞에는 못을 만들어 놓고 휴식하는 장소로 삼았다. 권이진은 처음 지을 적에 3백 냥이 들고 다시 지을 때도 역시 3백 냥이 들었다며 꼼꼼히 기록을 남겼다. 또한 이에 대한 감회를 담은 시를 남겼다.

송추를 무궁토록 보호하고자 하여
두 번이나 재사(齋寺) 짓느라 천금을 들였네
증험이 있다는 불교의 말 때문이 아니고
매일 나무하러 오는 아이들 금하려 함이네
못을 새로 만들어 흐르는 물을 끌어드리고
따로 집을 지어 독서하는 곳으로 삼았네
조상을 받듦과 자손 교육이 여기에 있으니
후세에 누가 나의 고심을 알아주랴

1. 당파를 넘어 애민의 길로

당파의 굴레를 넘은 놀라운 인연

권이진은 남인(南人)이다. 관리로서 실무에 임하는 태도가 항상 실용적이었고, 성리학에 대해 교조적이지 않은 유연한 입장을 견지했으며, 할아버지 권시가 1차 예송논쟁 당시 노론(老論)의 기년복(朞年服) 주장이 아닌 3년짜리 참최복(斬衰服)을 입어야 한다고 주장한 점 등이 그가 남인이었음을 유추할 수 있는 대목이다. 그러나 그는 일평생 당색과 연관해 도드라진 입장을 드러낸 적이 한 번도 없다. 그가 격심한 당쟁의 시대에 일관되게 중심을 잡고 당색을 보이지 않았던 데는 그럴 만한 이유가 있다. 그를 이해함에 있어 그의 집안과 인척관계를 이해하는 일은 매우 중요하다.

우선 주목해야 할 사람은 할아버지 권시이다. 그는 17세기 송시열, 송준길 등과 교유한 대표적 '산림(山林, 조선 중기 민간에서의 학문적 권위와 세력을 바탕으로 정치에 참여한 인물들)'의 한 사람이다. 효종 때 공조좌랑으로 벼슬길에 나가 승지가 되었으며, 현종이 즉위한 후 한성부 우윤에 임명되었다. 그는 신망 받는 산림의 인물로 학문적 수준이 높았을 뿐 아니라 정치적 소신 또한 뚜렷한 사람이었다. 《효종실록》(7년 정월 을미조)에는 그의 인물됨을 평가한 대목이 있다.

"담론을 좋아하고 기개를 숭상해 세속을 벗어난 선비로 자처했다. 성격이 술을 좋아해 취하면 문득 팔을 휘두르며 큰소리를 쳐 누구도 감히 당하지 못한다. 송시열, 송준길 등과 더불어 교유했으나 지향하는 바는 같지 않았다."

권시의 선조는 대대로 한양에 살면서 관직에 오른 집안이었다. 그의 조부 권극례는 선조때 대사헌과 이조판서를 지낸 인물이며, 권극례의 친동생인 권극지도 같은 시대에 예조판서를 지냈다. 그런데 권시의 아버지 권득기는 광해군이 인목대비를 유폐하는 사건을 겪으며 벼슬에 회의를 느껴 걸어서 바닷가인 태안으로 내려가 학문에 열중한 채 야인으로 일생을 마쳤다. 이로 인해 권시도 누대로 살아왔던 한양을 떠나 지방으로 내려가게 된다. 그는 24세가 되던 해인 1627년(인조 5년)에 5대조 할아버지 권령(權齡)이 혼인을 통해 인연을 맺은 공주 탄방리로 이사한다.

그는 생소한 타향에서 현지의 사족들과 활발한 교류를 통해 호서 사족으로서의 지위를 굳혀간다. 당시 그는 이 지역의 대표적

인물인 송시열(宋時烈), 송준길(宋浚吉), 윤선거(尹宣擧), 유계(俞棨) 등과 교류했다. 이들은 이이(李珥)와 성혼(成渾)의 학문을 계승한 서인의 핵심 인물이었다. 권시는 이들과 교류를 이어갔으나 학문적 방향과 정치적 견해에서는 그들과 결이 같지 않았다.

그러나 특유의 호연지기와 활달한 성격 때문이었는지 그들과 좋은 관계를 이어갔고 혼인을 통해 더욱 돈독한 관계로 발전해 갔다. 그의 큰딸은 윤선거의 아들 윤증(尹拯)과 혼인했고, 둘째 아들 권유는 송시열의 딸과 혼인했다. 또 둘째 딸은 윤휴의 아들 윤의제와 혼인했다. 당시로서는 그저 학문을 함께하는 동향 출신 선비들 사이의 혼사였을지 모르나 세월이 지나 역사가 되면서 권시를 중심으로 한 혼맥은 당시 붕당의 대표 인물들을 망라하는 흥미로운 인물관계가 되었다. 노론의 영수 송시열, 소론의 영수 윤증에다가, 성리학을 주자의 방식이 아닌 다른 방식으로 해석하여 결국 노론의 미움을 사 사문난적(斯文亂賊, 교리에 어긋나는 언행으로 유교의 질서와 학문을 어지럽히는 사람)의 비난을 받고 죽게 되는 남인의 대표 윤휴까지 권시를 중심으로 연결되는 놀라운 인연을 보게 된다.

중심을 잡게 해준 가학의 전통

이러한 인척관계는 권시의 손자인 권이진에게 고스란히 영향을 줄 수밖에 없었다. 할아버지는 남인 권시, 외할아버지는 노론 송시열, 고모부는 소론 윤증과 남인 윤의제라는 인연은 권이진과 떼려야 뗄 수 없는 숙명 같은 것이었다. 사적으로는 더할 나위 없이 가까운 선대 어른들이 정치·사상적으로 대립하고 때론 정적의 길을 걷게 됨에 따라 벼슬길에 나선 그의 운신의 폭은 극도로 제한될 수밖에 없었다.

권이진은 1668년(현종 9년) 7월 12일 태어났다. 권시가 1차 예송에서 노론의 기년복에 맞서 3년복인 참최복을 주장했다가 노론의 집중적인 공격을 받고 탄핵당한 것이 1660년(현종 1년)의 일이니, 그가 태어날 무렵 집안의 분위기는 상당히 위축되어 있었다. 한편

　　　　　　　　　　　1. 당파를 넘어 애민의 길로

그가 22살이던 1689년(숙종 15년)에는 노론이 정국 주도권을 빼앗기는 기사환국(己巳換局)이 일어나 어린 시절 스승이었던 외할아버지 송시열이 사약을 받고 죽음에 이른다. 또 27세가 되던 1694년(숙종 20년)에는 남인이 정국 주도권을 완전히 잃게 되는 갑술환국(甲戌換局)이 일어난다. 이때 그의 큰아버지 권기는 탄핵되어 거제도에 안치되고 그곳에서 숨을 거둔다. 권이진은 바로 이 해에 과거에 급제하게 된다. 원래 벼슬길에 뜻을 두지 않다가 큰아버지의 권유로 과거를 보게 되었는데, 공교롭게도 그가 뜻을 이루던 해에 권기는 유배되고 다음해 유배지에서 생을 마감한 것이다. 주변에서 일어난 극적인 사건들은 그의 벼슬길에 커다란 영향을 주었다.

격렬한 붕당정치 하에서 권이진이 소수파 출신의 관인(官人)으로서 뚫고 나아가기는 쉽지 않았을 것이다. 특정 당색에 치우치지 않으며, 한눈팔지 않고 나아가는 외에는 달리 선택할 길이 없었을 것이다. 그가 처한 혼란스러운 환경을 극복하고 중심을 잡을 수 있었던 결정적 힘은 가학의 전통에서 나온 것으로 보인다. 고려말 안향의 문인으로《사서집주(四書集註)》를 간행해 성리학을 보급한 권보(權溥)로부터 형성된 가학은 증조부 권득기와 조부 권시에 이르러 학문적 풍성함을 더하게 된다.

권득기는 20세를 갓 넘긴 때에 임진왜란을 겪었다. 임진란 후에 식년문과에 장원으로 급제해 예조좌랑이 되었다. 그러나 광해군이 인목대비를 서궁에 유폐시키는 등 정치가 어지러워지자 벼슬을 버리고 태안으로 내려가 은거하였다. 이곳에서 학문에 열중한 그는 남에게 보여주기 위한 위인지학(爲人之學)이 아닌 자기 자신을 위해 공부하는 위기지학(爲己之學)으로 도덕적 합리주의 사상을 완성했다.

권득기는 《맹자잠의(孟子簪衣)》라는 저서에서 공리(公利)는 '의(義)'요, 사리(私利)는 '이(利)'라고 정의한다. 공리란 '이'가 사회적 혹은 역사적 타당성을 얻는 것이라며 공리를 '의'로 해석하는 독특한 견해를 보여주었다. 공리를 사리와 다른 '의'의 관점에서 해석함으로써 '이(利)'를 무조건 나쁜 것으로 보고 배제하는 전통적 견해와 다른 입장을 보인다. 이런 해석은 현대사회에서도 그대로 통용될 수 있는 것으로서 개인적인 이해와 공공의 이해를 구분하고 때로는 조화할 수 있는 이론적 근거가 될 수 있다. 나아가 극단적 개인주의와 배금주의가 판치는 우리 현실에서 과연 공적 이익은 무엇이며, 공인의 자세는 어떠해야 하는가를 알려주는 철학적 토대가 될 수 있을 것이다.

권시는 부친 권득기의 사상을 계승하였다. 두 부자의 독특함은 의(義)를 존중하고 이(利)를 배격하는 대다수 유학자와 다르게 무조건 '이'를 배격하지 않았다는 점이다. 이와 관련해 원광대 유명종 교수는 공리(公利)라 해서 배격할 것이 아니라 공리가 오히려 인간생활의 활력소가 될 수 있다고 했다. 그는 두 부자의 의리관(義利觀)을 창조적 사상이라고 평가하며 산업사회에도 적용되는 탁월

1. 당파를 넘어 애민의 길로

한 생각이라고 높이 평가했다. 이러한 의리관은 관인의 직무를 수행함에 있어 백성들의 의리관을 구체적이고 실용적으로 파악하고 문제를 해결하는 데 실질적인 도움을 주었을 것이다.

또한 권시는 수신의 근본과 관련해 '효제(孝悌)'에 더해 자(慈)를 추가했다. 이에 대해 유교수는 훗날 정약용이 명덕(明德), 친민(親民), 인(仁)을 각기 효제자(孝悌慈)라고 한 선구 역할을 했다고 평가했다. 유교수는 이러한 접근법이 당시 윤휴와 같은 점이고, 훗날 실학파 형성에 철학적 근거가 되었다고 평가했다. 이러한 구체적이고 현실적인 가학의 사상적 기운이 권이진이 당쟁의 격랑 속에서 중심을 잡고 성공적인 실무관인(實務官人)의 길을 가는 데 밑바탕이 되었다.

한편 경희대 김태영 교수는 두 부자의 사상적 기조가 매우 주체적이어서 당쟁 따위 당대의 도도한 대세적 시론에도 전혀 물들지 않는 자세를 견지했다고 평가했다. 만회는 평생의 도반 박지계(朴知誠)에게 보낸 글에서 주자설의 무분별한 신봉을 비판하기도 했다.

"또 형은 매양 주자의 학설을 신봉하며, 주자의 설을 그대로 따라 매달려 그 주의의 소재를 찾아 구명하지 않는데, … 저의 경우는 주자의 말씀에 의혹이 없을 수 없습니다. … 그러나 또한 어찌 스스로가 옳다고만 할 수 있는 일입니까. 다만 나의 의심을 드러내 다음에 혹 깨닫게 되기를 바랄 따름입니다. 형은 주자의 말씀에 의심할 곳이 없다고 하는데, 그것이 과연 안자(顔子, 공자의 제자인 안회를 높여 이르는 말)의 '불위여우(不違如愚, 스승의 말씀을 어기지 않음이 마치 어리석은 자와 같다는 뜻)'한 경우와 같은 것인지, 나는 반드시 믿지는 못하겠습니다. 만약 의심이 없지 않으면서도 구차하게 남의 의견만 좇는다면, 목숨이 다할 때까지 오늘과 같은 상태여서 길이 진전하는 때가 없을 것입니다. … 또한 이는 불가불 시아(諰兒, 당시 박지계에게 수학하고 있던 아들 권시)에게도 알도록 해야 하는 것이니, 원컨대 (형이) 보고 난 뒤 이 아이에게 주어서 수취해 오도록 해주면 다행이겠습니다."《만회집》5권)

자신의 생각을 박지계에게 분명히 밝혔을 뿐 아니라 그에게 배우고 있던 아들 권시에게도 알려주어야 한다고 말하고 있다. 그리하여 만회의 이러한 자세는 탄옹에게 전수되었다. 탄옹의 장남인 권기는 《탄옹집》에서 이렇게 밝히고 있다.

"돌아가신 부친의 학문은 심학(心學, 중국의 정주학과 대립되는 '심즉리〔心卽理〕'의 학문체계)을 위주로 했는데, 마음에 진실로 편안하지 못한 데가 있으면 비록 그것이 고서에서 나왔다 할지라도 역시 의문을 제기하셨다. 스스로 마음에 돌이켜보아 부끄러움이 없으면 비록 천인 만인이 잘못이라고 하더라도 돌아다보지 않으셨다. 그러므로 매양 말씀하기를 '의리는 무궁하며 수시로 변이하는 것이다.'라고 하셨다."《탄옹집》부록 가장)

또한 이어서 이렇게 말했다.

"뒤에 양송(兩宋, 송시열과 송준길)과 더불어 교의(敎義, 교육의 본지)를 갈고 닦으면서 뜻이 같고 도가 합하였으나 대소의 논의에서는 역시 많이 다른 데가 있었다. 양송 문하 젊은 제자들의 공척을 받자 부친께서는 분개하여 말씀하셨다. '대체 사람이 성인의 경지에 이르렀다면 혹 이동(異同)이 없을 수도 있을 터이지만, 대현 이하의 경우에는 참치(參差, 길고 짧고 들쭉날쭉하여 가지런하지 않음)가 없을 수 없는 일이다. 이것이 붕우가 갈고닦는 까닭이다. 이제 반드시 (논의를) 달리하지 않음을 좋게 여긴다면 이는 군자의 도의 지교가 아니요, 곧 소인끼리 서로 도와 잘못을 감추는 당인 것이다. 어찌 화이부동(和而不同)하고 주이불비(周而不比)한다는 뜻이겠는가. 시비와 이동은 이미 사람으로서는 없을 수가 없는 일인데, 그것을 달리하는 자를 문득 공격한다면 사우(師友, 스승과 벗을 아울러 이르는 말)들 사이가 마침내 유열하고 말 것이다. 그 같은 일은 비록 천하를 준다고 하더라도 단 하루도 거할 수가 없는 것이다.'"(《탄옹집》부록 가장)

민주적 토론을 도외시한 채 조직이나 당파의 의견에 추종하라는 분위기에 대해 탄옹은 군자의 자세가 아니라고 질타하며 결코 동의하지 않았다. 이러한 태도는 항상 비판적 시각을 견지할 수 있었던 학문적 자세로부터 나왔음을 알 수 있다. 그는 항상 원칙과 소신을 지키며 소인배들을 향해 일갈하는 참선비의 모습을 보여주었다. 이해관계만을 좇는 오늘날의 지식인과 정치인을 향한 꾸짖음이라 해도 전혀 어색함이 없을 것 같은 명언이다. 탄옹은 실로 매사의 구체적 곡절마다 '구시'를 몸소 실천하였다. 그 같은 독자성은 곧 도저한 주체적인 자세가 아니고서는 참으로 견지하기 어려운 일이었다. 당시 다수의 유학자들이 주자의 사상을 따라 배우는 데 머물렀다면 이들 부자는 창의적으로 수용하고 발전시키는 노력을 아끼지 않았던 것이다.

만회가 48세 때 건강이 나빠지자 아들에게 남긴 유서가 《탄옹집》에 담겨 있다. "선인(先人)께서는 평생 뜻을 두어 공부한 것이 선(善)을 행하는 일이었으니 항상 말씀하시기를 '매사필구시 무락제이의(每事必求是 毋落第二義, 매사에 반드시 옳음을 추구하여 차선에 머무르지 않도록 한다)'라고 하셨다." 자손에게 전승된 가르침을 통해 '제일의(第一義)'의 지선(至善, 선악을 초월한 최고의 선)을 추구한다는 삶의 자세는 그 자손에 이르기까지 가학으로 정립되고 후손들의 좌우명이 되었다.

1. 당파를 넘어 애민의 길로

노론의 집요한 발목잡기

격심한 당쟁 속에서도 권이진이 이에 휩쓸리지 않고 시대가 요구하는 실용적 관인의 길을 걸을 수 있었던 것은 그의 학문적 방향이 진취적이었던 점에 기인한다. 그는 권득기, 권시가 다져놓은 가학의 전통으로부터 출발해 정통주자학에 구속되지 않고 실용적 시각으로 세상을 보고 문제를 해결하려는 자세를 견지했다. 그는 당색을 드러내 옹호한 바 없고 매사 일처리에 공명정대했다. 세상을 인식함에 있어 항상 구체성과 즉물성이 없으면 진리는 존재하지 않는다는 입장을 견지했다.

권득기, 권시를 거쳐 권이진이 활동했던 시기는 인조로부터 시작해 효종, 현종, 숙종을 거쳐 경종과 영조대에 이른다. 조선시대에 당쟁이 가장 격심했던 소위 '붕당정치'의 시대이다. 17세기 붕당정치는 당초 비변사(임진왜란 후 나랏일을 결정하는 최고기구의 역할을 함) 중심의 공존체제와 삼사(三司, 조선시대 언론을 담당한 사헌부·사간원·홍문관을 가리키는 말) 언론의 활성화를 토대로 이뤄졌다. 그러나 붕당 간의 대립이 심화되면서 '공존(共存)'도 '공론(公論)'도 쇠퇴하기 시작했다. 삼사의 기능이 제대로 발현될 때에는 상호 비판과 견제를 통해 권력이 특정 개인이나 집단에 의해 독점되는 것을 막을 수 있는 긍정적 역할도 있었다. 그러나 집권세력이 교체되는 환국(換局)이 거듭되는 숙종대에 이르면 붕당 간의 대립이 격화되면서 삼사는 그 선봉에 서서 대립을 더욱 조장하기도 했으며, 개인의 이익을 추구하기도 했다. 오늘날 검찰이나 언론의 모습과 매우 흡사하다.

권이진이 관직을 제수 받으면 거의 빠짐없이 노론의 대간(臺諫, 관료를 감찰 탄핵하는 임무를 가진 대관과 국왕을 간쟁 봉박하는 임무를 가진 간관을 합쳐 부른 말)이 나서 허위사실이나 침소봉대를 통해 비방하고 반대했다. 이로 인해 그는 번번이 관직에 부임하지 못하거나 임명이 지연되곤 했다. 또한 본인이 대간에 제수되는 경우에는 어김없이 스스로 상소를 올려 사직을 청했다. 1723년(경종 3년) 6월 《경종실록》에는 이조판서 이태좌(李台佐)와 형조판서 조태억(趙泰億)이 어전에 들어 북병사(함경도의 북병영에 둔 병마절도사)에 천거된 권이진을 풍문만 듣고 논핵한 일의 부당함에 대해 논의했다고 기록되어 있다. 실록의 기록에도 이런 사례가 반복되어 등

1. 당파를 넘어 애민의 길로

장하는 것을 보면 당시 다수파인 노론 세력의 그에 대한 견제는 집요했던 것으로 보인다. 당시 노론이 정국 운영권을 둘러싸고 부분적으로 소론과 경쟁을 벌이고 있었다고는 하지만, 정권에서 완전히 밀려난 소수파 남인에게까지 이토록 집요한 공격을 계속했던 것을 보면 그들의 권력 독점욕이 얼마나 강렬했는지를 알 수 있다.

당시에는 피혐(避嫌, 어떤 사건에 관련되어 다른 사람에게 혐의를 받으면 그 혐의를 피하기 위해 사건과 관련 있는 모든 언행과 출퇴를 삼가는 일)이란 것이 있었는데 다른 당파의 등용을 반대하는 수단으로 악용되었다. 다른 당파에 속한 인사가 관직에 거론되면 일단 대간이 논핵(論劾)부터 제기하는 방법을 활용했다. 일단 논핵되면 당사자가 벼슬에 나가는 것을 포기하는 관행을 노린 것이었다. 인조때 이조판서를 지낸 최명길(崔鳴吉)은 삼사가 공론을 수렴하지 못하고 있다고 비판하며, 공론 수렴의 한 구조인 피혐제를 비난한 바 있다. 당시에도 일단 반대편에 대해 논핵을 해놓고 임명을 지연시키거나 무산시키는 일이 비일비재했다. 소수파인 남인 권이진은 번번이 이런 관행의 피해자가 되곤 했다. 최명길은 피혐제가 혼란을 야기한다며 삼사의 피혐제를 없애고 피혐에 대한 처리도 왕이 할 것을 요구했다.

오늘날에도 이런 병폐는 계속되고 있다. 특정 정당과 언론이 자신들이 반대하는 인물의 공직 임명에 대해 아니면 말고 식의 공격을 감행해 공직 진출을 방해하는 경우가 비일비재하다. 특정 정치 세력이 의혹을 제기하면 한편인 언론이 나서 침소봉대하고, 최종적으로 검찰이 나서 기소하고 재판함으로써 목적을 이루는 방식은 우리가 흔히 보는 풍경이다. 공정과 정의를 기본으로 해야 할 검찰과 언론이 힘센 기득권과 수구세력을 일방적으로 지지하며 그들의 이익을 위해 힘쓰는 행태는 붕당시대 삼사의 모습이 재현되는 것 같아 씁쓸하다. 이런 행태가 심화되면 민주주의 시스템은 심각하게 왜곡될 수밖에 없다. 객관적이고 공정해야 할 심판이 어느 한쪽에 치우치게 되면 그 게임은 오래 가지 않아 중지되고 그 심판은 축출될 수밖에 없을 것이다. 역사는 그것을 반복적으로 보여주고 있다.

1. 당파를 넘어 애민의 길로

순탄치 않은 벼슬길

권이진은 스물일곱 살 되던 1694년(숙종 20년)에 별시(別試, 경축할 일이 있거나 문신 중시가 실시될 때 시행되는 시험)에 급제했다. 연보(《유회당집》에 수록된 연보)에 따르면 그는 녹봉으로 봉양해야 할 부모가 없어 굳이 과거를 치르려 하지 않았다. 그런데 앞서 언급했듯이 큰아버지 권기의 권유에 따라 과거에 응시하게 된다. 당시 고시관은 〈동창이 밝았느냐〉를 지어 유명한 남구만(南九萬)이었다. 그는 권이진의 글을 보고 "이 글은 시속 선비의 문자가 아니다."라고 감탄하며 인재를 얻은 기쁨을 표현했다고 한다. 그가 과거에 급제한 1694년은 남인이 실권하고 소론과 노론이 요직에 등용되는 갑술환국이 일어난 해이다. 그의 벼슬길이 평탄치 못할 것임을 예고하는 사건이었다.

그는 1696년(숙종 22년)에 외교문서를 관장하는 승문원 부정자(副正字, 종9품 벼슬)로 청주의 율봉 승에 제수되어 부임한다. 그런데 부임 후 두 달이 지나 매형인 홍수주(洪受疇)가 충청관찰사로 부임하게 된다. 친인척 관계로 인해 권이진은 율봉에서 김천으로 옮긴다.

1698년(숙종 24년)에는 왕세자 교육을 담당하는 시강원 설서(說書, 정7품)에 제수된다. 그는 한양에 올라가 사직을 상소했으나 허락되지 않았다. 6월 병조좌랑에 임명되지만 병으로 사직한다.

1699년(숙종 25년) 정월에 사헌부 지평(持平, 정5품)에 임명되었으나 병으로 사양하고 부임하지 않는다. 3월 통훈대부(通訓大夫, 정3품 하계의 품계명)에 제수된다. 또 지평에 제수되자 상소를 올려 사양했으나 허락되지 않는다. 5월 한양에 들어가 사은숙배하고 피혐을 이유로 그만둔다. 당시 송시열을 극형에 처하라고 주장하던 남인 목내선(睦來善)과 김덕원(金德遠)이 사면되자, 사헌부에서 그들의 사면을 거둘 것을 청하다가 사직되는 일이 있었다. 이로 인해 송시열의 외손인 권이진이 그 후임으로 들어갈 수 없었던 것이다. 이해 6월에 함평현감으로 나간다.

함평현감으로 있을 당시 이웃 영광군에 여러 해 동안 해결되지 않던 원통한 옥사가 있었다. 그는 예겸(例兼, 이웃 고을 옥관을 겸하는 관례)으로 영광군에 가서 문서를 조사하고 심문한다. 피의자가 승복하니 온 군내가 신명함을 칭송했다. 또 함평현의 고사(故事),

　　　　　　　　　　　　　1. 당파를 넘어 애민의 길로

산천, 민속과 이전의 정사와 규정 등을 조사해《기성지(箕城志)》를 만들었다. 여기에 화공을 시켜 산천과 읍리를 그리도록 했다.

1703년(숙종 29년) 11월에 호막(湖幕, 전라도사를 달리 이르는 말)에서 정언(正言, 사간원 정6품으로 봉박과 간쟁을 맡았으며 간관, 언관, 또는 대관으로 불림)으로 옮기고 1704년(숙종 30년) 정월에 다시 수찬(홍문관의 정6품. 청요직)으로 옮겼다. 이때 지평 한영휘 등이 권이진이 1693년(숙종 19년)에 사마시를 볼 때 고시관으로 재상(宰相)의 참소(讒疏, 악한 말로써 남을 헐뜯고 고소함)에 참여한 이가 있었다는 것을 문제삼았다. "(외조부인 송시열의) 원수를 잊고 의리를 무시한 것이다."라고 하며 홍문록(弘文錄, 홍문관의 교리와 수찬을 임명할 때의 인선 기록)에서 삭제할 것을 요청하기도 했다. 이 일이 있은 후 한 대신(臺臣, 사헌부 관원의 통칭)이 한영휘의 탐욕스럽고 불효한 행위를 거론하자 어떤 이가 권이진에게 하례하였다. 이에 대해 권이진은 "내가 생각해 보면 1693년의 일은 나 자신도 편치 않았으니 다른 사람이 그 문제를 잡고 늘어지는 것은 이치상 그럴 수 있는 것이다. 마땅히 스스로 부끄러워해야지 미워할 수는 없는 것이다. 한영휘가 탐욕스럽고 불효함은 그의 허물이니 내 문제를 거론한 것은 애당초 잘못이라 할 수 없다. 어찌 그것으로 하례를 받겠는가? 이는 우리 할아버지 탄옹 선생께서 평생 수용하신 의리이니 진실로 상대와 나를 의식하지 말고 이치의 시비를 관철하면 이 세상에 대처하기 어려운 일은 없을 것이다."라며 응대하지 않왔다.

전라도사로 조운(漕運)에 참여했던 권이진은 1704년(숙종 30년) 2월 수찬으로 부름을 받는다. 한양으로 올라가던 중 천안군에 이르러 이곳 광덕사에 묵으면서 상소문을 작성한다. 매우 비판적이고 직설적인 이 상소는 마침 대간의 탄핵으로 올리지 못하게 되었지만 남아 전해지고 있다. 흥미로운 부분이 있어 옮겨 본다.

첫째, 궁차(宮差, 궁중에서 파견한 구실아치)에 관한 건이다. 당시 궁 밖까지 이름이 알려진 몇 사람이 궁차라고 사방을 제멋대로 다니면서 수령을 능멸하고 백성을 침탈하는 행위가 잦았다. 이에 대해 필시 자신들의 총애를 믿고 밖으로 자기들의 위복(威福, 위압과 복덕)을 행하는 것이라고 비판했다.

둘째, 문란한 재정에 대한 건이다. 호조와 태복시(太僕寺, 궁중의 수레와 말을 관리하는 일을 맡아보던 관아), 각 군문은 이미 재정이 바닥났고, 선혜청(대동미·대동포·대동전의 출납을 관장한 관청)에서도 3~4년 후에 사용해야 할 돈까지 미리 당겨쓰고 있다고 비판했다. 임금부터 궁궐에서 소비하는 작은 것까지 최대한 절약해야 함을 강조했다.

셋째, 부역에 관한 것이다. 부역의 문란과 문제점을 상세히 지적하고 적극적인 개혁을 요구했다. "성조(聖祖, 임금의 조상을 높여 부르는 말)께서 토지 문서를 태웠던 것처럼 대대적으로 경장을 해야만 백성들의 곤궁함을 조금이나마 해소시키고 나라의 운명을 계속

1. 당파를 넘어 애민의 길로

이어갈 수 있을 것입니다."라고 하며 귀천을 가리지 않고 호(戶)가 있는 자에게는 다 베를 납부토록 해야 한다고 강조했다. 당시로서는 매우 진보적인 주장이었다. 그밖에도 군역(軍役, 16세 이상 60세 이하의 건강하고 정상적인 남자가 국가에 봉사했던 신역)의 문제, 궁장(宮庄, 각 궁방 또는 궁가, 궁원에 소속된 농지와 부속건물)의 문제, 대간들의 비리 등을 비판하며 적극적인 개혁을 요구했다.

넷째, 국방 강화에 관한 것이다. 그는 수병(戍兵, 수비하는 군사)을 다스려 변방의 방어를 공고히 해야 한다고 했다. 또 이완(李浣)의 어영군(御營軍) 상번제(上番制, 지방의 군인이 일정 기간 동안 서울로 번을 들기 위해 올라가는 제도)를 응용할 것을 새롭게 제안했다. 즉 일종의 직업군인인 정병 4~5만을 진소(鎭所)에 근무시키고 방어 시기에는 보인(保人, 군사비 충당을 위하여 정군에게 딸린 경제적 보조자)으로부터 거둔 베 2필과 쌀 9말을 주고 나머지 3말은 일상비용으로 해 훈련하도록 하는 것이다. 또 2~3개의 소진을 하나의 대진으로 재편성할 것 등을 제안했다. 이 아이디어는 향후 그가 마련하는 국방강화책의 원형이 되었다.

이 기간 동안 그는 지평(사헌부), 정언(사간원), 수찬(홍문관) 등 삼사의 벼슬을 제수 받았으나 항상 사직을 청했고, 그것이 받아들여지지 않을 경우 잠시 임무를 수행하는 일을 반복한다. 치열한 당쟁의 소용돌이 속에서 그가 처한 어려운 위치로 인해 삼사의 일을 맡기는 어려웠을 것으로 생각된다. 실제로 권이진은 1704년(숙종

30년) 이후 언책(言責)의 직에 부응할 수 없음을 알았으므로 삼사에 제수될 적에 한 번도 출숙(出肅, 왕에게 숙배함)하지 않았다. 2년 동안 관직을 맡지 않고 고향인 무수동에서 생활한 적도 있었다.

1708년(숙종 34년) 당시 평안감사인 윤지인(尹趾仁)이 권이진을 관할에 두기 위해 평양부 서윤(庶尹, 종4품 관직)에 추천해 제수되었으나, 대신 박행의의 논계로 무산된다. 어김없이 등장하는 대신의 논계는 그 자리를 원하던 자가 박행의를 사주해 이루어진 것이라고 연보는 기록하고 있다. 그가 물망에 오르는 모든 자리에 대신의 논계가 있는 것은 아니었다. 소위 관리들이 선호하지 않는 자리의 경우에는 별다른 방해 없이 부임할 수 있었다. 평양부 서윤에 부임하지 못한 다음달에 그는 무장현감으로 부임한다.

그는 1721년(경종 1년) 승지에 부임한다. 당시 노론 김창집(金昌集) 등이 경종을 억박질러 세제(世弟, 훗날 영조) 책봉을 강행하자 소론 유봉휘(柳鳳輝)는 소를 올려 철회를 요구했다. 이에 노론 대신과 삼사의 쟁론으로 경종은 할 수 없이 유봉휘의 국문을 허락했다. 이때 승지(承旨, 승정원에 두었던 정3품 관직)로 있던 권이진이 그를 잡아 신문하라는 전지를 즉시 내리지 않았다고 파직된다. 이는 당시 주도세력인 노론이 떳떳치 못한 일을 벌여놓고 이를 수습하기 위해 무리수를 거듭 둔 데에서 나온 일이었다.

1. 당파를 넘어 애민의 길로

추천도 되기 전에 반대부터

1723년(경종 3년) 권이진은 북병사에 유력하게 천거되었으나, 반대파들이 미리 소를 올려 극력 반대하는 바람에 체직(遞職, 벼슬을 갈아 냄)을 청하게 된다. 당시 의정부에서는 대다수가 그를 천거하였는데, 지평 심준이 사주를 받아 권이진이 '탐욕하다'는 터무니없는 내용으로 소를 올렸다. 4일 뒤 대신 및 비변사의 여러 재상들이 입시할 때 우의정 최석항(崔錫恒)이 임금께 이에 대해 의견을 아뢰었다.

"북병사가 궐원(闕員)이 되어 대임을 천거할 적에 대신(臺臣)이 후보자의 추천을 기다리지 않고 지레 소를 올려 논핵을 가했습니다. 설사 논핵할 만한 일이 있더라도 후보자 추천을 기다려 낙점을 받은 뒤에 탄핵해도 늦지 않습니다. 그런데 급하게 먼저 소를 올려 배척하니 실로 경솔한 일입니다. 또 '탐욕하다'는 설에 이르러서는 무슨 근거에서인지 모르겠습니다. 그러나 모(某, 권이진)가 동래부사로 있을 때 사뭇 청렴결백하다는 명성이 있었고, 세은(稅銀, 세금으로 정부에서 받는 은전)에 이르러서는 전후의 부사가 비록 청렴하고 근신한 사람이라도 모두 전례에 따라 공사 간에 수용(需用, 사물을 꼭 써야 할 곳에 씀)했는데, 모는 하나도 손대지 않았다고 합니다. 이로써 살펴보건대 '탐욕하다'는 설은 실로 사실과 다른 것입니다. (중략) 한때의 근거없는 비방으로 재능 있는 사람을 버려야 한단 말입니까? 청조(淸朝)에 사람을 쓰는 도리가 이와 같이 해서는 부당할 듯합니다."

또 호조판서 이태좌도 이렇게 아뢰었다.

"모가 동래부사로 있을 적에 세은을 처음으로 중기(重記, 사무를 인계할 때 전하는 문서)에 기록하였고, 또 안동부사로 임명되었을 때 지금 강화유수 심수현(沈壽賢)이 그 명성과 치적을 성대하게 칭송했습니다. 월봉(越俸, 매달 지급하는 봉급) 이외에 조금도 손대지 않았고, 또 재능이 있고 위엄으로 향촌 토착세력을 제어했습니다. 만일 북병사에 임용하면 북도(동북면 곧 함경도 지방을 이름)가 소생할 수 있을 것입니다. (중략) 대간이 사람을 논할 적에는 차라리 격렬할지언정 구차함이 없어야 하는데, 이처럼 사실과 다르니 신은 실로 개탄합니다."

공조판서 조태억은 "모는 일찍이 호남의 수령으로 임명되었을

1. 당파를 넘어 애민의 길로

적에 여러 곳의 군읍에서 명성과 치적이 성대하게 있었고, 일찍이 동래부사를 지낸 뒤에 신이 교대로 인계받은 새 부사 이정신(李正臣)의 말을 들으니 훌륭하고 특이한 치적이 많았습니다. 또 안동부사로 임명되었을 적에 위엄으로 향촌 토착세력을 제어했다 합니다. 대간이 들은 바는 어디에 근거했는지 모르겠으나, 조정의 의논은 애석하게 여깁니다."고 아뢰었다.

이때 소를 올린 심준은 다음해 권이진과 함께 사은사(謝恩使, 명나라와 청나라가 조선에 대하여 은혜를 베풀었을 때 이를 보답하기 위해 보내던 사절) 서장관으로 연경에 가게 된다. 그는 여정 내내 괴이하고 이기적인 행태로 일행을 괴롭혔다. 사행에서 돌아온 후 온갖 계책을 얽어 권이진을 모함하기도 했으나 전혀 호응을 얻을 수 없었다.

권이진은 선조의 유지에 따라 당색에 빠지지 않고 항상 의리와 구시의 정신으로 원칙있게 처신했다. 그럼에도 불구하고 그와 관련된 몇몇 인물과 사건을 보면 노론과는 거리가 멀었고, 간혹 소론계 인물들과 우호적 관계가 있었다.

권이진은 소론의 영수이며 영의정을 지낸 최석정(崔錫鼎)의 무고함을 변론하고, 장희빈이 사사될 때 극력 반대하다가 유배되어 병사한 강세구(姜世龜)의 원통함을 하소연하기도 했다. 호조판서 시절에는 강고한 원칙에 따라 영조의 명도 받들지 않는 일이 있었다. 주위에서 걱정하고 때론 공격하기도 했으나 당시 영의정이자 소론의 영수였던 이광좌(李光佐)가 관대하게 용납할 것을 청했다. 반면 당시 노론의 핵심적 역할을 한 김춘택(金春澤)에 대해서는 그 죄를 성토한 적이 있다. 이와 같이 현실 정치에서는 의리를 논할 수밖에 없었고 불가피하게 친소관계가 작동했음을 알 수 있다.

권이진은 1726년(영조 2년) 함경도관찰사에 제수되는데 정언(正言, 사간원의 정6품 관직) 성대열이 소를 올려 욕하며 귀양을 청하는 일이 있었다. 소의 대략을 보면 다음과 같다.

"새로 제수된 함경감사 권모는 곧 선정(先正, 선대의 어진 신하) 송시열의 외손자입니다. 그 선정을 존경하는 선유(先儒, 선대의 유학자)를 원수처럼 보고 선정을 해친 흉도에게 동아리가 되어 빌붙었습니다. 선유가 조정에 있을 적에는 몸을 거두어 떠나가고, 흉도가 국권을 잡게 되어서는 뜻을 얻어 나왔습니다."

나라에서 바른말을 하라고 '정언(正言)'이라는 관직을 주었건만 사실을 철저히 왜곡해 자신이 속한 당파의 이익에 맞춰 상대를 공격하는 어처구니없는 일이 조선시대에도 버젓이 벌어지고 있었음을 확인할 수 있는 대목이다.

그는 "송시열의 외손자이면서 정치적으로 외조부를 배신했다."라는 비난을 받을 때면 자신의 혈연으로 권시와 송시열을 동시에 거론하며 이들이 효종의 신임을 받은 현신(賢臣, 어진 신하)이었음을 강조했다.

그는 1727년(영조 3년) 10월 호조판서에 임명되어 1729년(영조 5

1. 당파를 넘어 애민의 길로

년) 6월까지 일하게 된다. 나라의 재정이 고갈된 시점에 부임해 관료와 시전상인 등 온갖 이해관계자의 잘못된 관행과 비리에 맞서 재정을 획기적으로 늘리는 성과를 이룩했다. 비었던 곳간을 채웠으니 응당 영조도 그를 신임했던 것으로 보인다. 그런데 그가 생각보다 일찍 호조판서의 직을 내려놓은 이유는 무엇일까? 당시의 정치 구도는 노론이 압도적 다수를 점하면서 일부 소론이 참여하는 형태였다. 조정의 당상관 중 남인은 권이진 한 명뿐이었다. 이런 정치지형에서 개혁을 추진한 그는 경화거족(京華巨族)을 비롯한 집권 기득권 세력의 노골적 반발에 번번이 부딪혔다. 영조도 처음에는 그에게 힘을 실어주었으나 재정이 안정되는 등 성과가 나타나자 기득권세력과 번번이 마찰을 빚는 그를 조금은 불편해했던 것 같다. 그가 물러나기 직전 영조의 은주발 제작을 그토록 강한 톤으로 반대한 것이 단지 재정을 안정화하기 위한 소신 때문만이었을까 하는 의문이 든다. 자신을 둘러싼 환경을 냉철히 분석해 그쯤에서 물러나는 것이 자신이 이룩한 성과를 훼손시키지 않고 반대파의 공격으로부터 화를 피할 수 있는 최선의 선택이라고 판단한 것은 아니었을까 하는 생각도 든다.

그는 1731년(영조 7년)에 고변(告變)을 당하기도 했다. 당시 선혜청의 아전으로 해남에 귀양갔던 성탁이란 자가 같이 귀양살이하는 영남사람 이윤중의 말을 들었다며, 권이진을 비롯해 이광좌, 이삼(李森), 박문수(朴文秀) 등을 고변했다. 국청을 설치해 성탁과 이

윤중을 엄하게 국문한 결과 이윤중은 전혀 말한 바 없다고 했다. 결국 성탁도 무고임을 자백하는데, 노론을 기쁘게 하여 출세하려는 계책이었다. 권이진에 대해서는 오로지 무고일 뿐으로, "한쪽에 형적(形跡)이 있는 듯해 끼워 넣지 않을 수 없었다."고 했다. 어처구니없는 모함이었다.

이와 관련해 영조는 "당론이 날로 고질이 되고 세도(世道)가 이에 이르렀는데, 내가 조절하지 못해 이런 일이 생기기에 이르렀다."고 언급하였다. 권이진에 대해서는 "오래도록 경을 보지 못했으므로 경을 보려고 인견(引見, 윗사람이 아랫사람을 불러서 만나 봄)하였다. 경은 비록 과거로 출신했으나 결코 관작을 좋아하지 않는 것이 마치 산림의 선비와 같다."고 했다.

행록에도 당파에 휩쓸리지 않았던 그의 성품이 기록되어 있다. "당론 두 글자는 절대로 입에 담지 않았으며 항상 말하기를 나는 당론보다 선현의 가르침을 지켜 마음에 당론이 싹트지 않게 하였으니 천지의 귀신이 이 마음을 알아줄 것이다. 다만 사양하는 상소나 경연 석상에서 변론을 펴고 간곡히 청한 바가 있었던 것은 군신 간의 의리에서 어쩔 수 없던 것이지, 감히 당론 때문에 그런 것은 아니었다."

왕보다 당파의 이익을 우선하는 붕당정치

평생 당파의 굴레로부터 자유로울 수 없었던 권이진은 어느 누구보다 붕당정치에 비판적이었다. 그는 앞서 언급한 1704년(숙종 30년) 미완의 상소에서 당쟁을 강력히 비판한다. 붕당(朋黨, 조선 중기 학맥과 정치적 입장에 따라 형성된 집단)에 대한 구체적이고 확고한 입장을 밝히고 있다.

"신하들의 붕당은 옛날부터 있었지만 오늘날처럼 심했던 적은 없습니다. 정사에 대한 주장이 둘로 나뉘어 마치 두 개의 나라가 있는 것 같으니, 전하께서 늘 어느 한쪽만을 취하신다면 언제나 반을 얻고 반은 잃게 됩니다. 오늘은 잘못되었다고 하다가 다른 날에는 옳다고 하고, 다른 날에는 어질다고 하다가 오늘은 간사하다고 하여 두 사람인 양 대하시니, 어찌 밝으신 성상(聖上, 임금을 높이어 이르는 말)께서 이처럼 앞뒤가 상반되는 견해를 보이는 것입니까? 다만 이미 그 당을 썼기 때문에 그 당의 주장을 쓰지 않을 수 없어 우선 그들과 함께 하지만 그 사이에는 늘 의심과 시기가 존재합니다.

이것으로 한 세상을 손아귀에 쥘 수 있다고 여기지만 실상 임금의 권위는 언제나 경시되고 신하의 주장은 중시될 뿐입니다. 백성들이 임금을 섬기는 데에 있어 나라를 위하는 것은 적고 자신을 위하는 것은 많아져 늘 가벼운 것을 버리고 무거운 데로 나아가게 될 것이니, 임금을 배신하고 당을 위해 죽는 풍습이 결국 아래에서 형성되어 금지할 수 없을 것입니다. 전하께서는 어찌하여 그 도를 한번 되돌려 한결같이 지극한 정성으로 아랫사람을 다스리고, 일을 처리하되 성상의 뜻에 괜찮은 자가 있으면 아무 당인지를 따지지 말고 아무개는 괜찮은 사람이므로 아무 직을 줄 수 있다고 하지 않으시는 것입니까? 만약 불가하다고 쟁론하는 자가 있으면 그에게도 자신의 심정을 다 밝히도록 해 그 말이 옳으면 과감하게 그 말을 따르고, 혹 지나친 시새움으로 교묘하게 말하는 자가 있으면 그에게도 성상의 마음을 은밀히 헤아려 그렇게 하면 분명히 그 죄를 다스릴 것임을 결단코 알게 하소서. (중략)

사람은 저마다 본성과 분수를 가지고 있는데 학문을 통해서만 변화시킬 수 있습니다. 그러나 밝음과 지혜는 갑자기 만들 수 없고, 오직 정성만이 행동을 진실되고 속이지 않게 할 수 있을 뿐이

1. 당파를 넘어 애민의 길로

니, 어찌 못할 것이 있겠습니까? 더구나 전하의 성덕은 모든 임금 가운데에서 특출하시니, 밝지 못할까 걱정이 아니라 너무 밝아 의심하기를 좋아하시지 않을까 걱정이며, 지혜롭지 못할까 걱정이 아니라 너무 지혜로워서 술책을 가까이 하실까 걱정입니다. 먼저 한결같이 진실된 마음으로 공부에 정성을 쏟아 진정으로 정성을 이룬다면 온 나라 백성들이 도울 것인데, 전하께서 하고자 하는 바에 무슨 어려움이 있겠습니까?"

그는 미완의 상소문에서 당쟁의 해악과 그것을 극복하지 못하는 왕(숙종)에 대해서도 신랄하게 비판한다. 또 붕당정치는 결국 왕이나 백성을 배신하고 소속 당파의 이익을 우선하는 것이라고 경고하며, 인재를 뽑을 때는 당파를 떠나 오직 사람됨과 능력을 보고 결정해야 함을 강조한다. 당쟁에 대한 비판적 시각을 시를 지어 드러내기도 했다.

> 온 세상이 당론을 좋아하여
> 옳고 그름을 따져보지도 않네
> 옳게 여기면 북쪽 언덕 못 보고
> 그르게 여기면 동쪽 벼랑만 아네
> 인심이 날로 당론에 빠져드니
> 분개한 생각이 나를 괴롭히네
> 평상시에 이런 일을 싫어하여

우리 집에는 이미 끝난 것이네

영화는 비록 이르지 않는다 해도

재앙은 걱정할 것이 아니라네

군자는 자신의 뜻만 행하면 되지

어찌 다른 사람에게 얽매일 것인가

평소에 지녔던 충효의 마음은

신중하게 지켜 허물지 말아야지

권이진의 벼슬길에 당쟁의 여파는 항상 그를 따라다니며 괴롭혔다. 특히 외조부 송시열과 관련해 노론 측의 공격은 멈춤이 없었다. 송시열이 속한 노론의 당론에 동조하지 않는다는 이유로 그들은 권이진을 집요하게 스토킹하며 공격했다. 노론 세력이 다소 위축되었던 경종 때에도 변함이 없었다. 경종이 세자로 있을 때 필선(弼善, 세자시강원의 정4품 관직)에 제수되어 사제의 연을 맺은 그는 처신에 더욱더 신중을 기할 수밖에 없었다.

1723년(경종 3년) 성균관 유생들이 도봉서원(道峯書院, 조광조의 학문과 덕행을 추모하기 위해 창건했으며 숙종 22년인 1696년에 송시열을 배향했다)의 위패를 축출하고자 상소를 올렸다. 당시 예조참의를 지내던 그는 외조부가 소론을 중심으로 한 반대파에 의해 공격받는 상황에서 자신과는 상관없는 일이라며 모른 체할 수는 없는 형편이었다. 이에 세 차례 사직 상소를 올렸으나 경종은 그때마다 반려했다. 그는 상소에서 "비록 밝으신 성상께서 잘잘못을 매우 분명하게 밝히셨지만 신의 인정이나 도리로는 또한 이러한 때에 영광스러운 자리에 감히 편안하게 나갈 수가 없습니다."라고 소회를 밝혔다. 경종은 그 이후로도 여러 번 파직 상소를 윤허하지 않고 비답(批答, 신하가 올린 상소, 차자 등에 대해 국왕이 내린 답서)을 내렸으나 그가 부득이 패초(牌招, 임금이 승지를 시켜 신하를 부르던 일)의 명을 어김에 따라 관례의 의거해 결국 파직을 명하게 된다.

탄옹 권시와 기해예송

　권이진의 조부인 탄옹 권시는 우암 송시열, 동춘당 송준길, 미촌 윤선거와 각별한 친구 사이였다. 그들은 서로 출처와 견해를 달리 하는 경우도 있었지만 숭고한 우의는 끝까지 지켰다.(이우성, 〈17세 기의 정치사회적 상황과 만회·탄옹의 역사적 위상〉) 우암과 미촌은 탄 옹과 친사돈 간으로 양가 자손들이 혈연으로 맺어진 것은 앞서 거론한 바 있다. 탄옹은 이유태(李惟泰)를 위시해 유계 등 서인계 학자들과 두터운 친분을 지니고 있었다. 미수 허목, 백호 윤휴 등 남인 학자들과도 사귀었지만 서인계 학자들을 훨씬 더 많이 사귀 고 있었다.

　1659년 효종이 사망하자 모후인 자의대비의 복제를 두고 벌어진 기해예송은 이미 널리 알려진 일로서 여기서는 세세히 설명하지

　　　　　　　　　　　　1. 당파를 넘어 애민의 길로

않겠다. 압축하면 1년복을 주장한 송시열 등 서인과 3년복을 주장한 윤휴 등 남인이 벌인 논쟁이다. 논쟁이 가열되면서 남인 계열의 고산 윤선도(尹善道)는 우암에 대해 '군주를 비하하고 종통(宗統, 종가 맏아들의 혈통)을 어지럽혔다'고 성토하기에 이른다. 이에 우암은 계속 자기 주장을 굽히지 않고 타당성을 논증하는 한편, 조정의 다수를 차지하고 있던 노론은 고산을 거세게 공격해 결국 고산은 삼수로 귀양가게 된다.

바로 이런 때에 탄옹의 상소가 나왔다. 소의 내용은 크게 세 가지로 이루어져 있다. 첫째, 자의대비의 복은 3년복이 너무나 당연하다. 기년복, 특히 송시열의 "선왕불해위서자지설(先王不害爲庶子之說)'은 잘못된 주장 중에도 큰 잘못으로, 송시열, 송준길, 유계 같은 현명한 사람들이 미혹에 빠져 있는데 사람들이 모두 그것이 잘못임을 알면서도 말을 못한다는 것이다. 둘째, 윤선도를 귀양보내서는 안된다고 하면서 그를 '감언지사(敢言之士)'라고 두둔했다. 셋째, 송시열과 송준길은 선조에서 발탁해 국사를 위임하다시피 한 사람들이니 조정에 눌러앉아 앞으로 나라를 위해 도움이 되게 하라는 것이다.

《현종실록》에도 권시의 상소문이 상세하게 기록되어 있다.

"신은 까닭없이 백성을 죽이면 사(士)가 떠나야 하고, 까닭없이 사를 죽이면 대부(大夫)가 떠나야 한다고 들었습니다. 지금 시골마을에서도 시열·준길의 잘못에 대하여 말하고 싶은 자가 있으면서도 감히 못하고, 속으로는 틀렸다고 비방하고 있으면서도 입으로 말을 못하는데, 그것이 태평의 기상이겠습니까? 신은 성조(聖朝)를 위하여 그것을 걱정하고 그 두 사람을 위하여도 걱정하고 있습니다."(《현종실록》, 현종 1년 4월 24일)

이 소가 나오자 유계를 위시한 만조 관료들이 벌떼처럼 일어나 탄옹을 여지없이 공격했다. 그러자 탄옹은 표연히 서울을 떠나 경기도 광주의 소곡으로 내려갔다.

탄옹은 만년에 이르러서도 "가훈을 익혀 현자를 존모하고 인자(仁者)를 친애하는 마음을 감히 조금도 게을리하지 않았다. 평생토록 행한 길고 짧은 언사가 군자답기에 힘써서 공(公)자를 성취하고자 하지 아니한 것이 없다."고 토로하는 정도였다. 그 같은 경지를 가장(家狀, 조상의 행적에 관한 기록)에 밝혀두었다.

"복제를 3년으로 하거나 기년으로 하는 것은 적이 과·불급의 사이에 속하는 일로서 실로 혼란에 빠진 세상을 다스리는 일과는 관계없는 터이지만, 윤선도를 죽이게 되면 이는 조가(朝家)의 누가 되며 송시열과 송준길 역시 후세에 길이 할 말이 없게 될 것이다. … 내가 지금 구태여 시론에 합치하고자 하여 말을 하지 않는다면, 이는 위로 군부를 속이고 아래로 붕우를 저버리는 일이다.'고 하며 그만두지 않으셨다. 그 때문에 ○○를 당하게 되었으나 후회하지 않으셨다."

권이진은 당시의 상황을 이렇게 기록하고 있다.

"기해년의 예송을 당해 당시의 논의와 크게 달랐기 때문에 (탄옹은) 낙생(현재 성남시 분당구)의 선영 아래 거처하셨다. 그리고 늘 '조심하는 자세가 지극하지 않으면 자신을 수양함에 부족함이 있고, 충성과 신용에 미더움이 없으면 다른 사람의 마음을 감동시킬 수 없다.'는 것으로 근심을 삼아 털끝만큼이라도 하늘을 원망하거나 남에게 허물을 돌리는 경우가 한 번도 없으셨다. 문하 제자들이나 집안 자제들의 말 중에 혹시라도 남에게 허물을 돌리는 듯한 뜻이 있으면 언제나 통렬하게 꾸짖고 훈계하고 깨우쳐 주셨으며, 그리하여 비록 좋아하고 싫어하는 것이 당신과 다른 사람들일지라도 마음으로 복종하지 않은 경우가 없었다. 이것이 바로 자손들이 부지런히 힘쓰고 힘써야 할 자세이다."

경희대 김태영 교수는 권시에 대해 17세기라는 격렬한 당쟁의 시대에 어떤 당파에도 가담하지 않은 매우 드물게 보는 도학자(道學者)였다고 했다. 또한 성리학만을 가지고서는 결코 무궁한 현실의 온갖 사단(事端, 사건의 단서)을 대처하기 어렵다는 사실을 성찰하고 새로운 주체적 사유의 길을 각성시킨 독자적 위상의 도학자라고 평가했다.

구시(求是)와 직(直), 그리고 무실(務實)

　권이진은 만회와 탄옹이 일구어 온 가학을 전수받아 공부했으며 벼슬에 나아가서도 그 정신을 실천했다. 당색이 지배하던 당시에 그는 당파에 기울어지지 않으면서 '구시'의 정신을 중심으로 민생 정치를 실현하기 위해 힘썼다. 다만 그의 조부와 관련된 기해예송으로 인해 남인의 당색을 갖게 된 것은 아닌가 하는 생각이 든다. 예송 이전에는 만회나 탄옹이 교류하던 인사의 대부분이 서인이나 노론에 속한 인물이었던 점도 이런 추정을 해보는 이유이다. 그럼에도 불구하고 의문은 남는다. 만회·탄옹이 견지한 철학적 관점이 교조적인 주자학 중심주의와 거리가 있고 혹자는 양명학적 문제의식을 가졌음에 주목하는 경우도 있다. 앞으로 좀 더 깊은 연구가 필요하다고 본다. 여하튼 권이진은 선조의 뜻에 따라 어느 당

　　　　　　　　　　　　1. 당파를 넘어 애민의 길로

파에도 속하지 않은 채 관직 생활을 했다고 스스로 말하고 있다.

"신의 집안은 3백 년 동안 대대로 국록을 먹고 중간에 높은 관직에 올랐습니다. 신의 조부인 고(故) 좌윤(한성부 좌윤) 권시에 이르러서는 효종과 현종 양대에 걸쳐 세상에 다시없는 대우를 받아 나라를 걱정하는 일념을 죽을 때까지 놓지 않았으며, 충성을 위해 죽을 것을 자손에게 권면한 유서가 집에 있습니다. 신의 외조부인 문정공 송시열은 남쪽으로 유배되어 갈재를 넘을 때 울면서 국은에 보답하지 못했다고 하였습니다. 신은 이런 조부와 외조부의 손자로 허물을 숨기고 벼슬한 지 벌써 10년이 되었습니다."

그러나 그의 벼슬살이를 개관하면 항상 소수파로 분류되어 당시 다수파인 노론의 견제와 공격에 시달렸음을 확인할 수 있다. 그의 인척 관계는 앞서 거론한 바와 같이 매우 넓은 스펙트럼을 보인다. 우선 그의 조부 탄옹은 남인으로 분류할 수 있을 것이다. 반면 그의 외조부는 조선 정치사에서 가장 많이 회자되는 인물인 우암 송시열이다. 송시열은 노론의 영수였으며 항상 당쟁의 중심에 있었다. 한편 소론의 영수로 일컬어지는 명재 윤증은 권이진의 고모부이자 스승이다. 좀 복잡한 것 같지만 탄옹의 딸이 미촌 윤선거의 아들 윤증과 혼인한 것이다. 권이진은 부친의 권유로 윤증의 제자가 되어 학문을 배우는 사제지간의 인연도 맺게 된다.

또한 미수 허목과 함께 청남 계열을 대표하는 윤휴와 탄옹은 사돈관계이다. 윤휴의 아들 윤의제와 탄옹의 딸이 혼인을 맺은 것이다. 윤의제는 권이진의 고모부이며 윤증과 윤의제는 동서지간이 되는 것이다. 권이진의 부친 권유의 행장에는 매제 윤의제와의 사연이 기록되어 있다. 숙종 때 남인이 몰락하고 서인이 집권하는 경신대출척(庚申大黜陟) 당시 윤휴는 유배지에서 사사되고, 윤휴의 아들인 윤의제는 연좌되어 북쪽으로 귀양가게 되는데, 유배지에 도착한 지 얼마 지나지 않아 슬픔과 두려움으로 사망하게 된다. 윤의제에게는 아들이 없고 동생들도 각기 사방으로 유배된 상태였다. 처남인 권유는 벼슬을 버리고 가서 윤의제의 상을 수습하려고 했다. 그런데 마침 윤의제의 친척 중에 한 사람이 자신이 가겠다고 청하는 바람에 그만두었다고 한다.

권유는 이처럼 혹독한 당쟁을 겪으면서 부친 권시가 벼슬에서 물러나고, 매제 윤의제와 사돈어른 윤휴가 죽음을 맞는 비극을 보게 된다. 이런 풍파를 겪으며 권유는 아마도 정치적으로 자신의 집안과 반대편에 서 있던 장인 우암에 대해 서운함을 갖게 되었을 것이다. 그가 권이진을 우암이 아닌 윤증에게 보내 배움을 받도록 한 데에는 이런 사연이 영향을 주었을 것으로 보인다.

권이진은 이와 같이 다채로운 혈연적 배경에서 태어났으며 성장 과정에서 다양한 학문적 세례를 받았던 것으로 보인다. 우선 강한 가학의 전통 속에서 증조부 만회의 '구시'를 원칙으로 삼았다. 또 외조부 우암으로부터 '직(直)'의 사상을, 고모부 명재로부터 '무실(務實)'을 배웠다.

그는 자신의 당색을 옹호하고자 주장한 바가 없고 매사에 공명정대했다. 영조가 그를 가리켜 "경은 비록 과거로 출신했으나 결코 관작을 좋아하지 않는 것이 마치 산림의 선비와 같다."고 평가했던 것을 보더라도 그의 인품을 짐작할 수 있다. 정범조(丁範祖)가 지은 권이진의 신도비명에도 그는 "치열한 당론의 반목하는 시대를 살면서도 시종 한결같이 명성과 절개를 지킨 인물"이라고 기록되어 있다.

외조부 송시열과 고모부이자 스승 윤증

어린 시절 외할아버지 송시열의 가르침을 받았던 권이진은 탄방동과 소제동을 왕래했다. 당시 외조부의 집은 현재 대전시 동구 소제동에 있었다. 대략 7km 정도의 거리로 성인 걸음으로 1시간 30분 남짓 소요된다. 권이진은 이곳을 오가며 송시열에게 학문을 익혔다. 그러던 중 하루는 늦은 시간까지 소제동에 머물게 되었는데 거기 모인 사람들이 자신의 집안을 비판하는 말을 듣게 되었다. 이에 분한 마음을 참지 못해 깜깜한 밤길을 걸어 탄방동 집으로 돌아왔다는 일화가 전한다. 열 살도 채 안되는 어린이가 20리 가까운 밤길을 혼자서 걷는 것은 지금이나 그때나 쉽지 않은 일이었을 것이다. 이 일화는 권이진의 담력이 상당했다는 반증으로도 회자되었다. 그러나 우리는 이 일화에서 권이진과 송시열의 관계

1. 당파를 넘어 애민의 길로

는 외할아버지와 손자라는 친밀함 이면에, 무언가 불편한 기운이 있었음을 느끼게 된다.

권이진은 열한 살 때 어머니를 여의었다. 그후 아버지가 있는 서울로 가는데, 그곳에서 천연두를 앓아 사경을 헤매게 된다. 〈유회당 연보〉에는 그가 기가 막혀 숨을 쉬지 못하자 내의원 제조(궁중의 의약을 맡아보던 관아의 우두머리)로 있는 재상이 "이 병은 간혹 숨이 끊어졌다가 다시 살아나는 사람이 있으니 염을 하지 말고 기다리시오."라고 말했다고 적혀 있다. 다음날 아침이 되자 과연 다시 살아났다고 한다. 그러나 후유증으로 눈을 상해 5~6년 동안 눈을 제대로 뜨지 못하는 고통을 겪어야 했다.

그는 성인이 되어 고모부 윤증의 문인이 되어 가르침을 받았다. 그가 열여섯 살이 되던 해에 전의현감으로 재직하던 아버지 권유가 "네가 유봉(酉峯, 윤증의 호)에게서 배운다면 내가 죽어도 한이 없겠다."고 하였다. 권유는 그해에 유명을 달리하였다. 아들을 윤증에게 배우도록 한 것이 유언이 된 셈이다.

권유가 자신의 장인이며 당시 유력한 정파의 리더였던 송시열이 아니라 자신의 매제인 윤증을 권이진의 스승으로 택한 데에는 그만한 이유가 있었을 것이다. 권유는 당시 정쟁의 중심에 서 있던 송시열에게 아들을 맡기기보다 벼슬에 나가지 않은 채 학자의 길을 걷고 있던 윤증에게 맡김으로써 아들을 보호하려는 의식이 강하게 작용했을 것이라고 추정해 볼 수 있다.

그러나 권유가 이런 결정을 내린 데에는 당시 격화되고 있던 당쟁과정에서 장인에 대한 실망이 더 크게 작용하지 않았을까 하는 생각도 든다. 우선 기해예송 이후 자신의 아버지 권시와 장인 송시열은 복제를 둘러싼 논쟁에서 서로 다른 주장을 펼침으로써 대립할 수밖에 없는 형편에 놓였다. 또한 매제인 윤증과 송시열이 1681년(숙종 7년)의 회니시비(懷尼是非) 이후 정치, 학문적으로 대립해 사승(師承) 관계에서 정적으로 변화하게 된다. 윤증은 당시 신유의서(辛酉擬書, 윤증이 송시열에게 보내려고 했던 서찰)를 통해 송시열의 정치적 편견으로 남인들이 죽임을 당했다고 했다. 또 스승인 송시열을 지나치게 독선적이며 주자를 맹목적으로 받아들이는 인물이라고 평가했다.

한편 권유의 둘째 매제 윤의제의 부친인 윤휴는 주자학의 권위에 반기를 들었다는 이유로 사문난적으로 지목돼 1680년(숙종 6년) 남인이 몰락하는 경신환국(庚申換局) 때 죽임을 당하고 윤의제 또한 유배지에서 죽게 된다. 이런 일련의 과정에서 권유는 송시열에 대해 좋은 감정을 거두어들인 것이 아닌가 싶다.

어린 시절에 외조부 우암에게 나아가 가르침을 받던 권이진이 윤증을 찾아가 보다 직접적으로 학문적 사승관계를 형성하는 것은 그의 나이 21세 때의 일이다. 〈유회당 연보〉는 이와 관련하여 다음과 같이 기록하고 있다.

"1688년(숙종 14년) 21세에 황산의 이실에서 머물렀다. 부친 찬

성공(贊成公)이 별세할 때 유봉에 가서 배우라고 유명(幽明)했다. 황산과 유봉은 30리의 가까운 거리였으므로 자주 왕래하면서 의심나는 점을 질문했다. 당시 그의 집은 가난했으나 부인의 집은 부유한 편이었다. 그래서 황산의 한양촌에 살면서 윤증이 살던 유봉을 왕래했다."

권이진은 아버지의 임종 후 3년상을 마치고 명재를 찾아가 사제관계를 형성했다고 볼 수 있다. 산림처사의 길을 걷고 있던 명재에게 몸을 맡기던 이 시기의 그는 부모를 모두 여의고 의지할 곳 없는 신세였다.

그러나 외조부 우암을 향한 권이진의 존경과 연민의 정은 여전했다. 그가 스물두 살이 되던 해에 우암은 제주도에 안치되는데 권이진은 이때 강진 만덕사까지 따라가 외조부와 작별하고 돌아온다. 작별하기 전에 우암은 외손자에게 시를 지어 전해주는데, 권이진은 이때의 정황을 〈남행일기〉와 〈만덕사유감〉으로 지어 낸다.

수십 일의 여정길 강남 끝까지 오니
하늘에 닿은 파도소리 우레처럼 들리네
만덕산 머리에 올라 바라보게나
구름 밖의 탐라국이 푸른 한 점이라오

또 이종 동생 윤성종이 송시열을 만나서 받은 훈계하는 말씀을 함께 보며 남긴 시도 있다.

선생은 이미 무양(영혼을 데려간다는 전설상의 무신)의 부름을 받았으나
바닷가에서 하신 한 말씀 아직도 또렷하네
오직 그대와 눈물 흘리며 읽어보니
아득한 세상만사 푸른 하늘만이 알 뿐이네

그해 10월 권이진은 다시 호남으로 내려가 우암을 영호했고, 결국 외조부가 사약을 받고 운명을 달리하자 통한을 이기지 못하며 상을 치르고 돌아온다. 모든 것이 덧없음을 처절하게 체감한 권이진은 고향 무수동에 돌아가 선산에 성묘한 뒤 〈무수동기〉를 지었다.

한편 아버지가 마련한 명재와 그의 사제관계는 이후에도 지속되며, 이러한 이유 때문에 그는 오늘날까지도 명재의 문인으로 기억된다. 그런데 명재는 그에게 벼슬길에 나아가지 말 것을 권유했다. 진실로 제자를 위하는 충정에서였다. 명재가 염려한 것은 당대의 시대적 환경과 권이진이라는 개별적 인간의 성품이었다. 정국의 흐름을 보면서 명재는 그들의 시대가 '나아갈 시대'가 아니라 '물러날 시대'라고 진단했다. 권이진이 벼슬에 나간 이후에도 명재와의 인연은 돈독히 유지되었다. 훗날 명재의 임종을 접하고 권이진은 감회를 시로 남겼다.

1. 당파를 넘어 애민의 길로

창상(상전벽해의 줄임말)의 인간 일 순식간에 변해도

스승의 정과 의리 바뀌지 않으셨네

임종 때 남긴 말씀 귓가에 맴돌고

탐욕은 없었건만 내 생애 기구하네

그는 1694년(숙종 20년) 27세 되던 해에 과거에 급제하고 지방수
령직을 수행하게 된다. 당시 윤증이 그에게 보낸 서신이 눈길을
끈다.

"그대가 잘 다스린다는 소문이 멀리 퍼져 있으니 기쁘다. 그러나
죄인을 치는 곤장이 너무 무겁다고 하니 때리는 사람은 시원할지
몰라도 맞는 사람은 그 해독이 심할 것이다. 모름지기 절제하겠다
는 생각을 가져야 한다. 참으로 어진 마음(仁心)이 사람들에게 깊
이 주입되느니만 못하다. 어떠한가?"

제자이자 조카인 권이진이 벼슬길에 올라 좋은 평가를 받고 있
는 사실을 한편으로 기뻐하면서도 형벌이 너무 엄하다고 우려를
전하는 고모부의 부성애 같은 마음이 느껴진다.

《유회당집》에는 그의 강직한 인품에 대해 당대에 이미 '은산철
벽(銀山鐵壁)'이라는 평가를 받았다고 기록되어 있다. 이러한 인품
때문에 권이진은 상대 당인들뿐만 아니라 왕에게까지 직언을 서
슴지 않았다. 강직한 성품을 갖고 있었기에 그는 왜관의 질서를 어
지럽힌 왜인들은 물론 그와 결탁한 관리들을 제압하고, 한양의 방

납 상인들이 떼지어 집 앞에 몰려와 시위하자 곤장을 때려 그 무
례함과 잘못을 바로잡을 수 있었다. 왕실의 사소한 지출도 원칙에
맞지 않으면 비록 왕의 요구가 있어도 따르지 않는 강단은 그가 지
켜온 원칙과 강직함에서 나온 것이었다.

1. 당파를 넘어 애민의 길로

담백하고 강직한 성품

권이진은 말보다 실천을 중시하고 남들 앞에서 잘난 체하지 않는 담백한 성격을 지녔다. 그는 《논어》에 있는 "없으면서 있는 체하고, 비었으면서 가득한 체하고, 가난하면서 풍족한 체하면, 항심(恒心)을 갖기는 참으로 어렵다."는 공자의 말을 거론한다. 이 세 가지 행위를 삼가는 것은 어려움이 없어 보이는데 오히려 공자가 "그런 사람을 보지 못했다."고 탄식하는 것을 괴이하게 여겼다고 한다. 그러나 막상 세상을 3, 40년 살아보니 세상에 말은 집에 가득하고 책은 세상에 가득하되 그 가운데 나아가 보면 헛된 과장을 하지 않는 자가 거의 드물더라는 것이다.

젊을 때 한 친구가 뜻을 조금 굽히고 세속을 따라 세상에 쓰이도록 하라고 권했다. 그러자 그는 "세상에 잘 보이려고 하는 행위는 할 수 없다. 세상에 잘 보이려고 하는 자는 따로 있다."고 답했다. "당론에 대해서는 선대의 교훈을 받들어 감히 마음에 싹트게 할 수 없으며 평소의 행위를 점검해 볼 때 천지신명에게 질정(質正, 묻거나 따져서 바로잡는 것)한다 해도 부끄러울 것이 없다."며 당론에 관계되는 일은 일절 입에 올리지 않았다. 그는 본래 산수를 좋아해 벼슬살이를 하면서도 반드시 명산대천을 찾아다녔다.

《국조보감(國朝寶鑑)》에 권이진과 관련된 일화가 있다. 1728년(영조 4년) 2월 그는 영조에게 왕실의 토지 증식에 대해 따지듯이 물었다.

"새로 태어난 옹주방(임금의 후궁에게서 난 딸이 살던 곳)에서 해숭위(海嵩尉, 선조의 부마인 윤신지)의 사패지(賜牌地, 임금이 하사한 토지)를 매입하려 하는데 그 땅은 오래도록 관리하지 않아 백성들이 먹고 산 지가 이미 여러 대가 지났습니다. 지금 만약 국가에서 백성의 농지를 빼앗는다면 백성들이 어떻게 견디겠습니까? 대체로 정치를 하는 도리는 가정으로부터 나라에 이르는 법이니 가정을 제대로 다스리지 못하면서 나라가 잘 다스려진 경우는 없습니다. 백성들은 거꾸로 매단 듯한 고통을 이렇게 겪고 있는데도 대신이하의 사람들은 이를 도외시하며 전하께서도 글 뜻만 강론하시고 백성을 걱정하고 나라를 위한 계획은 강구하지 않으십니다. 경연에서도 반론을 제기했다는 말은 들을 수 없고 모두가 찬양만 하니 신은 개탄을 감당할 수가 없습니다."

그러자 영조는 "아뢴 말은 매우 아름답다. 그러나 그대는 조정에 벼슬을 해보지 않았으므로 모르는 것이 많이 있다. 궁가에서 절수(折受, 논밭 등 토지에서 나오는 결세를 나라로부터 떼어 받음)하는 것은 예부터 그러하였으니 갑자기 고칠 수가 없다. 그리고 경연의 경우는 임금의 덕을 성취시키려고 하는 것인데 그대는 선후의 순서를 모른다."라고 했다.

권이진이 다시 "국가에서 경연을 설치한 목적은 임금의 덕을 성취시키려는 것인데 모두가 찬양만 하고 있으니 신은 비록 시골 출신이라 견문이 적으나 찬양하는 것으로 임금의 덕을 성취시킨다는 말은 듣지 못했습니다. 절수의 폐단은 이미 극에 달했는데 또 백성의 토지를 사들이면 백성은 어떻게 견딜 수 있겠습니까?" 하니 영조가 답했다. "그대의 말을 편치 않게 여기는 것이 아니다. 그 간곡하게 한 말은 매우 아름답다. 다만 이는 국가에서 사들이는 것이 아니다." 권이진이 "비록 궁가에서 사들인다고 하더라도 궁가의 주인은 전하가 아니옵니까?" 하니, 영조는 "호조판서가 맡은 직무를 다하려고 한다. 그러나 다만 일이 되어가는 형세를 모르기 때문에 그 말이 이러하다."라고 말했다.

다음날 호조참의 송인명(宋寅明)이 다시 그것을 거론하니 영조는 "한나라 명제가 '나의 아들이 어찌 감히 선제의 아들과 같을 수 있느냐.'라는 말을 했다. 지금 국가의 재정이 다해 매사를 조절하고 있으니 새로 태어난 옹주방에 관례로 주어야 할 것을 나는 반으로 줄이고자 한다. 위에 있는 사람이 검소하면 교화가 아래로 행하는 것이니 의복의 경우 무명으로 만든 것이라고 해서 어찌 안 될 리가 있겠는가? 나의 뜻은 본래 이러한데 어제 호조판서가 국가에서 농지를 사들인다고 해 대화를 끝내고 나서 마음이 매우 편하지 않았으나 한편 생각해 보니 만약 일시적으로 듣기 싫은 말이라고 하여 그 말을 그르다고 한다면 후세에 나를 어떤 임금이라고 하겠는가? 지금은 다 풀려서 전혀 개의치 않는다.”고 했다.

《조선왕조실록》은 이 일을 이렇게 기록하고 있다.

“영의정 이광좌가 ‘전일 권이진이 진달한 바는 절실하고 강직한 말이 많았습니다. 신이 조정에 들어온 지 30여 년에 권이진과 같이 나랏일을 위하여 한 몸의 이해를 돌아보지 않은 자는 일찍이 보지 못하였습니다. 내전에 돌아오신 후에 약간 불평하신 뜻이 있었으나, 곧 깨닫고 개의하지 않으신다는 것을 이제 하교를 받고 비로소 알았습니다. 옛날 한문제(漢文帝)는 풍당(馮唐)의 곧은 말을 듣고 일어나 내전으로 들어갔으며, 당태종은 ‘이 전사옹(田舍翁, 임금이 조정의 원로대신을 낮춰 부르는 말)을 죽이겠다.’고 말했으니, 한·당의 어진 임금도 오히려 곧은 말을 듣기 싫어하였습니다. 이제 전하께서는 곧 노여움을 푸셨고, 간하는 자의 말을 들으시고는 의리로써 사심을 이겼으니, 신은 감탄하여 지극한 기쁨을 금할 수 없습니다. 해숭위방(海嵩尉房)에서 궁가와 더불어 땅을 매매하여 백성의 원망을 부르게 되었으니, 매수하지 말도록 함이 좋겠습

　　　　　　　　　　　1. 당파를 넘어 애민의 길로

니다.' 하니, 임금이 말하기를, '해숭위방에서 대대로 전해 내려오던 전지를 제외한 백성과 더불어 소송하는 땅은 백성에게 내어주도록 하라.'고 하셨다."(《영조실록》15권, 영조 4년 2월 27일)

오직 나라와 백성만을 생각하는 소신 있는 신하와 매우 거슬리는 소리를 듣고도 인내하는 현명한 임금의 모습을 목도할 수 있다. 마치 당나라 때 직언을 서슴지 않았던 위징(魏徵)과 그것을 감내하던 당태종의 모습이 재현된 듯하다. 민주화된 오늘날에도 감히 상상할 수 없는 믿기 힘든 장면이 18세기 조선의 경연에서 펼쳐진 것이다.

권이진의 연보 중 '유사(遺事)'에는 이런 기록도 있다. 그가 호조판서로 있을 때 위로 바치는 모든 물품을 해마다 관례대로 꼭 들여보내야 하는 것이 아니면 이를 막았다. 이로 인해 규정 외의 것을 더 들여보내라는 분부가 없었으며, 혹 상의원(尙衣院, 국왕과 왕비의 의복을 만들고 보화, 금보 등을 맡아보던 관서)에서 준비해 들이라고 하면서도 호조에서는 알지 못하게 하라 하셨으니, 당시 임금인 영조가 그를 만만하게 보지 않았음을 알 수 있다.

옹주의 은주발 제작을 둘러싼 영조와 권이진의 갈등은 앞서 기술한 대로 호조판서 권이진의 존재를 부각시킨 상징적인 사건이다. 이 일이 있고 얼마 되지 않아 그는 호조판서 직에서 물러나게 되는데, 탕평정치 하에서 영조와 권이진의 관계는 꽤 흥미로운 점이 눈에 띈다.

영조는 형의 뒤를 이어 왕위에 오르는 과정에서 여러 가지 의혹의 대상이 되어 구설수에 올랐다. 경종의 죽음을 둘러싼 의혹에 더해 영조는 무수리 출신의 어머니라는 출생 콤플렉스를 갖고 있었다. 이런 이유에서인지 영조는 집권 초기 당파의 균형을 이루려는 탕평책을 강력히 추진한다. 숙종 집권 후기의 노론 독식 정치에서 탈피해 일부 소론을 중용함으로써 노론, 소론간의 균형을 맞추려고 했다. 그럼에도 불구하고 남인의 등용은 지극히 미미한 수준이었다. 이런 정치환경에서 권이진을 호조판서에 중용한 것은 탕평(蕩平)정치의 구색을 맞추기 위한 것이었는지, 아니면 실제로 영조가 왕권의 강화를 위해 당파의 균형을 이루고 유능한 인재를 고루 등용코자 한 것이었는지 쉽게 판단하기 어렵다.

그러나 노론의 반대를 무릅쓰고 남인인 그를 중용했을 뿐 아니라, 직언을 서슴지 않는 성격임을 잘 알면서도 공조판서나 평안감사 등으로 계속 중용한 것을 보면 그에 대해 호의를 가지고 있었음이 분명하다. 또한 훗날 영조가 호조판서 권이진에 대해 찬사를 아끼지 않았던 사실을 보면 호의를 넘어 그의 능력을 높게 평가했음을 확인할 수 있다. 이런 배경에는 두 사람 모두 능력과 효율을 중시하는 합리주의적이며 실용적인 사고를 가졌다는 공통점이 작용했던 것은 아닐까 하는 생각이 든다.

권이진이 경상도관찰사로 있을 때 이런 일도 있었다. 동래에서 세금을 거두는 이억이 말을 타고 왜관 부근을 지난 적이 있다. 이

때 왜졸 수십 명을 거느리고 바닷가에 놀러 나온 왜장을 만났는데, 왜장이 말을 타고 가는 그를 끌어내리라고 고함을 질렀다. 이에 이억이 "나는 순찰사의 전령패(傳令牌)를 차고 있으니 말에서 내릴 수 없다."고 했다. 그러자 왜장이 "순찰사가 누구냐?"고 물었다. 이에 "아무 해에 동래부사로 있던 아무 어른이다."라고 하니 왜장이 "그러면 그냥 가시오."라고 했다. 이전에 세금 거두는 관리가 여러 차례 말에서 끌려 내려오는 모욕을 당했는데 이때는 그렇지 않았으니 권이진이 위엄으로 이들을 두렵게 했음을 알 수 있다. 이억은 본래 일본어 역관으로 왜인의 실정을 잘 알고 있었기 때문에 이렇게 답한 것이다.

권이진은 벼슬하는 사람의 '삼자부(三字符)'를 강조했다. "공평하면 명확하고, 청렴하면 위엄있고, 부지런하면 일이 지체되지 않는다." 그는 지방의 수령으로 부임하면 낮에는 장부를 검열하여 능숙하게 처결하고 밤에는 반드시 《심경(心經)》(송나라 진덕수가 경전과 도학자들의 저술에서 심성 수양에 관한 격언을 모아 편집한 책)을 30번씩 읽었다.

연보에는 이런 일화도 전한다. 당시 한 재상이 간곡하게 사귀기를 원했으나 그는 한 번도 찾아간 적이 없었다. 그후 함께 온 승지와 함께 그의 집에 가니 오래도록 만나지 못한 정을 펴며 지금까지 가까이 지내지 못함을 한스러워했다. 이에 그는 "공께서 알아주시는 것은 고맙습니다만 만약 자주 찾아뵈었다면 공의 문하사(門下

±)가 되지 않았겠습니까? 그래서 감히 찾아뵙지 않았던 것이지 어찌 도외시해서 그랬겠습니까?"라고 했다. 그의 엄격한 성품을 새삼 확인할 수 있는 대목이다.

1. 당파를 넘어 애민의 길로

민생을 우선하는 실무관인

　본래 당색은 혈연, 지연, 문벌 또는 혼맥과 결합해 대대로 이어지며 형성되었다. 그런 만큼 관인들의 정론과 정치적 처신 역시 여기에서 자유로울 수 없었다. 그러나 두 차례의 전쟁을 거치며 민생이 한층 곤궁해졌는데도 그 해결 방안과 입장에서 편차가 점점 벌어지게 되자 당색과 당쟁의 테두리를 벗어나 실제 문제에 접근하는 시도도 나타나게 된다. 명분론 중심의 비생산적 당쟁을 거부하고 국부(國富)와 민생(民生)을 우선하는 정치를 지향하는 당쟁 극복의 논리와 세력도 생겨난 것이다. 양란과 세기적 자연재해의 참화 속에서 기득권 유지와 신분질서 강화에 집착하는 정치세력에 맞서 나라의 부강과 민생을 위한 정책을 추진하는 관인도 등장하게 된 것이다. 명분론 중심으로 전개되던 붕당간 정치투쟁의 한편에서 현실문제를 실무로써 해결하려는 움직임이 일어나고 있었다.

권이진이야말로 이러한 변화에 부합하는 대표 인물 중 하나이다. 그는 관인 시절 항상 농민의 입장에서 균역법을 지지하고, 양전을 통해 농민에게 땅을 돌려주고, 조운 개혁을 통해 농민의 부담을 줄여주려 애썼다. 이론적 주장을 넘어 직임을 통해 실천적으로 노력했고 진전을 이뤘다. 또 호조판서 시절 재정을 견실하게 하기 위해 왕과도 맞서며 불필요한 지출을 막고, 왜나 청과의 무역질서를 바로잡아 나라의 부가 유출되거나 소수 상인에게 집중되는 것을 막았다. 실무관인으로서 권이진이 보여준 자세는 관념적 유학자의 자세를 강조하면서도 실상은 당파의 이익에 급급하던 대다수 관료와 확연히 구분되는 것이라 할 수 있다.

오늘날에도 온통 기득권 유지와 사적 이익에 골몰하는 정치세력에 맞서 민생과 사회적 약자 보호를 위해 분투하는 정치인을 간혹 찾아볼 수 있다. 권이진은 극한의 붕당 대립 속에서 남인이라는 소수 당파의 한계를 극복하며 오직 나라의 부강과 백성의 편안함을 위해 일관되게 노력했다.

붕당정치와 관련해 연세대 김준석 교수는 예송논쟁 속에 잠복된 정치관의 차이에 대해 주목하는데 그 내용이 자못 흥미롭다. 그는 17세기 붕당구조의 대립 격화는 소위 예송논쟁으로부터 출발하는데, 삼년설과 기년설로 맞서던 복제 논쟁의 기저에는 왕권론(王權論)과 신권론(臣權論)의 정치적 차이가 잠복해 있다고 주장

1. 당파를 넘어 애민의 길로

한다. 김교수는 이 시기의 왕권론과 신권론은 단순한 세력균형, 권력구조론의 차원을 넘어 현실문제의 체제적 대응을 가름하는 주요 지표였다고 주장한다.

"정통 주자학은 신권 중심의 정치 운영을 통해서 강상설(綱常說, 삼강과 오상을 아울러 이르는 말)과 지주층 옹호의 입장을 관철해 가려는 보수적 입장을 대변했다. 반면 반주자학은 군주권의 강화를 통해 농민층의 항산(恒産, 생활을 유지할 수 있는 일정한 재산과 생업)을 보증하려는 진보 개혁적 입장에 연결되는 것이었다. 이렇게 보면 예송의 기년설과 삼년설은 놀랍게도 각각 명분론과 지주제 옹호론, 실제론과 소농민 육성론을 내세우는 정치노선의 차이나 대립 현상을 일정하게 반영했던 것이라 하겠다."

이것은 마치 카이사르시대 로마의 공화정과 제정의 대립을 둘러싼 논쟁과 유사하다. 당시 소수 귀족층은 원로원 중심의 정치가 민주적이라는 논리(일정 부분 타당한 점이 있다)를 근거로 공화정을 지지했다. 반면 카이사르와 그를 지지하는 세력은 소수 기득권 중심의 원로원 정치가 빈부차를 확대해 시민을 더 가난하게 만들고, 결국 영토 확대와 제국화에 걸림돌이 된다며 제정으로의 전환을 도모했다. 카이사르는 원로원 지지자들에 의해 암살되지만 이후 후계자 옥타비아누스에 의한 제정 실시로 로마는 제국으로 발전하게 된다.

흔히 신권론은 왕 일인에게 권력이 독점되는 것을 막을 수 있어 민주적이며 백성과 국가에 유익한 제도라고 인식되고 있다. 이는 일정한 조건에서는 그럴 수 있지만 항상 꼭 그렇지는 않다. 앞서 로마의 예에서 보듯이 신권이 소수 귀족층만을 위한 정치로 귀결되면 백성의 정치적, 경제적 소외가 커지면서 나라는 균형을 잃고 부패하게 된다. 17세기 조선은 전란과 자연재해로 인한 기아와 역병이 창궐해 수만 명의 백성이 사망하는 참혹한 상황이 지속되었다. 이런 시기에 지주 중심의 기득권에 맞서 농민을 지원하기 위한 왕권론 지지는 충분히 의미가 있는 일이라 할 수 있겠다.

왕권론과 신권론은 일률적으로 그 정당성을 평가할 수는 없다. 조선 건국 초기 정도전이 추진한 신권론은 시대를 앞서가는 진보적 측면이 강했다. 그러나 이후 지주층을 옹호하는 당파가 권력을 장악해가면서 신권론은 농민의 이익에 반하여 기득권을 옹호하는 보수적 정치사상으로 변질되어갔다. 왕권론과 신권론 중 어느것이 더 필요하고 정당한가는 그 시대가 처한 정치경제적 상황과 집권세력의 지향에 따라 달라질 수밖에 없다. 17, 18세기의 조선이 처한 난제를 해결하고 부국안민(富國安民)의 길로 가기 위해서는 제대로 된 왕권의 출현이 필요했다고 보는 것이 타당할 것이다.

2.

조선 최고의 호조판서

대전광역시 문화재자료 호조판서 권이진 교지(문화재청 국가문화유산포털)

반드시 권판서와 같기를 바라오

어렸을 적 집안 어른들과 함께하는 자리에서 유회당에 이어 자주 거론되던 인물이 그의 6대손인 권영수(權永秀)였다. 권영수는 1844년(헌종 10년)에 급제해 삼사, 승정원 승지, 한성부 좌윤, 형조참판, 호조참판을 지냈다. 1862년(철종 13년) 진주농민운동이 일어나 그 불길이 충청 일원까지 확대되었다. 이때 농민들의 원성을 샀던 지방호족들이 살육당하는 와중에서도 농민들이 그를 가마에 모시고 행진하며 "다른 양반들도 이분같이만 하여라."라고 외쳤다고 한다. 관직에 진출한 양반이었음에도 불구하고 애정을 갖고 농민들과 함께한 그의 인품이 잘 알려져 있었기 때문이다. 평소 꽹과리를 치며 농민들과 고락을 함께한 그분에 대한 감사의 표시이자 자신들이 지향하는 사회에 대한 데몬스트레이션이었을 것이다.

'매사필구시(每事必求是)'라는 선조의 교훈을 마음에 담고 삶을 이어간 권이진의 후손들은 의(義)를 사랑하고 애민 정신을 소중히 여겼다. 후손들은 무수동 인근의 주민들이 보릿고개를 넘길 수 있도록 쌀이 없으면 나물죽이라도 함께 나누었다. 이러한 정신은 권이진이 무수동에 심어놓은 효심, 우애와 더불어 민생을 우선하는 애민(愛民) 철학에서 나온 것이다.

여기서 다시 책머리에 거론한 '옹주 은주발' 관련 이야기로 돌아가 보자. 당시 영조는 사랑스런 옹주에게 은주발을 선물하려 했으나 호조판서의 완강한 반대로 여의치 않자 결국 궁내의 재화, 금은, 보화 등을 관리하던 상의원에 지시해 제작하게 했다. 영조는 후궁 소생의 딸을 12명이나 두었다. 영조는 딸들에 대한 사랑이 유달랐다. 여기서 거론되는 옹주는 1727년(영조 3년)에 태어난 화평(和平)옹주로 보인다. 당시 그녀의 나이가 3살이어서 밥을 먹기 시작하는 때였고 유독 그녀에 대한 왕의 사랑이 깊었던 점을 고려할 때 영조가 은주발을 선물하려 했던 주인공은 화평옹주였을 것으로 추정된다.

훗날 정조의 개혁정치를 최측근에서 보좌하며 영의정까지 지낸 채제공은 이 에피소드를 언급하며 권이진의 인물됨을 칭송했다. 자신이 영조때 호조판서를 맡게 되자 조정의 경대부들이 서로 권하여 말하기를 "그대가 반드시 권판서와 같기를 바라오."라고 했고, 호조의 늙은 서리들은 자기들끼리 은밀히 서로 말하기를 "우

2. 조선 최고의 호조판서

리 공께서 권판서의 유범(遺範, 고인이 남긴 모범)을 이을까 걱정이
다.”라고 했다는 것이다. 체제공은 “공께서 40여 년 전에 호조판서
를 지냈는데도 불구하고 다스린 법과 시행했던 일들이 혁혁하게
많은 사람들의 입에 오르내리니, 이는 경대부들은 공을 사모할 줄
알았으되, 서리들은 경외했기 때문”이라고 덧붙였다. 아울러 “천
승의 나라에서 그 부(賦, 세금을 매겨서 부과하는 일)를 다스릴 수
있는 자는 자로(子路)”라는 《논어》의 한 구절을 인용하며 높이 평
가했다.

왕실에서 은주발 수삼 개를 아끼는 것이 재정에 무슨 큰 의미가
있겠느냐며 그의 태도를 지나치다고 할 수도 있을 것이다. 그러나
당시 왕실의 곳간은 장부 기록과 달리 거의 텅 비어 있었다. 18세
기 들어 임진·병자 양란과 기후 재해로 황폐화되었던 농업이 점차
회복되고 상업이 활기를 찾아감에 따라 경제는 나아졌으나 정부
의 재정은 반복적인 비리와 부실한 재정관리로 인해 여전히 곤궁
했다.

권이진은 당시 재정개혁을 위해 올린 조정의 태가(駄價, 짐을 실어
날라준 삯)를 논하는 상소에서 다음과 같이 지적하고 있다.

“마땅히 수입으로 되어야 할 것인데 들어오지 않고, 지출하지
말아야 할 것을 지출하는 일이 끝이 없는데도 애당초 철저히 살피
지 않아 국가 재정이 날로 줄어들어 장차 꼭 거행해야 할 제반 행
사 비용도 부응할 수가 없으니 이를 국가라고 할 수 있겠습니까?

근본 원인은 간사한 백성과 교활한 아전들이 온갖 농간을 부리는 데서 시작됩니다. 처음에 청탁과 뇌물로써 이익을 얻고는 끝내는 이를 근거로 관례라고 큰 소리로 고함치며 마치 믿을 곳이 있는 것처럼 하니 통탄스럽고 놀라움이 이보다 더할 수가 없습니다."

그가 왕의 간절한 요청을 뿌리치면서 명분 없는 지출을 반대한 데에는 그럴 만한 이유와 근거가 있었던 것이다.

이복형인 경종의 뒤를 이어 왕위에 오른 영조는 선왕의 갑작스런 죽음을 둘러싼 의혹으로 수세적 입장에 놓여 있었다. 그래서인지 집권 초기 영조는 왕권의 안정에 신경 쓰는 한편 민생을 회복하고 재정을 확충하는 데 큰 관심을 기울였다. 1727년(영조 3년) 권이진은 이러한 시대적 요구에 따라 당시 극소수파인 남인 출신임에도 불구하고 호조판서로 전격 발탁되었다. 그의 능력과 사람됨을 눈여겨 봐왔던 영조의 결단이 이뤄낸 파격 인사였다.

부임초 그는 "이 나라의 국가 재정이 모두 비었지만 그렇다 해도 만일 규례에 없는 세금을 걷는 일이라면 일체 명을 받들 수 없습니다."라고 했다. 이에 연신(筵臣, 경연이나 서연에 참여하는 신하)들이 걱정했다. 영의정 이광좌가 관대하게 용납하실 것을 청하자 영조는 오히려 그를 칭찬했다고 한다. 그는 결국 2년밖에 안되는 짧은 재임 기간에도 불구하고 왕실의 곳간을 가득 채우는 성과를 이뤄냄으로써 훗날 영조도 그를 최고의 호조판서로 평가하게 된다.

《조선왕조실록》에는 암행어사로 널리 알려진 박문수와 비교해 권이진을 평가하는 구절이 있어 흥미롭다.

"박문수가 면직되었다. 박문수가 잇달아 대간의 공척(攻斥)을 받았기 때문에 체직을 허락하였으나 장차 다시 제수하기 위한 것이었다. 박문수가 호조에 부임하여 강력하게 일을 해나가면서 심력 있게 헛된 비용을 절감했으므로 백성들에게 약간의 좋은 평판을 얻었다. 근세에 권이진이 호조에 있으면서 재화를 잘 다스렸다는 것으로 최고의 칭예를 얻었는데, 박문수가 조금 그의 뒤를 잇기는 했으나 정민하게 사무를 잘 아는 것은 권이진에게 미치지 못하였다."(《영조실록》68권, 영조 24년 9월 7일)

재정 안정을 위한 불가피한 선택

혹자는 권이진이 지나칠 정도로 재정의 긴축에 매달린 것은 아니었을까 하는 의문을 갖게 될 것이다. 그가 증세나 세원의 발굴이 아닌 지출 절약에 집중한 것은 크게 두 가지 이유 때문이다. 먼저 당시에 기후 이변으로 자연재해가 지속되었다. 이 시기의 기후 이변은 동서양을 망라하는 전지구적 현상이었음이 학계의 연구를 통해 밝혀지고 있다. 1480년대에서 1760년대까지 운석형 유성이 지속적으로 지구에 낙하해 자연재해를 일으켰다는 것이 다수 의견이다. 이로 인해 기온 강하가 일어나고 기상학적 이변으로 가뭄과 홍수가 교차하여 빈발하는 대재해가 일어났다는 것이다. 특히 1550년대부터 1670년대까지의 기간이 그 중심을 이루었다. 이러한 과학적 결과에 대해 이견이 없는 것은 아니지만 다수의 학자

　　　　　　　　2. 조선 최고의 호조판서

들이 이 같은 견해를 지지하고 있다. 이 시기를 소빙기라 부른다.

《조선왕조실록》의 기록을 분석한 서울대 이태진 교수에 의하면 이 시기의 자연재해는 1480년경부터 1750년경까지 지속되었던 것으로 확인된다. 〈표〉에서 보듯이 이 시기에 천재변이의 사건들이 눈에 띄게 많이 관찰되었음을 알 수 있다.

시기(년)	총건수
1392~1450	2,117
1451~1500	1,420
1501~1550	6,109
1551~1600	4,785
1601~1650	3,300
1651~1700	3,563
1701~1750	2,716
1751~1800	936
1801~1863	72

운석형 유성들이 대기권에 돌입하면서 일으키는 물리적 현상은 가공스런 것이었다. 유성 폭발시 발생한 잔해의 먼지가 장기적으로 대기권에 쌓임으로써 태양의 빛과 열을 차단하는 결과를 가져와 기온강하의 원인이 되었다. 폭발시에 발생한 큰 바람과 우박 등도 기온강하의 한 부분을 차지했다. 가공할 규모의 자연재해가 길어지면서 농산물 생산이 감소해 기근과 전염병이 확산되었다. 이

는 또한 전쟁과 폭동, 혁명을 유발하는 원인으로 작용했다.

혹독한 자연재해에 더해 이 시기에 일어난 두 차례 전쟁의 여파로 인구가 감소하고 농작물 생산이 현저하게 감소했다. 기근과 전염병 역시 끊이지 않았다. 당시 아사자, 병사자에 대한 조사 결과는 충실한 자료라고 보기 어려워 신뢰하기 힘들다. 다만 경신대기근(庚申大飢饉)이 발생한 현종 12년(1671년) 한 해의 것이 비교적 충실한데, 이 해 총 기민(飢民)의 수효는 680,993명, 동사 및 아사자는 58,415명, 전염병 사망자는 34,326명으로 집계된다. 실제로는 이보다 훨씬 많아 기민이 100만 명에 달했다고 한다. 당시 인구가 500만 명을 겨우 넘었던 점을 감안하면 전인구의 20%에 이르는 놀라운 수치이다.

권이진이 재정의 긴축에 집중할 수밖에 없었던 또 다른 이유는 부정과 비리로 인한 전세(田稅)의 감소 때문이었다. 당시 호조의 주된 수입원인 전세는 흉년 등으로 줄어드는 재결(災結) 처리를 부정하게 함에 따라 점차 감소하고 있었다. 수령들이 재결을 넘치게 보고하고, 재결을 얻은 후에 사사로이 받아 쓰는 부정이 많았던 것이다. 수입으로 들어올 것은 제대로 들어오지 않으면서, 지출하지 말아야 할 것은 철저히 통제되지 않는 것이 당시 호조가 당면한 문제였다.

수입의 증대를 쉽게 기대할 수 없는 상황에서 권이진은 결국 불합리한 지출의 낭비를 줄이는 선택을 할 수밖에 없었다. 그는 왕실을 비롯해 궁방, 각 아문의 불합리한 특권과 낭비를 줄이기 위해 맞서 싸웠다. 이로 인해 왕실과 특권층으로부터 심각한 반발과 모함을 받는 곤욕을 치러야 했다. 그러나 타협하지 않고 꿋꿋이 원칙을 견지함으로써 누구도 이루지 못한 흑자재정을 달성할 수 있었다. 이 같은 성과에 대해 성호 이익(李瀷)은 다음과 같이 평가했다.

"공은 기반이 약한 처지로 이권이 있는 곳을 맡았으나 참으로 나라에 유익한 일이면 온갖 비방이 쌓여도 개의치 않았다. 자신을 맑고 신중하게 단속하며 털끝만큼도 사심이 끼어들지 않게 하였다. 직임을 그만두고 나서 여론이 칭송하였으며, 사람들이 정(鄭)나라의 자산(子產)에 비유하였다. 공이 처음 부임했을 때는 부고(府庫)가 텅 비어 있었는데, 3년 동안에 상사(喪事)나 군수에 쓸 비용이 부족하지 않았고, 오히려 5만 필의 포(布)와 수만 냥의 돈을 별도로 비축하여 불시의 수요에 대비하였다."(《성호전집》 제64권, 호조판서 유회당 권공 묘지명 병서)

권이진의 '호조 재정 확보책'을 집중 연구한 충남대 성봉현 교수는 그가 호조판서로서 이룩한 업적을 근거로 '조선 최고의 호조판서'로 평가받을 수 있었다고 했다.

왕실납품 상인들의 독점이익을 깨다

　권이진은 호조판서를 맡아 일관된 원칙과 특유의 뚝심으로 왕실 지출의 낭비를 막음으로써 나라의 재정을 튼튼하게 했다. 왕실의 물자를 독점적으로 공급하는 상인들의 과도한 요구를 물리친 호조판서 권이진의 단호한 처분은 당시 한양을 떠들썩하게 만든 일대 사건이 되었다.

　1729년(영조 5년) 궁궐에 명주를 납품하던 상인들이 납품가가 낮다는 이유로 소장(訴狀)을 보내 항의하더니 급기야 권이진의 집으로 몰려와 길을 가로막고 소리를 지르며 난동을 부리는 일이 벌어졌다. 계급적 신분질서가 뚜렷했던 조선시대, 그것도 왕권이 안정되었다는 영조 때에 상인들이 판서의 집에 몰려와 이런 행패를 부릴 수 있었는지 쉽게 상상이 되질 않는다. 그 진상이 자못 궁금하다.

당시 궁궐에 명주를 납품하던 사람들은 표리계(表裏契, 명주를 납품하기 위해 조직된 명주계)에 소속된 상인집단이었다. 이들은 독점적으로 명주를 납품하면서 시세보다 비싼 가격을 받고 있었다. 납품업무를 담당하던 하급 관료들과의 결탁, 그리고 그들의 뇌물을 받으며 뒷배가 되어주던 고위 관료들의 묵인 아래 이러한 비싼 가격이 십수 년 넘게 유지되어왔다.

권이진이 호조를 맡아 사정을 살펴보니 당초 공물(貢物, 중앙 관서와 왕실에서 필요로 하는 물품을 여러 군·현에 부과해 상납하게 했던 물품)로 명주를 받아 사용할 때는 명주 1필당 무명 4필씩을 지급했다. 그런데 대동법이 시행되고 시장 상인들로부터 납품받게 되면서 가격이 무명 7필로 뛰었다. 그는 직접 과거의 문서를 고찰하고 그 곡절을 조사한 뒤 왕실에 필요한 의복이나 식품 등을 관장하던 제용감(濟用監)을 통해 납품가를 산정해 보았다. 그랬더니 이전 납품가인 4필이 적정하다는 결론이 나왔다. 이에 따라 그는 오히려 시장 상인들의 처지를 생각해 적정가에 1필을 더해 명주 1필당 무명 5필을 지급토록 했다. 사정이 이러함에도 불구하고 상인들은 당장 납품가가 줄었다고 항의하고 판서에게 행패를 부리기까지 한 것이다.

이런 어처구니없는 일은 비리 관료들의 묵인과 야합이 있었기 때문에 가능했을 것이다. 이처럼 조선판 정경유착이 고착화된 상황에서, 신변의 위협마저 느껴야 했던 권이진은 과연 이들의 행패에 어떻게 대처했을까? 그는 집 앞까지 쫓아와 소리지르고 난동을 부린 십여 명의 장사꾼을 태형으로 다스렸다. 이들이 호조판서 집 앞에서 행패를 부린 데는 분명 믿는 데가 있었을 것이다. 당시 그가 이런 지경에 처했음에도 불구하고 함께 공분하기는커녕 호조판서의 결정을 비난하며 상인들을 비호하는 관료들이 꽤 있었다. 심지어 상인들을 대신해 송사하는 자들까지 있었다. 물론 그에 대한 비난에는 당색을 달리하는 자들의 정치적 공격의 성격까지 가미되었다. 원칙과 책임을 중시하는 그로서는 참을 수 없는 모욕일 수밖에 없었다. 이에 그는 임금에게 사직의 상소를 올리게 된다. 그는 상소에서 당시의 심정을 이렇게 토로하였다.

"나라 살림을 조금이라도 늘리기 위해 이른 아침부터 저녁 늦게까지 걱정하면서 직책에 최선을 다하려 하지만, 주변 사람들은 악평하고 비난만 합니다. 멋대로 지껄이는 터무니없는 말에 이리저리 능멸당하기에 이르렀으니 사대부로서 수치가 여기까지에 이르러서는 결코 하루도 관직에 머물러 있을 수가 없습니다."

영조는 사직을 말리며 공무를 계속할 것을 명했다.

"소를 보고 모든 것을 잘 알았다. 경의 고집은 나 역시 병통으로 여기지만 나라를 위해 성심을 다한다는 사실을 안 지 이미 오래이다. 하물며 없는 사실을 꾸며서 헐뜯는 말이 경에게 무슨 상관이 있겠는가? 경의 막힌 곳은 내가 일에 따라 풀어줄 것이다. 오늘의 호조에서 경을 버려두고 누구를 앞세우겠는가? 경은 지나치게 사양하지 말고 속히 나와 공무를 보라."

영조는 호조판서가 언급한 상인들의 행패와 관리들의 상인 편들기에 대해서는 입을 닫은 채, 그가 비리가 없는 것을 알고 있으니 그 정도에서 없었던 일로 하고 업무에 복귀하라고 말하고 있다. 당시 상인들의 뒷배가 되어 비리를 눈감아주거나 유무형의 이득을 취하는 유착구조에서 왕도 자유롭지 못했던 것은 아닐까 하는 의혹이 든다. 영조는 "경의 고집은 나 역시 병통으로 여기지만"이라고 말하고 있다. 곱새겨 보자면 왕실납품 상인들의 행태를 어느 정도 인정해 줘야 하는데 그렇지 못한 호조판서의 고지식함에도 문제가 있는 것 아니냐는 지적으로 들린다. 오로지 나라 살림을 위해 모든 것을 다하고 있는 그로서는 얼마나 억울하고 원망스러웠을까 하는 생각이 든다.

그가 당시 영의정 이광좌에게 보낸 편지를 통해 당시 상황을 좀 더 자세하게 알 수 있다. 편지에서 그는 궐내에서 쓰이는 무명이 2동에 불과한데 호조에서는 14동이 실제 지출되고 있으니, 궐내에서 쓰이는 것이 10여 동이면 호조에서는 1백여 동의 대가를 상인에게 지급해야 한다고 말한다. 제용감 공인(貢人)들의 도둑질과 시장 상인들과의 유착을 통한 가격 담합, 선혜청 등의 방조로 인해 국고 낭비가 심한 현실을 지적한 것이다.

나아가 그는 이를 방조하는 조정의 일부 세력을 신랄하게 비판한다.

"그들이 어찌 감히 당상관의 집을 둘러싸고서 욕을 보이다시피 하여 위협에 의해 그 청을 따르게 한단 말입니까? 그 형세가 자못 원위(元魏, 남북조시대의 나라로 북위를 가리킴) 때 집을 불사르고 관리를 살해하듯 하는 지경에 이르게 되었습니다. 이와 같은데도 장형 한 대도 때리지 못한다는 것은, 이러한 이치가 없는 듯합니다."

그는 이 어처구니없는 부조리 앞에서 홀로 포효하고 있는 것이다. 여기서 당시 한양의 시전상인들과 권력 핵심세력의 유착구조를 이해하려면 시전상인의 독점권에 대해 좀 더 알아볼 필요가 있다.

상업의 성장과 특권 상인의 등장

조선 후기 상업인구의 증가에 따라 상인 간의 경쟁이 심화되기 시작했고, 그 과정에서 관권과 결탁해 특권적 매점상업을 영위하는 상인들이 등장했다. 이러한 상인 가운데 대표적인 사람들은 시전상인(市廛商人, 나라에서 필요로 하는 물품을 제공하는 대신 독점으로 상업 활동을 하던 한양의 상인), 공인(貢人, 대동법 실시 이후 중앙관청에서 필요로 하는 물품을 사서 납부하던 어용상인), 경주인(京主人, 중앙과 지방 관아의 연락 사무를 담당하기 위해 지방 수령이 서울에 파견하던 아전 또는 향리), 영주인(營主人, 각 감영에 속해 감영과 각 고을 사이의 연락을 취하던 벼슬아치) 등이었는데, 이들은 흔히 관상도고(官商都賈)라 불린다. 관상도고의 활동은 그들이 지녔던 특권성으로 인해 근본적으로는 자유상업의 발전을 가로막는 것이었다. 이에 이들에게 강력히 도전하면서 새로운 상업체제를 수립하려는 상인층이 광범위하게 대두하였으니, 이른바 사상도고(私商都賈)가 그들이었다. 이들은 대규모의 자본력과 전국적인 상업 조직망, 경영 능력 등을 바탕으로 관상도고의 특권에 대항하면서 점차 조선 후기 상업계의 중심적 위치로 자리잡기 시작했다.

시전도고(市廛都賈)는 서울에 설치되었던 시전이 중앙정부와 관계를 맺으면서 특권 상인화함으로써 이루어졌다. 즉 시전상인의 도고상업(상품을 매점매석해 가격 상승과 매매 조작을 노리던 상행위의 한 형태)은 정부로부터 부여받은 금난전권(禁亂廛權)을 바탕으로 형성된 것으로, 시전상인의 금난전권 행사가 곧 도고상업 행위였던 것이다. 금난전권이란 조선정부가 시전에 부여한 특정 물품의 독점적 유통권이다. 금난전권을 갖게 되면 해당 물품은 금난전권을 가진 시전만이 독점적으로 취급할 수 있게 된다. 즉 시전상인에게만 주어진 상업적 특권이었던 셈이다. 따라서 전안(廛案, 국가가 물건의 판매를 허락한 사람들의 명단 및 물품을 등록한 문서)에 등록되지 않은 사람이 임의로 해당 물종에 관한 상행위를 벌일 경우, 시전은 이를 난전으로 규정해 이들의 행위를 금지시킬 수 있을 뿐만 아니라 소유 물품의 압수, 혹은 거래 물품에 일정액의 세금을 물릴 수가 있었다.

시전상인들은 금난전권을 이용해 특정한 상품을 독점적으로 매점, 시세 차익을 남기고 매각함으로써 상당한 상업적 이익을 누리

　　　　　　　　　　　2. 조선 최고의 호조판서

고 있었다. 백성들의 생활필수품 가운데 하나였던 소금의 경우 염전인이 이익을 독점하는 까닭에 어염선상(魚鹽船商, 생선이나 소금을 판매하던 상인)들이 폐업할 지경이라든지 가격이 전보다 5〜7배나 뛰었다는 이야기 등은 바로 이와 관련된 대표적인 폐해였다.

　이와 같이 특권을 전제로 한 상업 시스템은 비리와 비효율, 민생 파탄 등 숱한 문제를 야기했다. 그럼에도 불구하고 이러한 방식은 1791년(정조 15년) 신해통공(辛亥通共, 채제공의 건의로 시행된 통공발매정책으로 시전상인들만의 특권 상행위를 비시전상인들에게도 허용한 정책)이 실시될 때까지 유지되었다. 금난전권을 가진 특권상인들은 노론 계열의 벌열(閥閥, 나라에 공이 많고 벼슬 경력이 많은 집안)과 연결되어 특혜를 연장해 갔다. 이들은 공물과 왕실 물품의 독점적 공급권을 통해 상업자본을 축적해 갈 수 있었다. 조선판 정경유착의 전형이라 할 수 있는 현상이었다. 그러다 보니 시전상인들은 왕실이나 노론의 실세가 아닌 웬만한 관리 정도는 우습게 알 정도였다. 대동법 시행 이후 방납(防納, 백성을 대신해 공물을 나라에 바치고 높은 대가를 받아내던 일) 상인들은 과거에 누리던 독점적 이익이 큰 폭으로 줄었지만, 왕실과 관청에 물품을 납품하는 시전상인들은 실세 관료들과의 유착을 통해 여전히 독점이익을 누리고 있었다. 이들이 정계 벌열의 경제적 후원자 역을 담당한 것은 오늘날 재벌들이 보수정당의 후원 역할을 하는 것과 판박이였다.

　권이진은 앞서 말한 '옹주 주발' 거부에 이어 왕실 납품 상인들의 독점이익을 없앤 이후 얼마 되지 않아 호조판서 직을 그만두게 된다. 그것이 영조에게 미운털이 박혀 이뤄진 일인지 여부는 명확히 알 수 없으나 그가 당시 권력을 장악하고 있던 영조와 노론세력의 이익에 반하는 존재로 여겨졌을 것임은 쉽게 추정해 볼수 있다.

낭비를 줄이기 위한 외로운 싸움

　호조판서에 오른 지 3년째 되는 해인 1729년(영조 5년), 권이진은 다시 상소를 올려 사직을 청한다. 영조가 권이진의 사직을 간곡히 만류했으나 그는 고집을 꺾지 않고 "신이 지난번에 당한 엄중한 탄핵과 더러운 비방은 사대부로서 듣고 감당할 수 있는 것이 아니므로 실로 다시는 조정 반열에 함께 설 수 없었는데…"로 시작하는 상소를 올린다. 영조의 만류와 마침 당시 일어났던 '이인좌의 난'으로 인해 일단 조정에 참여하게 되었으나, 대간의 거듭된 비판과 이에 따른 임금의 하교로 다시금 사직을 청하게 된 것이다.

　권이진은 1727년(영조 3년) 10월에 호조판서에 부임했다. 그해 1년 동안 거둔 돈이 11만 8,369냥이고 각종 포목이 2천 동이었다. 그런데 지출한 돈은 12만 7천 냥이고 포목은 들어온 것을 모두 써

버렸다. 결국 훈련도감 등 군문에서 부족한 돈을 빌려올 수밖에 없었다. 다음해인 1728년(영조 4년)에는 거둔 돈이 9만 2천 냥이고 각종 포목이 1,100동인데, 지출한 것이 7만 97냥이고 포목은 들어온 수량대로 지급했다. 마침 그해는 '이인좌의 난' 등으로 지출할 것이 많았음에도 불구하고 재정 적자를 보지 않은 것이다. 이로 인해 지출이 인색하다며 원망을 들었으나 대궐에 들여야 할 각종 물건과 지급해야 할 물품 대금 중 단 1전도 어긋남이 없었다고 한다. 사정이 이러함에도 불구하고 대간들은 실정에 어두워서인지 상인들과의 유착 때문인지 물품값을 더 지불하라고 채근하고, 임금조차 신칙(申飭, 단단히 타일러서 경계함) 하교를 내린다. 이렇게 되니 그는 황공하고 어찌할 바를 모르겠다고 심정을 털어놓는다.

그러면서 그는 "이와 같은 세입으로 이같이 지출하지 않는다면 용도를 지탱할 방도가 없으니 국가 재정을 위해 신의 심정 또한 괴롭습니다. 재물이란 것은 모든 사람이 다 같이 원하는 것이나, 얻는 자는 항상 그 부족함을 괴로워 비방하고, 실어 보내는 자는 항상 지나치게 많다고 원망합니다."라며 긴축이 불가피함을 임금께 호소한다.

여기서 한발 나아가 그는 궁궐에서 정기적으로 쓰이는 물품의 지급 시기와 관련해 회계기간의 중복 산입이 누적 반복됨에 따른 낭비를 지적한다. "6개월마다 한 번씩 바꾸는 옷감, 관모, 띠 등 물품들의 경우 시작하는 달은 6개월의 숫자에 들어가나 마지막 달은 6개월에서 제외해야 합니다. 예를 들면 11월부터 4월까지가 6개월이 되니 5월에 다시 지급한다면 정확히 6개월이 됩니다." 당연한 말을 굳이 임금께 하는 것은 당시 궁궐에서의 관행이 5월이 아닌 4월에 지급하는 것이었기 때문이다. 결국 6개월이 아닌 5개월에 한 번씩 지출하게 되고 이에 따라 비용이 중복 과잉 지출되고 있음을 알리기 위함이었다.

선왕이나 왕비들의 제수와 관련된 지출도 이같이 관행으로 지출되어 오던 것을 시정함에 따라 그 원망이 임금에게까지 전해진 것으로 보인다. 이런 예산 지출의 시정으로 궁궐이 직접 피해를 볼 일은 없었을 것이다. 그럼에도 불구하고 이 문제가 잘못된 것처럼 시끄러웠던 것은 납품기일이 1개월씩 줄어듦에 따라 이익이 줄어든 상인들과 이들로부터 뇌물을 받던 관리들이 불만을 제기했기 때문이다. 심지어 왕에게 선조의 제사를 모시는 일에 차질이 생길 수도 있는 듯이 보고해 호판 권이진을 궁지로 몰아가려 했다.

당시 국고가 바닥난 상태에서 재정을 건전하게 하기 위해서는 원칙 있는 지출을 통해 낭비를 줄여야만 했다. 물론 세수를 늘이는 방법도 있을 수 있으나 농민들의 어려운 형편을 누구보다 잘 알고 있는 그로서는 고려해 볼 수 있는 방안이 아니었다. 나라의 재정을 개선하기 위해 당시로서는 파격이라 할 수 있는 남인 출신의 권이진을 발탁한 영조가 막상 그의 뜻을 헤아려주지 않게 되면 더 이상 재정개혁은 추진하기 힘들었을 것이다. 이런 절박한 상황에서 그는 임금의 의지를 재차 확인하고 응원을 얻어내지 못한다면 더 이상 임무를 수행할 수 없을 것이라고 판단해 재차 상소를 올린 것이다.

이에 대해 영조는 "지금 다시 이 직임을 제수한 것은 그 본의가 우연에서 나온 것이 아니다. 그러나 경의 전일의 고집은 의당 스스로 반성해야 할 것이다. 그러므로 어제 제수(除授, 추천의 절차를 밟지 않고 임금이 직접 벼슬을 내림)하면서 내 뜻을 이미 하유(下諭)했는데 지금 다시 이렇게 고집하니 위에서 어찌 고식적인 관습에 따라 아랫사람들을 권면할 수 있겠는가? 서울 백성들이 살아가는 방도는 각기 아주 다르지만 그들이 생계를 의지하고 있는 것은 이것밖에는 없다. 만약 경의 생각과 같이 한다면 무엇하러 대동법을 실시했으며 무엇하러 공물제도를 마련했겠는가? 지금 경을 다시 등용한 것은 다만 원망을 견디면서도 공익을 위해 힘쓰기 위함이지 어찌 의심스럽고 판단하기 어려운 일을 경에게 맡기고 제지하지 말라고 하는 것이겠는가?"라며 지나치게 사양하지 말고 속히 나와 공무를 보라고 비답한다.

여기서 우리는 영조와 권이진이 생각하는 서울 상인에 대한 평가가 서로 다름을 알 수 있다. 권이진은 공납의 대가로 이들에게 지나치게 많은 비용이 지출되고 있다고 본 반면 영조는 상인들에 대한 적당한 보상이 필요하다고 보고 있는 것이다. 영조가 실제 상인의 역할에 대해 긍정적인 평가를 하고 있었던 건지, 궁궐 납품

물건들의 최대 수요처인 왕실의 입장에서 상인들에게 인색할 필요가 없어서 그랬던 것인지는 단정하기 어렵다. 다만 대동법 시행 이후 서울 상인들의 수입이 줄었고, 그래서 이들의 수입을 일부 보전해 주어야 한다는 논리를 수긍한다 하더라도 적정가에 비해 지나치게 많은 납품가를 인정하는 것은 납득하기 힘들다.

여하튼 영조는 대동법과 공물제도까지 거론하며 호조판서가 지나치다고 힐난하고 있다. 사실 권이진은 공물제도의 취지를 비판한 것이 아니라 지나치게 높은 납품가와 중복 지출의 문제점을 지적했을 뿐이다. 그럼에도 불구하고 영조가 한편으로 그를 비판하고 다른 한편으로 재신임한 것은 기존의 왕실과 집권세력의 이익을 해치지 않는 범위 내에서 재정 건전화를 원한 것이라고 볼 수 있다. 사직을 둘러싼 영조와 권이진의 밀고 당기기는 그가 휴직을 얻는 구실로 호조판서에서 내려오는 6월까지 계속되었다. 처음 사직 소를 제기한 것이 3월이니 4개월 동안 계속된 줄다리기였다.

한편 권이진이 호조판서에 갓 부임했을 때에는 청나라 상인들에게 진 빚 때문에 청과의 마찰이 있었다. 이로 인해 가뜩이나 어려운 재정 형편에서 마찰을 해결하는 방법을 둘러싸고 조정 내에서 논쟁이 생겼다. 그런데 청은 황제의 뜻에 따라 6만여 냥의 은을 특별히 너그러이 면제해 준다면서, 경종에 대해 무례한 표현을 사용하였다. 이에 조정은 장차 대신을 보내 변무(辨誣, 사리를 따져 옳고 그름을 가리고 억울함을 밝히는 것)하려 했다. 이때 권이진은 빚을 자력으로 갚는 방안을 제시했다. 군문(軍門), 호조(戶曹), 관서(關西, 평안감영), 의주부(義州府)에서 각각 저축하고 있는 것을 내놓는다면 재원을 마련할 수 있을 것이라고 했다. 혹 부족하면 백관(百官)들에게 부과해 거둔다 하더라도, 군부(君父)가 전에 없는 욕을 당하고 있는 상황에서 목숨도 아끼지 않는 자가 있을 터인데 하물며 재물을 아끼려 하지 않을 것이라고 했다.

이에 대해 영조는 빚을 서울과 외방에서 마련해 내고 백관에게 거두자는 얘기에 대해 어찌 이리 박절할 수가 있느냐며 비판했다. 이후 변무사(辨誣使)가 돌아왔는데, 청의 답변은 조정이 기대했던 것과는 한참 거리가 멀었다. 나라의 빚을 갚기 위해 관리들이 솔선해 돈을 모으는 것은 '노블리스 오블리제'로 볼 수 있음에도 불구하고, 영조는 이를 왕이 신하에게 박절하게 대하는 것이라고 여겼으니 두 사람의 생각은 사뭇 달랐다. 대국(大國)에 대해서도 자존심을 지키기 위해서는 결코 의존적 모습을 보여서는 안 된다는 권이진의 결연한 의지는 사대에 젖은 당시 조선의 정치구조에서 실현되기 힘든 것이었다.

공납 비리에 맞서다

당시 백성들이 짊어진 각종 부세와 양역의 부담을 생각할 때 증세는 결코 고려할 수 없다는 것이 권이진의 일관된 입장이었다. 결국 재정을 개선하기 위해서는 불합리한 지출을 줄이는 길밖에 없었다. 이를 관철시키기 위해 그는 때로는 상인들과 맞서는 한편 관료와 아전들의 비방과 음해에 시달려야 했다. 심지어 힘이 되어주던 왕마저 그를 견제하는 상황에서 홀로 외로운 싸움을 할 수밖에 없었다.

애민적 재정관은 권이진이 호조판서에 제수되기 전부터 꾸준히 생각해 왔고 주장한 바이다. 경종이 세자 시절 필선으로 교육을 담당했던 그는 경종이 즉위하자 소를 올려 "관리에게 속임을 받을까 걱정하지 말고 혜택이 백성들에게까지 미치지 못할까 걱정하며, 수입이 풍족하지 못할까 걱정하지 말고 지출이 적정하지 못할까 걱정해야 합니다. 그러면 지금의 나라 경제가 매우 애통하기는 하지만 위로 성상께 올리는 것과 궁궐에 바치는 것, 국가의 일상적인 용도로 조금이라도 줄일 수 있는 것에서부터 도성 백성들에게 줄 공물의 값까지 매년 들어오는 양에 따라 때때로 조절하여 세입을 헤아려 지출한다면 지탱하지 못할까를 걱정하지 않아도 됩니다."라고 진언했다. 여기서도 알 수 있듯이 그는 지출이 새나가는 부분을 줄이되, 그 혜택이 반드시 백성에게 돌아가도록 힘쓰라는 충언을 아끼지 않고 있다. 그가 호조판서를 맡아 불합리한 지출을 개선하고 절감한 사례는 셀 수 없을 정도로 많다.

대표적으로 거마계(車馬契)와 관련된 일이 있다. 당시 궁궐이나 관아에 물품을 납품할 경우 짐바리로 운반하는 일은 한성부가 주관해 각 관아의 요구를 파악한 다음 짐바리 수를 정하는 방식으로 진행되었다. 한성부는 일을 마친 다음 4~5개월 후에 관련 공문을 취합해 호조에 경비를 요청한다. 그런데 이 공문 중에 6태라고 할 것을 60태라고 한 것도 흔히 발견되어 호조에서는 요구한 경비에서 줄여 지급할 수밖에 없었다. 또 한성부가 "들어온 물품은 모두 호조에서 값을 치를 것"이라고 하는데, 관련 첨부물이 무엇을 근거로 했는지 알 수 없는 경우가 많았다. 예를 들어 궁궐의 김장 채소가 매일 40바리씩 40일 동안 1,600여 바리가 된다고 하는데, 실제 이렇게 많은지 의심이 간다고 했다. 그러자 해당 관아는 이에 시비를 걸어 호조를 비난하는 경우가 종종 발생했다.

또한 짐바리의 역을 담당할 삼강(한남동 근처의 한강, 용산강 근처의 용산강, 마포 근처의 서강)의 가구 수가 줄었다는 이유로 한성부는 실제 조사도 없이 단지 호조에 부족한 역가(役價, 일을 해준 것에 대한 품삯)를 지급하라고 요구했다. 이에 대해 권이진은 "역을 맡은 자들이 많이 줄었다면 이 또한 간사한 서리들의 농간일 뿐이니, 한성부에서는 스스로 역을 책임지게 할 자를 찾아내야 한다."고 주장했다. 호조가 "단지 요구하는 데에 따라 지급하기만 한다면 하나의 창고지기만 있으면 충분할 것인데 관장을 두어 무엇에 쓸 것인가"라며 무리한 요구를 거부했다.

공물의 폐해는 더 심각했다. 권이진은 그 역가는 모두 백 배나 되는 값인데 더 필요하다고 하면서 호조로 하여금 역가를 지급하도록 하는 것이 전에 비해 열 배는 되었다고 했다. 그는 "온 나라를 들어 껍질을 벗기고 골수를 뽑아 모두 백성 수백 인의 배를 채워주는 일은 고금천하에도 없는 이치이다."라며 이런 현실에 분노했다.

이렇게 역가가 높아진 것은 각 관아가 역가를 부풀려 호조에 요청하는 비리 때문이라고 그는 진단했다. "아랫사람들이 하나를 지목하면 10명을 만들고 1백 명을 인정해 주면 1천 명이 되어 간사하고 거짓됨이 이루 말할 수 없다."고 개탄하고 있다. 예나 지금이나 주인 없는 돈을 서로 빼먹으려 하는 작태는 여전한 듯하다.

다음으로 그는 공인들의 폐해에 대해서도 지적한다. 우선 공인들을 통한 물품의 납품가격이 근거 없이 올라가는 현상을 거론한다. 공물이 납품된 뒤 원래의 공물이 부족하거나 호조가 더 필요한 것이 있어 별도로 사오게 되면, 으레 시중 가격을 따르게 되는데 이달에 한 필 값을 증액하고 다음달에 또 한 필 값을 더 올려 원래의 공물 값에 가산되었다. 그래서 궁궐내 기름이나 밀랍 등을 조달하던 의영고(義盈庫)의 경우 1섬의 가격을 12섬으로 보고하자 당시 당상관이 따져 값을 줄였는데도 결과적으로 7섬을 지급하는 일도 있었다.

이런 행태는 각 관아마다 그렇지 않은 곳이 없을 정도였고, 공인들이 아니라 아전들이 거리낌없이 감히 이런 짓을 저질렀다. 권이진은 "청탁이 있고 뇌물이 있으며, 조(曹)의 아전들이 허황한 말로 기롱하여 이익을 나눕니다."라고 지적했다. 결국 옛날에는 조세와 공물을 합계해 쓰던 것이 지금은 조세 수입을 단지 공물세 용도로만 충당하니 경비가 부족해지는 것은 필연적인 형세라며 개탄했다. 대동법 시행으로 개선되어야 할 재정이 만연한 비리로 인해 오히려 더 악화되는 결과를 가져온 것이다.

2. 조선 최고의 호조판서

정경유착의 숨은 핵 경아전

그런데 여기서 흥미로운 것은 '조(曹)의 아전'이란 말이다. 이들은 최근에 그 존재와 영향력에 대해 관심이 커지고 있는 경아전(京衙前)을 말한다. 넓은 의미에서 중인에 속하고, 17세기 후반부터 서울에 뿌리를 내리기 시작했다. 이들은 조선 전기에는 취재(取才)라는 임용시험을 통해 충원되었지만 후기에는 주로 경아전 집안에서 충원되었다. 이들은 우대(上村)라고 불리던 서울 삼청동에서 인왕산 기슭에 이르는 지역의 출신들로, 권세가의 겸인(傔人, 양반집에서 잡일을 맡아보거나 시중을 들던 사람)으로 들어간 다음 그 세력을 이용해 중앙관서의 서리로 진출했다. 《속대전》에는 101관청에 1,400명 정도의 경아전이 있다고 하였다. 이들은 나중에 폐쇄적인 집안을 형성하지만, 초기에는 평민 내지 사천(私賤)에까지 개방되어 있었다. 경아전은 16세기 후반에 와서 중앙관서의 실무를 완전히 장악하였다. 이들은 관청에 근무하면서 서리라는 직위를 이용해 부정한 수단으로 손쉽게 치부할 수 있었다. 이들의 부정은 국가나 왕실의 재정을 담당하던 주요 관서에서 더욱 혹심했다. 1726년 (영조 2년)에는 병조의 서리가 군포 수십만 필을 횡령하고, 1820년 (순조 20년)에는 선혜청 서리가 50만 냥에 해당하는 물자를 횡령하고 효시되었다는 자료도 있다.

경아전이 큰 제재를 받지 않고 부를 축적할 수 있었던 것은 지배계급과 분배하는 공생구조가 갖추어졌기 때문이다. 지배관료들은 조세를 통해 할당받는 것보다 중인들을 통해 확보할 수 있는 재부의 양이 훨씬 많았기 때문에 경아전의 중간착취를 묵인하고 비호해 주면서 막대한 양의 상납을 받았다.

권이진이 비리의 핵심 고리로 주목하는 '조의 아전'들은 바로 이들을 말한다. 이들이 고리가 되어 권력핵심과 상인들의 정경유착이 심화되고, 권력과 부의 집중화는 결국 조선을 비리와 무능력의 나락으로 떨어뜨리게 된다.

더 어처구니없는 일은 공물가를 미리 지급하는 데서 발생하는 비리였다. 올해와 내년 공물가를 미리 지급받은 상인에게 후년이 되면 2년 전에 받은 것이 오래 되었다며 탕감해 주고 그 다음해 공물가를 다시 반복 지급하는 사례가 많았다는 것이다. 심지어 5년치 또는 7년치를 미리 받는 경우도 있었다 하니 비리의 심각성은 상상을 초월할 정도였다. 이 또한 뇌물과 청탁 없이 이루어질 수 없는 일이었다. 권이진은 이런 끔찍한 비리를 목도하며 "한 나라 가난한 백성들을 몰아붙여 살가죽을 벗기고 골수를 빼듯 재산을 빼앗아 간사한 서리와 교만한 백성(상인)의 욕망을 채워주니 경비가 씻은 듯이 바닥나서 나라라고 할 수 없습니다."라며 영조에게 한탄했다.

이어서 그는 처음 부임했을 때는 마침 국고가 고갈된 뒤라 달리 계책이 없어 먼저 그 청탁을 막고 장부를 자세히 조사한 다음 지나치게 많은 양을 보고하지 못하도록 해 지출의 근거로 삼았다고 했다. 그랬더니 '도둑이 주인을 미워한다.'는 말처럼 사람들의 원망을 사게 되었다. 그러고 나서 미리 받은 값이 남아 있는 것은 기간이 얼마나 남았는지를 따져 지급 액수를 감하자 원망이 더욱 심해졌다고 한다. 또 십수 년 동안을 조사해 청탁이나 뇌물로 근거없이 증액된 것은 약간씩 줄였더니 그것이 선례가 될 것을 우려해 몹시 원망했다고 한다.

권이진은 전에 공물가를 받은 자들은 청탁을 하거나 뇌물질을 했기 때문에 그 형세에 따라 받는 선후가 일정하지 않아 청탁과 뇌물의 길이 열렸다고 보았다. 따라서 지급하는 날짜를 정해 이 폐단을 막아야 한다고 임금께 진언했다. 이러한 지급 내역은 모두 문서를 통해 상고할 수 있고, 낭관이나 서리들이 증명할 수 있으며, 주고받은 사람들에게 물어보면 알 수 있었다. 그런데도 멋대로 거리낌없이 상소하거나 상주하자 이에 분개한 권이진은 간사한 백성들의 바르지 못한 행위를 징계하지 않을 수 없었다고 임금에 고했다.

그는 그밖에도 궁궐과 관아에서 이뤄지고 있는 각종 불합리한 지출 행태를 찾아내 개선했다. 그중 하나가 관아의 일꾼들에게 주어야 할 품삯이 모두 공물납품업자들에게 돌아가는 실태였다. 권이진에 의하면 공물납품업자인 공인들이 실제 하는 일은 당상관의 수레를 따라다니거나 낭관(郎官, 육조에 설치한 각 사의 실무 책임을 맡은 정랑과 좌랑의 통칭)들의 우장(雨裝)을 들고 다니거나, 담장을 쌓거나 가마를 메는 일뿐이었다. 또 호조에서 대기하는 30인 중 불과 7~8인이 창고 안에서 돈이나 무명을 져다 나를 뿐, 그나마 나머지는 아예 하는 일이 없었다. 그러므로 공역 중에서 불필요한 인원이 받아가던 곡식과 무명을 실제 관아에서 일하는 사령들의 품삯으로 충당하면 낭비되는 경비를 줄일 수 있었다.

당시 111명의 공인들이 공역의 대가로 선혜청과 호조로부터 쌀 3,280섬, 무명 120동 46필을 받아갔다고 한다. 공인 한 명당 평균 30섬의 쌀을 받아갔으니 그야말로 경비가 술술 새고 있었던 것이다. 그는 이를 개선하기 위해 임금에게 개선을 진언했고 결국 법제로 정해졌다. 하지만 시행 초기에 반대하는 상소가 끊이지 않았던 것을 보면 당시 관료들이 공인들과 끈끈히 유착하고 있었음을 알 수 있다.

이상에서 살펴본 사례는 하나하나 부패와 비리의 심장을 보여준다. 여기에 정확히 메스를 가했으니 부패세력은 사력을 다해 저항했을 것이다. 개혁은 목숨을 건 싸움이며 용기있는 자만이 시행할 수 있는 고독한 투쟁일 수밖에 없다. 권이진은 사직 소를 낸 지한 달 후인 1729년(영조 5년) 4월에 다시 사직 소를 제출한다. 그는 다음과 같이 자신의 심정을 밝혔다.

"당연히 대궐에 들여야 할 어공(御供, 임금에게 바치는 물품)과 꼭 지급해야 할 물품 대금 중 전년부터 지금까지 단 1전도 어긋난 것이 없으므로, 신의 망령된 생각에는 다행히 큰 문제는 없을 것이라고 여겼습니다. 그런데 대간이 아뢰어 물품값 지급을 청하고, 성상께서 신칙 하교를 내리시니, 신은 진실로 황공하여 어찌할 바를 모르겠습니다."

원칙에 맞게 호판의 역할을 충실히 수행했음에도 불구하고 상인의 편을 들어 물품값을 지급하라는 관리가 있는가 하면, 왕까지도 그들과 같은 생각을 하고 있는 것을 보며 권이진은 당혹스러움을 넘어 좌절할 수밖에 없었던 것이다.

당시 수찬 이양신은 상소를 올려 권이진이 시전에서 가져다 쓴 물품에 대해 그 대가를 지불하지 않고, 공물로서 응당 주어야 할 것도 일체 굳게 막아버렸다고 비판했다. 〈유회당 연보〉에는 당시 전부터 미리 지급받던 공물의 대가를 일체 억제당하고, 사부의 집에서 혼인이나 상장 등 백 가지 수용을 호조에 요구하던 자들이 모두 실의하여 원망과 노여움이 떼를 지어 일어나고 헐뜯음과 비방이 백 가지로 생겨났다고 기록되어 있다. 또한 수직 관원의 하룻밤 등불용 기름이 한 되나 되는 일과 같이 너무 지나친 것을 줄였더니 곧바로 욕설과 힐책이 돌아왔다고 한다. 예나 지금이나 개혁은 그만큼 힘들고 전보다 조금이라도 받는 것이 줄어들면 반발하는 세태는 변함이 없다.

　이런 터무니없는 비판과 반발에 그는 응답할 수밖에 없었을 것이다. 그는 자신이 우매하고 일에 밝지 못해 주위의 많은 사람들을 힘들게 했지만, 이렇게 하지 않고서는 현재의 세입으로 필요한 지출을 제대로 충당할 수 없다고 분명히 말했다.

　　　　　　　　　　　　　　　　　2. 조선 최고의 호조판서

근대적 재정 원칙을 수립하다

이즈음 권이진은 휴가를 받아 고향인 무수동으로 내려간다. 그런데 그가 부재중임에도 불구하고 경연 등에서 그에 대한 비난과 논란이 계속되었다. 이에 그는 사직하는 상소를 다시 올려 사태의 진상을 낱낱이 밝히며 호조의 지출 원칙을 설명했다.

"무릇 호조에서 물품이나 돈을 지급하는 규정은 다음과 같습니다. 먼저 계사(計士, 호조에 소속되어 회계사무를 담당한 종8품의 전문직)가 그 수량의 많고 적음을 헤아리고 낭관이 그 허실 여부와 문서의 두서를 비교한 다음 차례로 당상(堂上, 여기서는 참의와 참판)을 거쳐 수당상(首堂上, 호조판서)이 참작하여 가감하는 것입니다. 이번 6월에 지급한 것도 역시 이와 같이 했을 뿐입니다. 문서가 이미 만들어지고 수결(手決, 신분의 증명이나 확인을 위하여 이름이나 직함 아래에 자필로 쓰던 부호)이 내려가 각 관아에서 수령할 것을 받아간 지가 이미 오래인데, 지금 와서 더 지급한다면 어디서부터 손을 써야 할 것입니까? 다만 1년을 통틀어 중복 기재한 것을 헤아린 뒤에 더 필요한 것들을 계산한 것입니다."

그리고 6월에는 세수가 다 도착하지 않은데다 물량이 부족하거나 운반선이 파선되는 것을 모두 예측할 수 없으며, 새로 거둬들이는 것도 10개월 이후에나 알 수 있어 그 사이에 뜻밖의 큰 지출이라도 있게 되면 곤란하기 때문에 세입의 수량이 확정되는 12월에 변동에 맞춰 추가 지급하는 것이라고 했다. 그는 "이것이 재정을 운용하는 계획이며 일을 꾀하는 방법입니다. 그래서 경비를 최대한 마련해 대처함으로써 후일의 법식으로 삼으려 했습니다."라고 재정 책임자로서의 입장을 밝혔다.

또 재정 운용자의 고충도 털어놓는다.

"공물의 분량을 줄이고 허위를 삭제해 늘어나고 줄어듦에 따라 알맞게 맞추어 나가야 근거없이 거두는 폐단을 알 수 있습니다. 지탱해 나가려 해도 지탱해 나가기 어려운 비용을 겨우 꾸려나가는 것을 지과(支過)라 합니다. 그 달의 용도 계산을 혼자 궁리하면서 고심하니, 혹 다른 사람이 알지 못하는 것도 있어 여러 사람들이 떠들며 원망하고 있습니다."

그래서 본인 역시 스스로 웃으면서 "주는 자는 이미 고달픈데 받는 자는 만족할 줄 모른다. 주는 자는 비록 이미 충분하다고 생

2. 조선 최고의 호조판서

각했으나 받는 자는 오히려 만족해하지 않는 줄을 어찌 알겠는가?"라고 했다. 그래서 이러한 일은 마땅히 낭관과 서리를 조사하고 문서를 따져볼 일이지 관련인들의 입놀림에 따라 추켜올리거나 깎아내릴 일이 아니라고 일갈했다.

이상과 같은 그의 주장을 들어보면 근대적 재정관리로서의 식견과 능력을 훌륭히 갖추고 있음을 확인할 수 있다. 또한 그의 주장은 전문성도 없이 상인들의 편에 서서 떠벌이는 관리들과 재정을 둘러싼 이해대립 속에서 분명한 태도를 보이지 않는 왕을 향한 외침으로 들린다. 그가 추진하는 정책에 대해 영조도 감당하기 힘들어 했던 것은 아닌지 모르겠다.

그는 4월 이후 세 차례에 걸쳐 사직소를 올렸다. 이에 영조는 우선 체직을 허락하고 이어서 대임(代任, 후임)을 내지 말도록 명했다. 영조는 여러 재신(宰臣, 2품 이상의 벼슬아치)들 앞에서 다음과 같이 말한다.

"전 호조판서는 구임(久任, 일을 오랫동안 맡김)하여 성과를 책임 지울 수 있는데, 다만 향리에서 생장하여 꾸밈이 없고 촌스러워 물정에 따라 오르내릴 줄 모르고 항상 고집스레 변통하지 아니하므로 백성들이 원망하고 비방함이 없지 않다. 하지만 고집하는 바는 나라를 위하는 마음에서 나온 것이니 참으로 가상하게 여김 직하다. 어찌 병통이 없는 자라고야 말할 수 있겠는가? 전에 이양신, 윤득화의 소는 당론에서 나왔을 뿐 아니라, 들은 것도 거리의 비방이었기 때문에 끝내 체직을 허락하지 않았으나, 체직을 허락하지 않으면 신하를 예로 부리는 도리가 아니므로 억지로 따랐다. 그러나 대임을 내지 말라고 한 것은 뜻의 소재가 있으니, 호조판서는 요즈음 세상에 권이진이 아니면 불가함을 내가 이미 알기 때문이다. 그러나 그 병통을 고치면 어찌 좋지 않겠는가. 이번 이 하교를 그로 하여금 알도록 하는 것이 가하다"

그는 5월, 6월에도 계속해 사직을 청한다. 상소가 거듭되자 왕은 6월 21일 휴가를 허락해 고향에 돌아가도록 한다. 〈연보〉에는 권이진이 호조에 들어갈 적에 4만 냥의 은과 수십 동의 베에 불과했던 재고가 재임하는 3년 동안에 군사를 일으키고 청나라 칙사의 행차, 연향(宴享, 궁중잔치의 총칭), 효장세자(영조의 서장자)의 초상 및 장사 등 경비가 많이 지출되는 행사를 치르고도 돈은 창고에 여유가 있고 베는 관사에 넘쳐 마침내 경상비에서 잘라 쓰고도 남은 베가 5백여 동, 남은 돈이 수만 냥이었다고 한다. 별도 저축은 급할 때의 수용을 위한 것으로 이것을 봉부동(封不動, 일종의 예비비)이라 이름했는데 또 은 2만 냥을 더 마련했으니, 이는 미려(尾閭, 바다의 깊은 곳으로 물이 끊임없이 새어 든다는 곳)를 엄히 막고 절약에 힘써 노력한 데에서 나온 것이었다.

쪼들리는 재정으로 항상 어려움을 겪던 정부도 권이진의 노력 덕분으로 위기를 극복하는 경우가 많았다. 1728년(영조 4년)에 병마가 도성에 모인 적이 있는데 그 당시는 늦은 봄이었기 때문에 말

　　　　　　　　　　　　　　2. 조선 최고의 호조판서

을 먹일 볏짚이 없었다. 사람들이 모두 이를 걱정했다. 그러나 권이진이 쌓아두었던 포구승미의 볏짚을 내어 모자람이 없이 제공하자 사람들이 그에 대해 대나무 조각과 나무 부스러기도 소중히 여긴 도간(陶侃, 중국 동진의 재상으로 대나무 조각을 모아 두었다가 배를 만들 때 못으로 사용하고, 나무 부스러기를 진창길에 뿌리는 데 사용했다는 고사가 전해짐)에 견주었다.

권이진이 사직을 청하며 내세운 이유는 자신의 잘못과 건강이었다. 그런데 잘못을 자인한 내용 중 흥미로운 것이 눈에 띈다. 1728년(영조 4년) 이인좌의 난이 일어났다. 권이진은 호조판서로서 토벌에 참여한 송도의 군사들에게 음식을 제공하고 위로하는 책임을 맡았다. 난을 진압한 군사들이 돌아갈 때 경황이 없어 낭관과 아전이 '소와 술'만 보냈는데, 그들의 수고에 비해 부족하다고 판단한 상부의 하교를 받게 된다. 이에 잘못됨을 뒤늦게 알고 추가로 음식을 보냈다는 에피소드이다. 대사를 치른 사람들에 대한 후한 보상은 예나 지금이나 중요한 일이었던 것이다.

영조는 권이진에 대해 때로는 지나치게 고집을 부린다며 '병통'으로 여기기도 했지만, 그의 업무추진 능력과 애국의 진정성을 인정하고 호판직 이후에도 계속 중용했다. 사후에 내린 치제문(致祭文)에서 영조는 다음과 같이 최고의 찬사를 아끼지 않았다.

군비가 증가하여 지출도 많아졌지만

쓰고 남은 것이 산처럼 쌓였네
나라가 지금 영원히 힘입을 곳은
오로지 경의 역량뿐이네
한 마디 말로 시비를 분별하니
그 직책을 맡을 이 누구이겠는가
모든 중책을 맡길 만한데
내가 어찌 경을 놓을 수 있겠는가
오정의 힘으로 끌어당겨도
경의 의지 바뀜이 없었네
무고함이 있으면 시원하게 씻어주고
원통함이 있으면 밝게 살펴주었네
편전에서의 그대의 깨우침에
감동의 눈물 가슴에 가득했네

백성들의 일곱 가지 고통

  북벌을 준비했던 효종 말년 이후부터 숙종 연간 동안 군역 수요가 증가함에 따라 양역(良役, 16세부터 60세까지의 양인 장정이 지는 군역과 부역)의 폐단이 격화된다. 이를 해소하기 위해 여러 측면에서 다양한 내용이 활발히 논의되고 또 일부는 정책으로까지 실현되며, 마침내 영조대에 이르러 균역법(均役法, 조선 후기의 군역에 관한 법으로 군역을 균등히 하는 법)으로 낙착되었다. 권이진은 이 과정에서 〈양역변통론(良役變通論)〉을 통해 백성이 짊어진 고통을 여과 없이 거론하며 그 해결책을 제시한다.

  집권 초기에 영조는 2품 이상 관리에게 백성을 구제할 의견을 올리라고 명한다. 이에 권이진은 한나라의 왕가(王嘉)가 말한 "백성에게 세 가지 망할 것과 일곱 가지 견디지 못할 것이 있다."는 세태가 불행히도 지금과 가깝다며 먼저 백성들의 여러 가지 견디기 어려운 형상을 진언해 대궐 안에서 백성들의 원망과 고통을 밝게 비추어 주기를 호소하였다. 그가 거론한 일곱 가지 문제는 다음과 같다.

첫째, 아전의 폐단이다. 아전의 폐단은 예로부터 있었지만 소민(小民, 조선 중기 이후 평민을 이르는 말)의 피해는 더욱 심각해졌다고 지적한다. 평소의 요구와 비리를 통해 빼앗아 가는 것은 굳이 말할 것이 없고, 이로 말미암아 떠돌아다니는 백성들이 늘어난 것이 가장 견딜 수 없는 일이었다. 살던 곳을 떠나 유리걸식하는 사람들이 늘어난 것이다.

이들은 세금과 군포(軍布, 병역을 면제해 주는 대가로 받던 베)를 거둬 조정에 보내고, 미곡과 전포(錢布, 화폐로 쓰던 천)를 맡아 지키면서 거리낌없이 도둑질을 자행했다. 상납할 물건이 모자라거나 창고에 저장한 것이 비게 되면 일전도 갖추어 놓으려고는 하지 않고, 백성에게는 일족이라는 평계로 온 경내에 분담시켜 징수하였다. 이러다 보니 소민 중에 조금이라도 여유가 있는 사람은 많은 경우 수십 석을 부담해야 하고 적은 경우도 5~6석 이하로 내려가지 않았다. 한 번의 징수에도 소민이 벌써 가산을 탕진하고 떠돌아다니며 원망하고 눈물을 삼키지만 이를 긍휼히 여기지 않았다. 권이진은 수십 년 전에는 이러한 일이 매우 적었으나 근래 들어 고을마다 그리고 해마다 일어난다고 지적했다. 수령이 조금 엄격하면 한두

2. 조선 최고의 호조판서

달 잠깐 피했다가 태연히 집으로 돌아가고, 조금 나약한 수령이면 공공연히 보면서도 부끄러워함이 없고, 단지 빈 것을 채워 납부함으로써 상사에게 책임을 면하게 됨을 이롭게 여길 뿐이었다.

둘째는 전역(田役, 소유한 논밭의 면적에 따라 국가에 대해 부담하는 요역)에 관한 것이다. 전답이 개간되면서 이와 관련한 많은 부조리가 이뤄지고 있다고 지적했다. 먼저 서원(書員, 각 관아의 문서를 관장하던 아전)이 전답을 조사할 때에 재물이 있는 평민은 아예 문서에서 누락시켰다. 또한 이미 문서에 기록된 뒤에는 응당 승정원에 보고해야 할 것 중 일부를 수령의 여결(餘結, 아전들이 조세를 착복하기 위해 국가의 토지대장에 실제 면적보다 줄여서 올려놓고 남겨둔 토지의 결복)에 편입시켰다. 그러다 보니 국가의 부세에 이바지하는 것은 단지 소민의 허록(虛錄, 없는 것을 있는 것처럼 거짓으로 꾸미어 기록함)과 첩록(疊錄, 한 가지 사실을 거듭 기록함) 및 황전(荒田, 농사를 짓지 않는 황폐한 땅)뿐이었다.

그래서 부세(賦稅)를 재촉할 때에 채찍질이 심하니, 쇠잔한 소민들은 솥, 광주리, 닭, 개를 모두 팔아도 마련하지 못하기 때문에 농사에 연연하지 않고 자신의 전답과 집을 가볍게 여기며 유랑하고 흩어지는 것이었다. 농민들에 대한 가혹한 수탈과 그로 인한 몰락이 가속화되고 있었던 것이다.

셋째는 양역(良役)에 관한 것이다. 군인의 수효는 평시에 비해 진실로 많으니, 균등하게 뽑고 잘 가린다면 반드시 부족하지는 않을 것이라고 했다. 그러나 고을에는 크고 작음이 있으므로 큰 고을은 언제나 군정(軍丁, 군적에 있는 16세 이상 60세 미만의 정남으로, 국가나 관아의 명령으로 병역이나 노역에 종사)을 숨김이 많고 작은 고을은 언제나 사람이 모자람을 괴로워했다. 사람에게는 빈부가 있으므로 부자는 뇌물을 바쳐 면제되고 빈자는 명단에만 있고 사람이 없는데도 선발했다. 또 상급 관청과 읍중의 각 청에서 사사로이 군정을 모집하려 하지만 수령은 위로 상급 관청을 두려워하고 아래로 호족을 두려워했다. 그래서 한 고을 가운데 충원할 만한 인원이 거의 없고 단지 빈곤해 의지할 곳이 없는 백성이 있을 뿐인데, 한 사람에게 여러 가지 신역을 중첩시키거나 죽은 사람을 징발하는 일조차 서슴지 않으니 이것이 양역의 폐단이라고 했다. 양역의 비리와 폐단이 늘어가며 문란함이 극심했던 것이다.

넷째는 공천(公賤, 공노비)에 관한 것이다. 공천은 남녀를 함께 징발하면 그 역이 진실로 무겁고, 한번 공천으로 이름지워지면 평민과 같아질 수 없기 때문에 조금이라도 돈과 재물이 있는 자는 죽을 때까지 피하려 한다고 했다. 달아난 노비를 추쇄(推刷)할 때에 뇌물이 어지럽게 오고 가서 가난하고 빌어먹는 부류들만 장부에 이름이 실리고 군역 의무를 친족에게 징구하는 일 또한 많기 때문에 그 폐단은 양역과 다를 바 없다고 했다.

다섯째는 사천(私賤, 사노비)에 관한 것이다. 사천의 노역은 본래 괴로움과 수월함이 있어 반드시 모두 같지는 않았다. 그런데 평범한 양인에 대해 그들의 선조가 자기의 노비였다고 일컬으며 무뢰배들 수십 수백 명이 무리를 이루어 수령에게 부탁하고 민간에 소란을 일으켜 공공연히 겁탈을 자행하는 일이 있다고 했다. 해마다 이와 같은 일이 반복되고 먼 지방은 더욱 심하니 이 또한 소민의 지극한 폐단이었다. 신분이 낮아질수록 감내해야 하는 고통은 커지고 있었다.

여섯째는 향교(鄕校, 지방에서 유학을 교육하기 위하여 설립된 관학 교육기관)에 관한 것이다. 권이진은 국가를 경영하는 이는 백성을 늘려야 하고, 부유하게 하고 또 가르쳐야 하는데, 비록 가르치는 도를 다하지 못하더라도 이를 폐한 자는 없었다고 했다. 고금천하에 향교에 사장(師長, 지방교육을 담당하던 사람)이 없은 적이 없건만 우리나라에는 근래 유독 이것이 없는 경우가 많다고도 지적했다.

권이진이 보기에 시골구석에 벼슬살이의 영광과 욕됨이 있는 것도 아닌데, 당론이 더욱 혹심하고 싸움은 날로 심해져 그 폐단이 삶을 잊고 당을 따르는 데까지 이르렀다. 평소에 "무리를 모아 소속시킨다."고 일컬으면서 평민을 멋대로 점유해 침탈함이 또한 심하니 군액(軍額, 나랏일에 쓸 인부의 수효)을 충당하기 어려워진 원인 중 하나였다. 풍속이 날로 무너져서 수습할 수 없었지만 유사(有司, 단체의 사무를 맡아보는 직무)가 전혀 괴이한 일인 줄 모르고 있으니, 오늘날의 폐단 중에 이것이 가장 심한 것이라고 했다. 당파를 지어 공용재산을 함부로 쓰고 공공의 일에 동원해야 할 백성을 사사로이 부리는 등 비리의 온상처럼 되어가고 있었다.

일곱째는 향소(鄕所, 각 고을의 유력자로 구성되어 수령의 자문에 응하던 기구)에 관한 것이다. 각 고을의 향소는 그 고을에서 생장했기 때문에 미리 그 정무를 알고 있지만, 나아가서 진취할 계제가 없으니 물러나서 자신의 몸과 집을 윤택하게 할 생각만 한다고 했다. 이서(吏胥)와 견주어 보면 진실로 차등이 있지만 그 형편은 차이가 없었다. 그리하여 그 지위와 권세를 빌리면 진실로 공재(公財)를 훔치고, 소민을 침탈하고, 또 자신을 향리에서 비호할 수 있었다. 높은 영화로움은 없지만 주고 빼앗는 권한이 그 향중(鄕中, 향원의 동아리)에 있으니, 당을 만들어 투쟁함이 날이 갈수록 심해졌다. 당론이라는 이름을 빌려서 심지어 족속을 죽이기까지 하는 까닭에 원망은 날로 깊어지고 있었다. 팔도의 여러 고을 중에 그렇지 않은 고을이 없으니, 이것은 작은 변괴가 아니기에 응당 속히 구제함이 있어야 할 것이라고 했다.

권이진은 이상 일곱 가지의 폐단이 소민에게 지극한 폐단이고 국가의 큰 병폐라고 말한다. 이를 고친 뒤에야 비로소 다스림을 이룰 수 있을 것이라고 강조한다. 이를 구제하는 방도는 기강을 바로잡고 풍속을 두텁게 하고 수령을 잘 선택하는 것이 중요하다고 했다. 소소한 법과 제도로는 진실로 크게 유익함이 없을 것이라고 말한다. 제도의 문제보다 사람과 운영의 문제가 더 중요하다고 보았던 것이다.

일곱 가지 폐해에 대한 민생 개혁안

권이진은 백성의 원망과 고통을 덜기 위해 각각의 문제에 대해 개혁안을 제시한다.

첫째, 아전의 폐단에 대해서는 수령이 친히 봉납(捧納, 돈이나 물건 등을 거두어 올림)하고 지키는 데에 달렸을 뿐이라며 수령의 역할을 강조한다. 미덥고 성실한 아전을 선발해 상납(上納, 조세를 바치는 것)하되 위로는 공무를 손상시키지 않고 아래로는 백성을 곤궁하게 하지 않아야 한다. 그러나 이렇게 할 수 있는 수령이 얼마 되지 않는 현실을 지적한다.

조정에서 엄하게 과조(科條, 조목별로 된 법률)를 정해, 때에 맞게 상납하지 못하거나 수효를 채우지 못하는 자는 문책하고 엄한 벌을 부과해야 한다. 또 그 정도가 심한 자는 혹 효시하고, 관가의 물건을 빌려서 없애거나 숨기고 돌려주지 않는 자는 민간에서 침탈하게 하지 말고 그 동반의 아전과 군졸로 하여금 헤아려 납부토록 할 것을 주장한다. 그러나 이 모든 것이 어디까지나 수령의 손에 달린 것일 뿐, 달리 좋은 계책이 있는 것은 아니라고 말한다.

둘째, 전정(田政)에 관한 것이다. 그는 우리나라의 전정은 해마다 고치니 이는 중국에는 없는 것으로, 백성으로 하여금 털끝만큼이라도 탄식과 원망이 없고자 한 것이기에 매우 좋은 정치라고 평가한다. 그러나 법이 오래되면 폐단이 없을 수 없기 때문에 비옥한 전답이 모두 간사한 아전과 탐관오리의 수중에 들어가 위로는 국가의 부세를 감소시키고 아래로는 가난한 백성을 곤궁하게 만들고 있었다. 이러한 문제는 결국 수령의 손에 달린 것이지만 비록 작은 고을일지라도 장부 정리가 번잡하고 세세하여 비록 정치를 잘하더라도 상세하게 조사하는 것이 쉽지 않았다.

그는 당송대에 시행한 경계정업(經界定業)의 법과 같이 양안(量案, 논밭을 측정해 만든 대장)의 실수(實數)를 따라야 할 것이라고 제시한다. 우선 재해나 상해가 있는 자는 《경국대전》에 의거해 이임(里任, 한 동리의 행정책임을 맡아보는 사람)을 통해 고을에 보고하도록 한다. 수령은 친히 살핀 뒤에 경차관(敬差官, 임금의 명령을 받아 특별한 임무를 띠고 지방에 파견되던 임시 벼슬)에게 보고한다. 그러면 경차관은 친히 살핀 뒤에 면제 여부를 결정하되, 면제된 토지는 새로 일군 논밭과 묵혔다가 다시 경작하는 논밭으로써 수효를 보충해 항상 그 수효를 잃지 않게 해야 할 것이라고 강조한다.

큰 재황이 있으면 세곡을 감해 주고 서원이 답험(踏驗, 한해의 농사 작황을 현지에 나가 조사하여 등급을 매기는 것)하는 규정은 혁파해야 한다고 주장한다.

셋째, 양역에 관한 것으로 전에 시행했던 양정어사(良丁御史)의 법을 다시 닦아서 먼저 조사한 다음 공정하게 시행할 것을 제안한다.

도망갔거나 죽었을 경우에는 여정(餘丁, 현역에 복무하는 정군에 대한 경비 부담과 그 집안 살림을 보살펴 주는 일을 맡은 장정)을 징발해 보충할 수 있으므로 굳이 빠진 데에 이름을 채워넣지 않더라도 군포는 수효를 축내지 않을 수 있다고 했다. 마을 단위로 인원을 충원하게 하면 수령에게는 편리한 일이지만 민간에서 뇌물을 주어 청탁하는 등의 문제가 생길 수 있었다. 마을에서 가장 약하고 가난해 남과 상대가 될 수 없는 사람으로 충원하고, 세력이 비슷하면 허명을 만들어 그 군포를 함께 납부하다가, 한두 해 뒤에는 허명으로 일컬으니 그 폐단과 간사함은 이루 다 말할 수 없었다.

그는 모자라는 것을 보충하고도 여정이 있을 경우 전례대로 징포한다면 전수(前數)를 충당시킬 수 있을 것이라고 보았다. 그런데도 또 여정이 있을 경우에는 혹 3년 뒤에 다시 보내고 혹 5년 뒤에 다시 보내 장정을 모으는 해가 아니면 추가로 보충할 수 없게 해 백성들이 생업에 편할 수 있도록 해야 할 것이라고 했다.

조종조에서 반드시 어사를 파견했던 것은 감영과 병영을 두려워하지 않고, 또 징포하여 이롭게 할 사속이 없기 때문이었다. 또 대소 고을의 괴롭고 수월한 곳을 알맞게 살펴서 균등하게 정할 수 있는 위치에 있었기 때문이다.

넷째, 공천에 관한 것이다. 공천은 혁파하는 외에 특별히 변통할 방도가 없다고 진단한다. 그러나 징포는 각각 그 일족으로 해야 할 것이라고 했다. 그 일족 중에 드러나고 충실한 자로 두목을 정한 뒤에 납품하는 포목의 수효를 정하도록 한다. 항상 사람 숫자에 넉넉하도록 포의 가격을 조절한 다음 그들로 하여금 스스로 알맞게 헤아려 납품하게 하고, 수령이 주관해 분실되지 않게 할 것을 제안했다. 내수사·상의원·성균관에서 추쇄하는 법규는 일체 정지하는 것이 소민을 편안히 보양하는 하나의 방도일 것이라고도 했다.

다섯째, 사천에 관한 것이다. 사천은 비록 중국과 같을 수 없으나 단지 그 자신만 노역시켜야 할 것이라고 했다. 양처 소생은 어미를 따라 양인으로 삼는 법을 다시 닦아야 하며, 도망간 종을 찾아냈을 때는 그 자신이 친히 주인에게 노역하되 종과 주인이 서로 아는 사이가 아니면 절대로 그 조상이 그의 노비였다고 하여 추심하지 말도록 제안했다. 이는 곧 송사를 그치게 하고 소민을 보호하는 하나의 방도였다.

여섯째, 향교에 관한 것이다. 향교에는 반드시 스승을 두어 조종조의 교수, 훈도 등의 관직을 회복할 것을 주장했다. 고을 내의 자제를 시험보게 하여 연속으로 우등하면, 참으로 그에게 재능과 기예가 있는 것이기에 도사(都事)와 함께 급제한 사람의 이름을 발표해 입교를 허락하고, 나머지는 모두 출입하지 못하게 하자고 했다.

과거를 치를 때 향교에 들어오지 못한 자는 응시를 허락하지 않으며, 그 나머지 음직(蔭職, 과거를 거치지 않고 조상의 공덕에 의해 맡은 벼슬)의 자손 및 일찍이 입격(入格, 잡과나 생원·진사시 또는 초시에 합격한 것)한 자 이외는 모두 응시료를 납부한 뒤에 응시하도록 함으로써 영광과 욕됨을 보이자고 제안했다. 무과 또한 군문에 이름이 속했거나 음직이 있는 자 외에는 모두 응시료를 납부해 양역에 보충하는 것이 마땅하다고 했다.

일곱째, 향소에 관한 것이다. 유향소의 본 고을 사람은 비록 사대부는 아니지만 중인·서인도 아니고, 문과·무과에 급제한 사람도 아니었다. 또 향임(鄕任, 지방 수령의 자문·보좌를 위해 향반들이 조직한 향청의 직임)은 그들이 바라는 바이긴 하나 승진할 기회가 없기 때문에 몸과 이름을 돌아보지 않고 단지 이익만을 좇느라 하리와 결탁해 못하는 짓이 없었다. 그러나 일체를 혁파한다면 이들이 돌아갈 곳이 없으니 이 또한 염려하지 않을 수 없었다.

그래서 권이진은 다음과 같은 방안을 제시한다. 먼저 각 고을의 향적을 가져다 감사가 직접 사실대로 고시(考試, 국가고시)한 다음 뛰어난 자를 선발해 고향 부근 여러 고을에 나누어 파견한다. 그리고 그들의 성명을 장계로 보고해 재가를 받은 뒤에 주부(主簿, 중앙 관아의 종6품 벼슬), 승(丞), 위(尉, 왕이나 왕세자의 사위인 부마들에게 주는 명예직) 같은 부류의 관대(冠帶, 벼슬아치들의 공복)와 작명을 부여한다. 이후 능력있는 자를 살펴 소읍에서 대읍으로 여러 번 그 고을을 옮기다가 10년 뒤에는 송나라의 인재 선발 제도와 같이 경관의 말직을 허락한다면 재야에 버려진 인재가 없을 것이라고 했다.

권이진은 이상과 같이 개혁 방안을 제시한 다음, 법과 제도가 비록 좋더라도 시행되는 것은 사람의 손에 달렸다며 사람의 중요성을 강조한다. 《주례(周禮)》가 진선진미하지 않은 것은 아니지만 주나라가 끝내 망했고, 제나라의 내정은 부국강병할 여건을 갖추었지만 관중이 없자 제나라 또한 쇠퇴했다. 그렇기 때문에 "그러한 사람이 있으면 그러한 정치가 거행된다."고 하는 것이라며, 한마디로 총괄하자면 옳은 수령을 얻어야 한다고 했다.

다만 그는 수령의 관리 영역을 줄여 더 효율적으로 지역을 관리할 것을 주장한다. 중국은 봉건제도가 폐지되면서 군현제도가 생겨났는데, 현을 부에서 관리하고 부를 도에서 관리한다. 그래서 부가 관리하는 것은 4~5현에 불과하고, 도가 관리하는 것은 7~8부에 불과하다. 천하가 비록 넓어도 한 사람이 관리하는 것이 열 명이 되지 않으니, 그 일은 알기가 쉽고 그 사람도 살피기 쉬운 것이다. 정자(程子)가 "많을수록 더욱 잘 처리할 수 있음은 분수가 분명하기 때문이다."라고 한 것은 대개 이를 가리킨다고 했다.

반면에 조선의 경우, 한 도가 관리하는 고을이 많게는 60~70고을에서 적게는 30고을에 이른다. 한 사람의 총명함을 갖고서는 이미 두루 살필 수가 없을뿐더러 수령이 홀로 그 고을을 독차지한데다 함께 관직에 있는 사대부가 없기 때문에 방종하여 두려움이 없다. 해변의 먼 고을은 더욱 심해 한양에서의 거리가 천 리가 되지 않는데도 소민은 벌써 왕의 교화를 입지 못하고 있으니, 매우 통탄할 노릇이라고 했다.

또한 감사가 가족을 거느리고 가는 제도를 혁파해 재리(財利)를 관장함이 없게 하고, 단지 주현을 순시하며 살피는 것으로 제한해 상하가 서로 연관되게 할 것을 주장했다. 그렇게 하면 백성들이 호소하는 "주현의 양정(良丁)의 숫자가 균등하지 않은 문제" 같은 것을 주진(主鎭, 지방군을 관장하던 각 도의 최상부 군영)에서 상세히 파악해 적절하게 처리할 수 있을 것이라고 했다.

영남처럼 넓은 지역에도 다섯 개의 진에 불과하니, 선발하여 파견하는 어려움은 3백여 고을이 하나같지 않았다. 권이진은 3백여 고을에 모두 옳은 수령을 얻는다면 진실로 말할 것이 없겠지만 그럴 수 없다면 응당 이와 같이 검칙(檢飭)하고 관섭(管攝)해야 할 것이라고 했다. 그는 진나라가 주현 제도를 시작한 이래로 우리나라의 신라와 고려가 모두 이와 같이 했는데, 유독 우리 조정만이 이와 같이 하지 않을 뿐이라고 지적했다. 수령의 관리 영역을 줄이는 행정구역 개편이 필요함을 강조한 것이다.

　권이진이 보기에 수령의 소임으로는 전정이 가장 어렵고 양역이 그 다음이지만, 진실로 조치를 잘하기만 한다면 수령에게는 한 달 사이의 일에 불과했다. 그러나 풍속이 같지 않고 사세 또한 다르므로, 수령이 응당 형편에 따라 잘 처리해야 할 것이고, 굳이 일관적인 법을 강경하게 세울 필요는 없을 것이라고 했다.

2. 조선 최고의 호조판서

조운(漕運) 개혁안을 내다

관직에 나서 얼마 되지 않은 1703년(숙종 29년) 권이진은 전라도 사에 임명되어 조운 일로 영광 법성창에 머물게 된다. 조운이란 조세로 거둬들인 곡물을 물길을 통해 경창(京倉)으로 운송하는 제도를 말한다. 권이진은 이때 조운에 직접 참여한 경험을 토대로 개혁안을 내게 된다. 이 사실은 《승정원일기》(1703년, 숙종 29년 5~6월)에도 기록되어 있다. 그는 〈조전(漕轉 : 조세를 선박으로 운반해 서울에 상납하는 것)의 개혁에 관한 사의(事宜)〉를 통해 조운의 문제점과 개선책을 마련한다.

당시 미곡 6백 석을 운반하는 데 드는 비용이 190석이었다. 사선(私船)을 임대하는 규정에 1백 석을 운반하면 20석을 삯으로 지급하게 되어 있으니, 6백 석을 운반하면 120석의 비용이 든다. 결국 사선에 비해 약 1.6배나 과중한 비용을 들여 조전을 하고 있었던 것이다. 옛날 한나라에서는 1곡(斛)에 1곡의 비용이 들었고, 당나라 유안이 10배의 값을 지급했을 정도로 조운의 비용은 항상 문제가 되었다. 조선시대에도 조운과 관련된 개혁안은 지속적으로 제기되었다. 특히 내륙이나 산간에 사는 주민의 경우 대동법 시행과 관련해 쌀값도 연해민에 비해 비싸고, 바닷가나 하천 포구에 설치된 조창까지의 운반비도 비싸 불만이 클 수밖에 없었다. 이에 대동법을 도입한 김육은 산군을 따로 정해 이곳에서는 소정의 무명(대동목)으로 환납하도록 별도 규정을 만들었다.

당시 조운에 사용한 배에는 한 척당 조군(漕軍, 조운에 종사하는 사공, 격군, 수부 등을 통칭하는 말로 조졸과 같은 말이다)이 48명이었다. 1인당 신역미(身役米, 양인이 신역, 즉 군역을 면제받는 대신에 매년 바치는 미곡)가 1석 10두이니 도합 80석의 쌀이 필요한데(쌀 1석은 15두에 해당), 1년의 신역으로 쌀 2석 5두를 납부하는 것은 과중한 것이었다.

그런데 산간 백성 중 배를 탄 자는 빚을 내어 세금을 냈다고 하면서 2~3석을 받아가고 있었다. 더구나 번을 서는 차례가 된 해에 사람을 사서 배를 타게 하면 값이 무려 15~16석을 내려가지 않는 형편이었다. 고가(雇價, 품삯)가 이미 많고 신역 또한 무거우니 이를 해결하기 위해서는 한편으로는 신역을 줄이고 한편으로는 고가를 모집하는 방안을 병행해야 했다. 권이진은 지금의 조운법은 바

　　　　　　　　　　　2. 조선 최고의 호조판서

닷가 백성은 이를 통해 치부하는 경우가 있고, 산간 백성은 이웃과 일족을 모두 도망가게 하니 이런 문제를 균등하게 하는 개혁이 반드시 필요하다고 보았다. 그래서 그는 개혁안을 제시한다.

당시 조졸(漕卒)이 기대하는 것은 오로지 복호미(復戶米)였다. 복호미란 조졸에게 지급한 복결(復結, 면세를 인정해 준 토지로 조졸 한 사람에게 2결씩을 나누어 줌)에 물리는 쌀을 말한다. 사공과 격군의 급료 및 조운 비용을 충당하기 위해 1결에 쌀 1석씩 징수하고 조졸 1명에 대해 삼베 2필씩 징수했다. 배 한 척당 조졸이 48명이니 복호미는 도합 96석(48명 × 2석)이 된다. 그런데 막상 수령은 납부를 독촉하려 하지 않고 간혹 조졸의 전결(田結, 논밭에 물리는 세금)로 지급하기도 했다. 응당 납부해야 할 사람도 사채처럼 보기 때문에 힘없는 조졸로서는 징수할 길이 없었다. 또 조졸 자신의 전결은 농사에 힘쓸 여력이 없어 항상 삼분의 일도 수확하지 못해 곤궁할 수밖에 없었다.

따라서 권이진은 각 고을로 하여금 백성의 전결 중 복호미를 획급(劃給, 돈이나 곡식 가운데서 일정한 몫으로 떼어줌)하게 하고, 조졸의 거주지와는 상관없이 따로 색리(色吏, 담당 아전)를 정해 창고에 납부토록 하는 한편 수령한 모든 영수증은 납세 때의 처리와 동일하게 해야 할 것이라고 주장했다. 만약 거리가 매우 멀고 조졸이 4~5명뿐인 고을일 경우에는 그 복호미를 창고에서 가까운 고을로 옮겨 지급하고, 그만큼 본읍에 다시 보낸 뒤 그 양만큼 조정에 상납하게 하면 백성도 편리하고 일도 잘 추진될 거라는 구상이었다.

벗섬을 져 나르는 부석군의 삯은 매 석마다 2승(升, 또는 되)을 취해 매 선박마다 6석이 된다(600석 × 2승 = 1,200승, 쌀 1석은 200승). 곡식을 져 나를 때 온 지방의 백성을 동원해 소란스럽게 왕래하고 벽을 훼손시키고 사람을 밟고 쌀을 손실하는 등의 폐단이 많았다. 뱃사람에게 삯을 지급하고 곡식을 옮기도록 한다면 수운판관(水運判官, 조운을 감독하는 관리)과 차사원(差使員, 왕이 특별한 임무를 주어 임시로 파견한 관리)이 하루이틀 더 머물게 하는 불편이 있을 뿐 폐단을 제거할 수 있을 것이라고 했다.

쌀의 좋고 나쁨을 판단하기 위해 그 일부를 살펴보는 간색(看色)은 1석에 3승을 취한다고 하지만, 그릇으로 쌀을 받기 때문에 실제 5~6승에 이르고 있었다. 등록(登錄, 관청에서 행한 일이나 사실을 주무 관서에서 그대로 기록하여 만든 책)을 살펴보니 간색미의 절반을 조졸에게 지급해 배를 타는 삯으로 삼아 왔다. 그런데 중간에 차사원이 천호와 결탁해 수량을 줄여서 지급하자, 해마다 까고 줄이다가 이제는 모두 차사원의 것으로 돌려서 1승도 지급하지 않는 매우 부당한 일이 발생했다. 이에 매 석의 간색미 중에 2승을 덜어내어 별도로 석(石)을 만들어 조졸의 품삯을 지급한다면 매우 좋은 방안이 될 것이라 했다(600석 × 2승 = 1,200승으로 쌀 6석).

월해량(越海糧)은 배에서 먹을 양식을 말한다. 군산창 이상은 매 선박마다 월해량으로 3석을 감하는데, 법성과 군산은 한 번의 순풍으로 도착할 거리에 불과하다며 절반으로 줄인 것은 적절치 못한 일이었다. 권이진은 응당 개혁이 있어야 할 것이라고 주장했다.

이상에서 말한 다섯 가지 쌀은 신역미 80석을 포함해 도합 194석이다. 그런데 이렇게 해서 조운을 하려면 모름지기 10월부터 차사원을 정해 조군의 신역미와 각 고을의 복호미를 거두어들여 창고에 넣어 두었다가 모집에 응한 자에게 창고에서 가져다가 지급해야 한다. 수운판관 또한 수시로 창고로 가서 입회해 감독하고 배를 탈 사람을 정돈해야만 일을 잘 마무리할 수 있다.

당송시대에 전운사(轉運使, 세곡의 운반을 맡아하던 벼슬아치)를 중시한 것은 대개 이 때문이다. 그러나 경창에 이르러 함부로 공물을 진상하니 낭비되어 없어지는 것이 너무 많았다. 백성들이 견디지 못하고 폐단을 지탱할 수 없는 것은 단지 경창의 하인들이 폐단을 만들고 공물을 진상함이 너무 지나치기 때문이었다. 권이진은 마땅히《경국대전》수납조의 '납부자가 되질하는 법'을 거듭 밝혀 조졸이 되질할 때 관계가 없는 잡인을 엄금하여 폐단을 만들게 하지 않는다면 개선될 것이라고 했다.

이밖에 호송해 올 때 관례로 공급하는 문서 종이와 공문서 발송 및 장계의 왕래 비용을 조졸에게 각가지로 수취하는 일이 매우 많았는데, 이 부분도 개혁할 것을 주장했다. 또 다른 데에서 나올 곳이 없으니, 조운하는 여러 곡식 중에 쌀과 콩을 선혜청에 납부하게 하면 다른 창고의 폐단과 견주어 십분의 팔구는 줄어들 것이라 했다. 1석 1두의 선가(船價)가 있기 때문에 조졸이 수운판관 친구에게 부탁해 각각 값을 정하는데, 그 수효가 매우 많아 수운판관이 그 정무를 바로잡지 못하게 되어 풍속이 날로 무너지고 있었다. 이런 가격을 공개적으로 정해 천호(千戶, 조운선 20척 또는 30척을 거느리던 조졸의 우두머리)와 도사공(都沙工, 조운선이나 군함선에 소속된 뱃사공의 우두머리)으로 하여금 차츰 공무의 여러 곳에 사용됨을 알게 함으로써 이런 수없이 많은 침탈과 수취 비용을 막아 내야 할 것이라고 했다.

끝으로 권이진은 이상의 개혁안에 대해 마땅히 조졸에게 묻고 사세를 참작해 시행하자고 주장했다. 만약 여기서 나아가 더 삭감하고자 한다면 결코 조운을 운영할 수 없었다. 그밖에 형편에 따라 알맞게 처리하는 것은 전적으로 판관의 손에 달렸으니, 적합한 사람을 얻어 판관의 책무를 맡기는 것이 긴요한 정무였다.

권이진은 폐단을 제거하는 방법으로 곡물을 줄이는 것보다 긴요한 것이 없다고 강조했다. 곡물이 줄어들면 선박이 줄고, 선박이 줄면 조운 및 조선의 폐단이 함께 줄어들기 때문이었다.

당초 여러 고을에서 그 지역이 바다와 가깝더라도 경내에 해안 포구가 없으면 모두 조운에 편입시켰다. 때문에 정읍, 태인 같은 여러 고을은 매우 가까운 포구를 놓아두고 멀리 2~3일이 걸리는 곳으로 실어 가야 해, 백성들이 고개와 포구의 험함을 견딜 수 없었다. 권이진은 마땅히 바닷가 고을의 관례대로 사선을 빌려서 대동

미처럼 일체 상납하게 한다면 농민의 폐단을 줄여주고 조졸의 어려움을 제거할 수 있을 것이라고 주장했다.

또한 곡물이 줄어들면 선박이 줄어들지만 조졸은 줄여서는 안된다고 했다. 선박이 없는 조졸을 선박이 있는 조졸과 합치면 전에 호내(戶內) 3인(한 호의 구성원이 3정이라는 뜻)이던 것이 호내 5인이 되어 한 사람이 5년에 한 번 상번(上番, 지방의 군인이 일정한 기간 동안 서울로 번을 들기 위하여 올라감)하게 되므로 폐단이 이미 반으로 줄어들기 때문이었다.

권이진은 폐단을 제거하는 근본으로 기강을 엄하게 하는 것만한 것이 없고, 조운을 쉽게 하는 방도로는 선가(船價)를 무겁게 하는 것만한 것이 없다고 했다. 이 법이 시행되면 판관이 천호를 가려서 임명하고, 천호가 사공을 가려서 정할 것이며, 또 사공이 각각 선격군을 모집하기를 한결같이 수참선(水站船, 서울까지 운반하던 중간에 쉬던 나루 등에 소속되어 있던 배)에서 하듯이 하면 일이 잘 처리될 것이라고 했다.

당시 이 지역의 조운하는 백성들은 권이진의 선정을 추모해 법성포에 송덕비를 세웠다.

억울한 아낙의 한을 풀어주다

1714년(숙종 40년) 권이진은 영광군수에 부임한다. 어디에 가든 그랬듯이 이곳에서도 그는 애민의 마음으로 백성들의 고충에 귀 기울이며 억울하고 아픈 곳을 해결하기 위해 최선을 다한다. 이곳에 황동로라는 사람의 아내 김씨가 있었는데, 김씨 집안의 하인들이 주인을 배반하게 되어 황씨가 관아에 송사해 그들을 처벌토록 허락받았다. 판결서를 가지고 가서 하인들의 죄를 물으니 김씨 집안의 하인인 천명, 천강 등이 황동로를 죽여 땅에 묻은 뒤 온 가족을 데리고 도망가는 일이 벌어졌다.

처음에 황동로의 집에서 하인을 보내 수소문했으나 그들의 행방을 찾을 수 없었다. 그의 형 황기로가 와서 수소문했으나 역시 찾지 못하고 집으로 돌아오니 그의 아버지가 돌아가시어 장례를 치

2. 조선 최고의 호조판서

렸다. 부자가 한꺼번에 생을 마감하는 비극이 일어난 것이다. 장례를 마친 김씨는 시어머니와 이별한 다음 천릿길을 돌아다니며 그들을 찾아 헤맸다. 이 마을 저 마을 빌어먹으며 돌아다니던 중 청양에서 어린 자식이 천연두에 걸려 죽는 일도 있었다.

영광 소만촌의 적노(賊奴)들이 살던 곳에 이르러 그들이 간 곳을 알아보니, 어떤 이가 "그들이 섬으로 도망갔다."고 속여 말했다. 이에 김씨도 섬으로 들어가려고 염전 지대에 이르러 바라보니 구름과 바다가 아득한 속에 수많은 섬들이 줄지어 있는데 건널 수 있는 배가 없어서 바닷가에서 슬피 통곡하고 있었다. 이를 보고 어떤 사람이 "그 사람이 고부의 부안곶에 도망가 있다."고 하였다. 부안곶은 고부 땅이 국자처럼 바다 쪽으로 돌출된 곳인데 죄를 짓고 도망간 자들이 모여 사는 곳이었다. 발길을 돌려 부안곶으로 간 김씨는 몇 달 동안 그의 종적을 수소문해 여러 단서들을 찾았다.

김씨는 급히 남편의 형인 황기로를 통해 관아에 알렸다. 군사를 풀어 그 마을을 포위한 뒤 급습하여 잡으려 했으나 끝내 잡지 못했다. 그런데 마침 그때 한 어린아이가 어떤 볏가리를 손가락으로 가리키며 그곳에 숨었다고 말했다. 뒤져보니 천강 등이 과연 그 속에 식량을 가지고 숨어 있었다. 그들을 잡아 관아로 보냈으나 그 고을 수령이 엄하게 다스리려 하지 않았다.

김씨는 도성으로 달려가 신문고를 울려 억울함을 하소연하려 했다. 그러나 마침 임금의 건강이 좋지 않아 대궐에 들어가는 것이 허락되지 않았다. 김씨가 전라감사에게 울며 하소연하니, 감사가 감영으로 그 옥사를 올리게 했다. 이에 김씨는 남편의 형인 황기로와 함께 고부에 이르러 읍내에서 묵게 되었다. 그런데 꿈에 그녀의 남편 황동로가 나타나 발로 차며 "속히 일어나 떠나시오."라고 말했다. 바로 떠나 금구에 이르러 묵는데, 또 꿈에 남편이 나타나 "여기에 이르러 매우 다행이오. 조금 더 앞으로 가시오."라고 했다. 그래서 우여곡절 속에 황기로가 소만촌에 갔을 때 우연히 알게 된 천명의 친척 장인봉이란 자를 만났다. 소장을 펼쳐 천명의 일임을 보여주고는 그를 포박하여 감영에 알렸다. 감사가 장인봉의 죄를 심문해 취조하니 곧 "천명이 황동로를 죽이고 땅에 묻을 당시에 저는 따라가서 달빛 아래 망을 보았고 시신은 모처에 있습니다."라고 자백했다. 감사가 비장(裨將)과 본 고을 수령을 시켜 파보게 하니 죽은 지 이미 8년이나 되어서 의복은 하나도 남아 있는 것이 없었다. 다만 뼈와 살점은 아직도 남아 있었으며, 엎드린 채로 묻혀 있는데 그 길이가 8척 2촌이었다.

천명은 이에 대해 "전에 유랑하며 걸식하는 8~9세쯤 되는 여자아이가 마을 앞에서 죽어 마을 사람들이 이곳에 묻어 주었습니다."라고 말했다. 그러나 이곳은 큰 마을에서 수백 보 떨어진 안산(案山, 집터나 묏자리의 맞은편에 있는 산) 밑이라 마을 사람들이 사람을 묻을 수 있는 곳이 결코 아니었다. 여러 사람들이 모두 그의 거짓말에 분개했는데 복검관인 무안현감만은 홀로 천명의 말이 옳다고 여겼다. 이에 감사는 다른 고을 수령으로 하여금 삼검(三檢, 살인 사건에서 3회에 걸쳐 시체를 검안하는 제도)을 하게 했다. 김씨는 발이 부르트고 병도 들어 감영에 누워 있다가 삼검을 할 때 울며 말하기를 "저희 남편은 윗니가 조금 삐드러지고 위아랫니가 모두 36개입니다."라고 했다. 확인해 보니 과연 부인의 말과 같았다.

마침내 옥사가 이루어져 죄인을 끌고 두세 고을을 거쳐 다시 영광으로 이송했다. 바로 이즈음에 권이진이 영광군수에 부임해 이 사건을 처분하게 되었다. 다음은 그가 심문하고 사건을 마무리한 과정을 서술한 것이다.

"내가 처음 여기에 이르러 죄인을 심문할 때 김씨가 상복을 입고 동헌의 뜰로 들어왔는데, 남편이 죽은 지 9년이 되었어도 아직 상복을 벗지 않고 있었다. 울면서 원통한 사정을 하소연하니 말씨가 매우 애절하고 처량해 차마 들을 수가 없었다. 반면 죄인의 모습을 보니 종아리에 곤장 맞은 흔적이 없었다. 동추(同推, 관원이 합동으로 죄인을 심문하는 것)는 몇 달이 걸리고 법에 규정된 곤장은 너무 가벼워 취조해 죄를 자복하게 할 수 없었다. 또한 죽을 정도로까지 죄를 추궁할 수 없으니 살인으로 감옥에 들어가 수십 년이 지나도 한 사람도 죄를 인정하지 않고 한 사람도 곤장으로 죽은 자가 없었다. 천명 같은 자도 이와 같았다면 저 김씨 부인은 비록 수십 년이 지나더라도 영원히 떠돌아다닐 것이다.

장례를 치를 즈음에 특별히 곤장을 쳐 세 번 죄를 심문한 다음 모두 죽이고, 인마(人馬)를 마련해서 김씨에게 보내 집에 돌아가도록 했다. 원수를 갚는 것은 천지간의 큰 의로움이니 자식이 아버지에 대해, 신하가 임금에 대해, 아내가 남편에 대해 진실로 원수가 있는데도 갚지 못하면 천지간에 살아갈 수 없는 것이다. 옛날부터 이러한 일은 씩씩한 사내나 용감한 사람도 어렵게 여기는 것이다. 저 김씨는 아무 단서도 없는 상황에서 범인을 찾기 어려운 일인데도 불구하고, 반드시 범인을 잡아 남편의 원수를 갚을 것을 맹세하고 천릿길을 돌아다니며 온갖 고생을 한 지 8년 만에 마침내 범인을 잡아서 죽음에 이르게 했다.

옛날 고대 중국 주천의 이씨 부인과 동해의 소씨 부인은 의로움과 열렬함이 천고에 빛나지만 이와 같은 어려움은 없었다. 다만 당나라 회서 부인이 꿈속의 수수께끼 같은 말을 따라 세상을 두루 돌아다니며 신란과 신춘을 찾아내어 하나는 죽이고 다른 하나는 관아에 고했다. 남편의 원수에 대해 아버지의 원수같이 여기는 경우는 수천 년 역사를 통해 찾아본다고 해도 흔하지 않은 일이니 어찌 전(傳, 어떤 사람의 독특한 행적을 기록하고, 여기에 교훈적인 내용이나 비판을 덧붙인 글)을 짓지 않을 수 있겠는가?"

이와 같이 억울함을 풀기 위해 고초를 견디며 끈질기게 노력한 여인의 노고를 위로하고 치하하기 위해 권이진은 직접 〈김씨전〉을 썼다. 또 말과 인부까지 보내 김씨가 편안히 집으로 돌아갈 수 있도록 배려했다. 한 편의 드라마를 보는 것 같은 파란만장한 김씨의

2. 조선 최고의 호조판서

사연을 기록으로 남겨 백성의 억울함을 풀어주고 권선징악의 교
훈을 남기고자 한 것이다.(충남대 사재동 교수는 이 작품에 대해 완벽
한 서사문학이자 소설 형태의 글이라고 평가했다.)

호족의 토지겸병 방지와 애민정책

1720년(숙종 46년) 권이진이 안동부사로 재임할 당시 삼남지역의 양전(量田, 토지의 실제경작 상황을 파악하기 위한 토지측량 사업)이 실시되었다. 이때 안동부의 북삼현(北三縣)은 관아에서 2백 리 떨어져 있는 지역이었다. 이곳은 지역의 호족들 대다수가 토지를 강제로 점유하고 있어 오랫동안 백성들의 근심거리가 되었다.

그는 평소 이러한 폐단을 익히 듣고 있었다. 그래서 각 면에 감색(監色, 감관과 색리를 아울러 이르는 말로서 감영이나 군아에서 곡물을 출납하고 간수하는 일을 맡아보던 구실아치)을 나누어 보냈으나, 이곳은 애당초 차출하지 않았다. 향청과 아전이 날마다 사정을 아뢰며 이곳도 조사하려 했으나 그는 조금도 동요하지 않았다. 나머지 지역의 측량을 다 마친 뒤에야 비로소 정민하고 익숙한 아전 70인

2. 조선 최고의 호조판서

을 골라 날마다 몸소 점검하니, 보름 안에 3면을 모두 조사할 수 있었다. 이로 인해 힘있는 겸병(兼倂, 남의 토지 따위를 합쳐 가지는 것)의 무리가 자신들이 불법으로 향유하던 이익을 잃게 되자 불평과 비난을 균전사(均田使, 농지사무를 전결하기 위해 지방에 파견된 관직)에게 호소했다. 그러나 이미 균전사도 그 사실을 익히 알고 있었으므로 장두(狀頭, 여러 사람이 연명으로 제출하는 소장의 맨 처음에 이름을 적는 사람) 2~3인이 마침내 벌을 받게 되었다.

영남은 원래 호족의 영향력이 강한 곳으로 알려져 있는데, 그중에서도 안동부가 더욱 심한 지역이었다. 권이진이 부임한 이래 모두 제 뜻대로 되지 않고, 벌까지 받게 되니 집단으로 들고 일어나 비방을 퍼부었으나 그는 꿈적도 하지 않았다.

부정과 비리를 척결하기 위해 주도면밀하게 준비하고, 철저히 조사해 잘못을 처벌하는 일을 전광석화처럼 해내는 권이진이 업무 추진력을 유감없이 발휘한 성과였다.

그리고 권이진은 호조판서 시절 임금의 능묘 배알을 9월이 아닌 농한기인 2월경으로 미룰 것을 청하기도 했다. 백성들이 입을 피해를 우려했기 때문이다.

"9월은 비록 만추(晩秋, 늦은 가을)이기는 하지만 9월 보름 이전은 추수를 끝낸 뒤가 아닌데다 농로가 본디 좁아 아무리 대강 길을 닦는다고 해도 곡식과 밭두둑을 없애지 않고는 연(輦, 왕이 거동할 때 타고 다니던 가마)이 통과하고 군사행렬이 지날 수 없습니다.

그렇게 되면 서울에서 능묘까지 수백 리 사이에 손실되는 곡식이 수백만 석이 될 것입니다. 뿐만 아니라 도로변에 농토가 있는 백성들은 이미 다 지어 놓은 곡식을 헛되이 버리게 될 터이니 필시 살아갈 방도가 없어 울부짖는 자도 있을 것입니다."

그는 대안으로 다음해 2월경으로 능묘 배알을 미룰 것을 임금께 간곡히 청했다.

"명년 2월경, 논두렁 밭두둑이 한가한, 전지에 파종하기 전에는 도로의 수치를 마음대로 조정할 수 있을 것이고, 해당 조와 여러 고을에서 힘껏 저축하면 제반 경비에 대비할 수 있을 것입니다. 백성들이 쉬는 농한기에 관방(關防, 국방상 요충지)을 지나며 무위(武威, 무력의 위세)를 빛내고, 전야에 임어하여 백성들이 농사짓는 것을 살피신다면 능묘 참배와 백성 사랑이 다 같이 그 시기를 얻는 것으로 이것이야말로 어리석은 신이 구구한 충성을 바치고자 하는 지극한 뜻입니다."

매년 수백만 석의 곡식이 유실되는 임금의 행차가 계속되었음에도 불구하고 이때에 와서야 권이진에 의해 연기해 실시하자는 간청이 이뤄진 것 자체가 의아할 지경이다.

유능한 목민관

  권이진은 벼슬 초기에는 주로 호남지역에 부임한 반면 후기에는
영남지역에서 일한다. 1708년(숙종 34년) 동래부사, 1711년(숙종 37
년) 경주부윤, 1718년(숙종 44년) 안동부사에 이어 1724년(경종 4
년)에는 경상관찰사에 부임한다.

  경주부윤에 부임했을 때 소송이 쌓여 여러 해 동안 처결되지 못
하고 있었다. 경주부는 지역이 넓고 품계가 높아서, 부윤이 된 사
람이 대부분 나이가 많았다. 그래서 업무를 제대로 수행하지 못해
밀린 일이 많았다. 그가 부임한 뒤 한 달이 채 안되어 송사가 그치
고 일은 간소해져 사람들이 몹시 탄복했다. 안동부사 시절 양전을
실시해 겸병을 해결한 것에 대해 비방하고 기어코 분풀이를 하려
던 안동의 호족들도 처음에는 불안해했지만 그의 공정한 일처리

를 보고 감복했다고 한다.

경주에는 공고(工庫, 공방에 소속된 창고)가 없어 온갖 물품의 보관을 오로지 아전의 집에서 처리하다 보니 제대로 감당하지 못하는 폐단이 있었다. 이에 권이진은 호송전(互訟錢, 소송을 위해 내는 돈)에서 자금을 출연해 공고를 설치했다. 또 군관제번전(軍官除番錢, 번을 면제받은 군관이 내는 돈)을 단단히 봉해 두어 뜻밖의 변고에 대비하는 등 필요한 조치를 그때그때 처리했다. 이 같은 일처리를 보고 아전과 주민들은 그를 칭송했다.

1713년(숙종 39년) 경주부윤 직을 마치고 귀향하던 길에 권이진은 3월 10일 가야산 홍류동에 들렀다. 그는 매년 3월 10일 근처의 명산을 찾아 경치를 감상하는 시간을 보냈다. 1711년(숙종 37년)에는 동래부사로 있으면서 금정산을 찾았고, 1712년(숙종 38년)에는 금오산에서 경치를 즐겼다.

경상관찰사에 부임했을 때는 70개 고을의 결재할 장부가 산더미처럼 쌓여 있었다. 그는 수십 명의 아전들을 나열시켜 하나하나 고하게 하였다. 그러면서 귀로는 듣고 입으로는 판결하니 얼마 지나지 않아 모두 처리할 수 있었다. 곁에서 지켜보던 수령들이 혀를 차며 탄복하지 않는 자가 없었다고 한다. 2년 동안 있으면서 잘 다스렸으나 이곳에서도 어김없이 대신(臺臣)들의 상소로 자리에서 물러나게 된다.

백성의 억울한 옥사를 구제하다

1733년(영조 9년) 권이진은 평안감사에 기용된다. 그는 이미 66세의 고령이었음에도 불구하고 여전히 열정적으로 일을 한다. 서북의 난제를 해결하는 바쁜 일정 속에서도 그는 백성들이 겪고 있던 억울한 형벌과 옥사를 외면하지 않고 그 억울함을 풀어주기 위해 애쓴다. 그가 올린 상소에서 그 당시 재판과 옥살이의 실상을 생생히 살펴볼 수 있다.

"신이 근래 서울과 지방의 크고 작은 형옥(刑獄, 형벌과 옥사)을 보니, 형옥을 맡은 많은 신하들이 자세히 살피지 않고 임박해서야 급하게 율관(律官, 과거의 율과에 급제해 임명된 벼슬아치)의 손에서 결판나게 됩니다. 율관들은 대개 글이 짧아 법조문을 능통하게 해독하지 못하고, 그 사이에 농간도 많습니다. 관장도 율문을 잘 알지 못하고 한때의 의견으로 잘못된 견해를 굳게 고집하므로 억울하게 죽는 백성들이 많습니다. 그리고 옥사가 이뤄진 후에는 이전의 문서에만 의거해 관례대로 형벌을 가하니 자백을 받을 수 없습니다. 뿐만 아니라 소결(疏決, 가벼운 쪽의 율문을 적용해 죄인을 가볍게 처벌함)하지도 못해 옥사가 지체됨이 거의 십수 년에 이르고 죄인이 옥중에서 죽기까지 합니다. 이러니 형정(刑政)이 필요없는 정치가 어떻게 도래할 수 있겠습니까? 신은 항상 그렇게 된 바를 병통으로 여기는바, 주군(州郡)과 형조는 진실로 신중히 대책을 강구해 조금이라도 해이해서는 안되겠습니다.

지금 관서지방을 보니 도내에도 지체된 옥사가 매우 많은데, 신이 그 조서를 읽어보고 해당 법조문을 상고해 본즉 감히 한 글자도 방기해 소결해 버릴 수 없는 것이 수십 건이나 되었습니다. 초산의 죄수인 강세영이란 자도 그중 하나입니다. 신이 자세히 문안을 상고해 보니 강세영은 이웃에 사는 엇금이란 자와 전세에 관한 일로 다투다가 손잡이 없는 다리미를 던졌는데, 벽에 부딪혀 튀어나오면서 엇금의 이마에 맞았습니다.

그런데 처음에는 대단치 않아 이웃 마을에 출입까지 했는데 23일이 지난 뒤 병을 얻어 9일 만에 죽자 그 사위가 관에 고발했습니다. 초검의 검시장에는 '상흔이 왼쪽 얼굴 이마 모서리에 있는데 길이가 1촌3푼, 너비가 3푼으로 거의 다 아물었고 상처는 딱지가 앉았다.'고 했습니다. 두 번째 검시에서는 '상처는 길이가 1촌3푼,

너비가 3푼, 깊이가 1푼인데 살이 유연하고 색깔은 옅은 황색이다.'고 했습니다. 그러니 이 검시장으로 본다면 바로 법조문의 '상처가 이미 완전히 아문 경우'에 해당합니다. 또 피살자의 가까운 친척의 공초에도 '이마 위에 상처만 있을 뿐이다.'라고 했습니다. 그런데 검시관은 구타로 인해 죽은 것을 직접적인 사망 원인으로 했습니다. 그러자 당시 관찰사가 힐책하기를 '고한(남을 때린 범인에 대한 처리를 맞은 사람의 상처가 나을 때까지 보류한 기간)이 이미 지났고 상처가 완전히 아물었다면 당연히 《무원록》(원나라 때의 법의학 책)의 병사(病死)조에 해당한다. 그런데 초검 검시장에는 구타로 죽었다고 사망 원인을 드러내 놓고 고한이 지났는지의 여부는 전혀 거론하지 않았으니 지극히 해괴하다.'라고 이의제기를 합니다.

그러자 검시관이 그제서야 '뇌수가 흘러나와 엉겨서 딱지가 앉았고 복검 때에 깊이가 1푼이라고 했으니 상처가 완전히 아물지 않은 것을 알 수 있습니다. 그리고 《대명률》(명나라 때 만들어진 형률에 관한 책으로 조선시대에도 이것을 가져다 그대로 사용함)을 상고한즉 고한 내에 상처 때문에 죽은 것은 살인으로 논죄한다고 했습니다. 또 사람을 때려 머리에 상처가 나서 그 상처로 바람이 들어가 죽은 경우는 살인으로 죄를 논한다고 했습니다. 거기다 넘어져서 팔다리가 부러지거나 뼈가 부서지거나 낙태를 한 경우는 고한을 50일로 하게 되어 있습니다.'는 말로 변명했습니다.

무릇 모든 살인 옥사의 실인(實因, 살해된 사람의 죽은 원인)은 검시장에 기록된 것이 아니면 한 글자도 가감할 수 없는데, 이는 바로 옥사의 대체를 중히 여겨서입니다. 뇌수가 흘러나왔다는 사실은 초검과 복검에서는 나오지 않았고, 또 시친의 입에서도 나오지 않았습니다. 그런데 갑자기 '뇌수가 흘러나와 엉겨서 딱지가 앉았다.' 했으니, 무릇 사람 몸에 딱지가 생기는 것은 반드시 뇌수가 흘러나오고서야 생기는 것입니까?

지금 이 옥사를 법조문에 적용한다면 비록 고한 이내라도 다친 상처가 거의 아물었다면 오히려 살인죄에 해당하지 않습니다. 하물며 고한을 10여 일이나 넘긴 경우인데 그렇게 처리할 수 있겠습니까? 팔다리가 부서지지도 않았고 뼈가 부서지지도 않았는데 무슨 이유로 50일의 고한을 적용한 것입니까?

그 당시 관찰사가 이러한 내용으로 힐문할 줄을 모르고 책임 추궁에 대해 변명한 말에 따라 끝내 옥사를 성립시켜 무고한 백성으로 하여금 6년 동안 수십 차례의 형벌을 받게 했으니, 안율(按律, 죄목에 해당 율문을 적용함)을 상고해 그 '구타하여 상처를 나게 한' 법조문에 따랐습니다."

이처럼 사건의 진상과 그동안의 재판 경과를 상세히 설명하고 나서 권이진은 "하소연할 데 없는 힘없는 백성들이 굶주려 죽고 또 감옥에서 죽어가는데도 심각하게 생각하고 불쌍히 여기는 사람이 없다는 사실에 대해 신은 매우 슬퍼하는 것입니다."라며 올바른 판결로 억울한 백성이 없어야 한다고 주장하였다.

　　　　　　　　　　　　　　　2. 조선 최고의 호조판서

다소 길지만 조선시대 사법 시스템과 법의학 등 의미있고 흥미로운 부분들이 담겨 있어 인용하였다. 형벌과 관련된 문제는 예나 지금이나 그 시비를 둘러싼 대립이 첨예하고 많은 사람들의 원망을 낳게 된다. 인권이 존중된다는 현대 민주사회에서도 돈과 권력이 공정과 객관성을 침해하는 경우가 많은데, 하물며 신분사회인 조선에서 인권이 존중되기를 기대하는 것은 힘든 일이었다. 권이진은 젊은 시절 지방 수령을 역임하면서부터 항상 백성들의 곤궁하고 억울한 점을 해결하려 노력했다. 그는 평안감사를 맡아서도 언제나 백성의 그늘진 곳을 살피고 해결하기 위해 힘썼다.

3.

자주외교, 국방을 위해

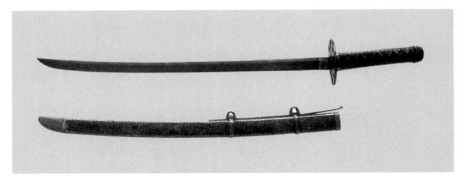

대전광역시 문화재자료 권이진 군도. 호조판서 때 이인좌의 난을 진압한 공로로 하사받음
(문화재청 국가문화유산포털)

대일무역의 질서를 잡다

어린 시절 유회당을 비롯해 선조들의 일화를 소개하며 가훈인 '매사필구시(每事必求是)'를 힘주어 말씀하신 분은 나에겐 작은할 아버지 되는 권용두(權容斗, 1914~1992)이다. 유회당의 8대손인 그는 일제 식민지 시절인 1926년 대전 제일보통학교(현재 삼성초등학교) 6학년 때 6·10 만세운동이 일어나자, 동료들과 함께 태극기를 만들어 대전역까지 만세시위 행진에 참여했다. 이로 인해 무기정학을 당하게 된다. 그후 1932년 대전시 인동에 있던 7백여 명 규모의 대전군시제사공장에서 동맹파업이 일어나자, 그가 다니던 대전중학교에서 조직한 '선우회(鮮友會)' 회원을 지도해 수천 장의 전단을 뿌렸다. 이 사건으로 권용두는 모진 고문을 받고 전주형무소에 수감되어 징역 1년 집행유예 3년의 선고를 받게 된다. 그는 해

방후 45년이 지난 1990년이 되어서야 독립유공자로 건국훈장 애족장을 받았다.

후손들은 자신을 희생하며 빼앗긴 나라를 찾기 위해 애쓴 것도 결국 선조들의 애국애민(愛國愛民) 정신에서 배운 것이란 점을 잘 알고 있다. 여전히 조선을 얕잡아보며 호시탐탐 선을 넘어서려는 일본에 대해 조선의 자주적 입장을 강화하려 최선을 다했던 권이진의 애국심과 분노가 2백 년 후 후손 권용두의 가슴에 불을 붙인 것이다. 그 시절로 돌아가 동래부사 권이진의 활약상을 살펴보기로 한다.

권이진은 벼슬길에 나선 지 14년째인 1708년(숙종 34년)에 정3품 통정대부에 오르고 그 다음해인 1709년에 동래부사에 부임한다. 〈유회당 연보〉에 의하면 당시 동래부에 무역질서를 교란하는 왜인들의 문제가 생겨 조정은 부사의 선임에 특별히 신경을 썼다고 한다. 동래는 오늘날엔 부산의 옛 지명 정도로 알려져 있으나 당시에는 한반도 동남부의 중심 행정지로 정3품 부사가 파견되는 지역이었다. 반면 해안가 쪽의 부산은 종3품 무관인 첨사가 파견되는 군사적 요충지로서 동래부사의 행정권한이 작동되는 지역이었다.

동래부사는 당시 지방수령관의 역할이 그러했듯이 지역에서 행정과 사법의 최고 책임자인 동시에 국방과 외교통상의 첨병 역할을 수행했다. 특히 이 시기에 대마번을 통한 일본과의 무역질서가 문란해짐에 따라 조정의 우려가 커지고 있었다. 조정은 논의 끝에 이를 해결할 유능한 관리를 파견하기로 결정한다. 당시 숙종은 영의정에 소론의 지도자인 최석정을 중용했다. 최석정과 더불어 같은 소론이며 영의정을 지낸 남구만이 동래부사의 적임자로 권이진을 추천했다.

당시 권이진이 부임하기 위해 동래까지 가는 여정은 불순한 일기로 인해 꽤 힘들었다. 장차 닥칠 여러 난관을 예견이라도 하듯 날씨가 험했던 것이다. 1709년 1월 25일 밀양 삼랑포에서 배로 출발해 황산역에서 잤는데, 다음날에 큰비가 내렸다. 1월에 큰비가 온 것은 이례적이다. 전 부사와 인수인계를 마치고 저물녘에 배를 탔는데 10리도 못 가서 비바람이 크게 일었다. 여러 배들이 돛대 머리 부분의 구멍에다 밧줄을 꿰어서 서로 끌어당겼는데 군관선과 지응선은 모두 밧줄이 끊어져 떠내려갔다. 그가 탄 배의 밧줄은 간신히 끊어지지는 않았으나 매우 위태로웠다. 강가의 계당촌으로 겨우 들어가긴 했지만 먹을 것이 없어서 주인에게 양식을 빌렸다. 27일에 비는 그쳤으나 바람이 멎지 않아 배를 탈 수가 없었다. 28일 아침에야 배를 타고 사천에 이르러 부임할 수 있었다. 요즘 서울에서 부산으로 가는 길과는 사뭇 다른 경로를 따라갔음을 알 수 있다.

임진란 이후 조선은 무역을 포함한 일본과의 관계 진전에 소극적 태도를 유지한 반면 일본측은 끊임없이 교역 확대를 요구했다.

이로 인해 이곳은 항상 크고 작은 분쟁이 발생하던 지역이었다. 당시 동래부사는 외교교섭 진행 및 대일무역 감독 등 왜관과 관련된 행정의 총책임을 맡고 있었다. 부산첨사는 왜관을 출입하는 조선인과 일본인의 통제, 일본에서 들어오는 선박의 조사, 왜관에 지급할 물품업무 등을 담당했다.

당시 동래부에는 초량왜관이 설치되어 있어 일본과의 외교 및 무역을 담당하는 역할을 수행하고 있었다. 왜관은 절영도왜관(임시왜관), 두모포왜관(고관)을 거쳐 1678년(숙종 4년) 초량왜관으로 정착되었다. 초량왜관은 오늘날 부산역 인근의 남포동, 광복동에 해당하며 중앙에 용두산이 자리하고 있었다. 동래의 부산포는 세종 때 이종무가 대마도를 정벌한 후 왜의 요청에 의해 개항된 삼포(부산포, 제포, 염포) 가운데 하나였다. 이후 임진왜란으로 중단되었던 조·일간의 교섭이 1609년(광해군 2년) 기유약조(己酉約條)로 재개되면서 일본과의 유일한 외교·교역의 창구로 남게 된 곳이다. 이로 인해 동래부는 대일관계에 있어 중요한 전략적 요충지로서의 지위를 갖게 되었다.

권이진은 동래부사로 3년간 일하면서 대일관계에서 발생한 누적된 적폐를 해결했다. 그는 이 지역이 나라에서 차지하는 국방과 외교통상의 중요성에 부합할 수 있는 방책을 수립하기 위해 조정에 수차례 장계를 올렸다. 이러한 노력의 결과로 문란했던 대일무역의 질서가 안정되고 국방역량이 강화되었다.

3. 자주 외교, 국방을 위해

왜관에서 발생한 간통사건

마침 권이진이 부임한 1709년(숙종 35년)에 거류하던 왜인과 초량왜관 근처에 살던 여인과의 간통사건이 발생했다. 그는 이 사건 처리를 통해 초량왜관을 둘러싼 대일무역의 부조리와 흐트러진 외교원칙을 바로잡기 위한 전기로 삼았다.

우선 그는 이 사건을 초량 거주민과 관내 왜인의 상호왕래에 관한 규정을 무시한 사건으로 규정하고 상간한 두 사람을 국법에 따라 조치하고자 했다. 권이진은 조정에 장계를 올려 두 사람에게 동일한 법률을 적용해 교수형이나 참형에 처해야 한다고 보고했다. 이에 따라 예조는 대마도에 서계(書契, 외교문서)를 보내 이런 결정을 통보하려 했으나 왜인은 서계의 접수를 거부했다. 또 그들은 죄인의 송환에도 불응하며, 죄인을 대마도로 일찌감치 빼돌렸다. 서계를 지참하고 간 역관에게는 평소의 친분을 빌미로 뇌물을 건네고 향응을 베풀었다. 구워삶아 되돌려 보냄으로써 사건의 경위나 책임 소재를 적당히 덮어버리려고 한 것이다. 왜인들이 서계를 수령하지 않은 이유는 서계를 수령하면 그에 대한 답신이 응당 있어야 하고 동시에 사건의 처리와 책임문제가 공식화되기 때문에, 이를 피하고자 한 것으로 보인다. 이와 유사한 사건이 종래에도 있었지만 큰 문제없이 그럭저럭 넘어가곤 했다. 그들에게는 이것이 관례였을지 모른다. 그러나 권이진은 이전의 관료들과는 확연히 달랐다.

왜인들의 태도에 분개한 그는 장계를 올려 "당당한 대국의 조정에서 지극히 미천하고 더러운 작은 섬 오랑캐에게 서계를 보냈는데도 공손히 받지 않고서 도로 가지고 오게 했으니, 이는 만고에 없던 모욕입니다. 사자(使者)로서 임무를 잘 받들어 거행하지 못한 두 역관의 죄가 그지없이 미워 절대로 용서할 수 없으니, 국가의 체통을 생각해 복명(復命)하지 못하게 하고 왜관 문밖에 효수하는 것이 당연한 법리입니다."라며 강력한 조치를 요청했다. 또한 대마도주가 요청한 '언천대의 도서'(대마도주의 아들인 언천대에게 추가로 발급해 달라는 출입허가증)는 절대 내주지 말 것을 의정부에 강력히 진언했다. 조선과의 무역규정을 문란케 하는 일본 측의 잘못을 바로잡고자 하는 결연한 의지를 보여주려 한 것이다. 당시의 일은 《조선왕조실록》에도 기록되어 있다.

3. 자주 외교, 국방을 위해

"바다를 건너갔던 역관 최상집, 한중억 등이 대마도에서 돌아왔다. 당초에 최상집 등이 대마도에 가서 예조의 서계를 왜인에게 주자, 왜인들은 그 서계가 간사한 왜인을 법에 의거해 처벌하기 위한 것임을 알아차리고서 핑계하기를, '이 서계를 받으면 반드시 강호의 책망을 받게 될 것이다.' 하며 끝내 받아 보지 않았다. 단지 간사한 왜인 백수원칠이란 사람을 따라간 재판선(裁判船, 왜관과의 업무를 위해 대마도에서 운영하는 배)에 잡아다 돌려주기만 하고, 최상집 등은 결국 도로 서계를 가지고 왔다. 동래부사 권이진이 보고서를 올려 최상집 등이 나라를 욕되게 한 죄를 다스리기를 청하니, 묘당과 의논하여 먼 변방에 유배하도록 명하였다."《숙종실록》 47권, 숙종 35년 4월 13일)

동래부사의 단호한 입장을 접한 대마도 측은 우리 측의 훈도(訓導, 한양의 사학과 지방의 향교에서 교육을 담당한 교관)와 별차(別差, 왜관과 관련된 업무를 처리하기 위해 초량왜관에 상주하며 대외업무와 통역을 담당하던 하급 관리)에게 겉봉을 봉한 편지가 있다며, 동래부사에게 보여주고자 했다. 그러나 이런 계획이 조정과 현지 수령을 이간질하려는 대마도 측의 잔꾀임을 간파한 권이진은 이를 거절했다. 그는 "우리나라는 법제가 엄격하고 공명해 변방의 수령은 외국에서 보내는 서계 이외의 문서에 대해서는 일어일묵을 모두 조정의 계획을 물어 거행해야 하며, 감히 그 사이에 간여할 수가 없다."며 이런 사사로운 편지는 받을 수 없다는 입장을 분명히 했다. 그는 이런 정황을 둘러싼 저들의 의도와 우리 측의 구체적 대응 방안에 대해 세세히 장계를 올려 보고했다.

한편 그는 왜인들이 훈도와 별차의 집에 왕래한다는 핑계로 초량의 민가를 제멋대로 출입하는 행태를 비롯해 문란해진 왜관 질서에 대해 본격적으로 문제를 제기한다. 당시 왜인들은 먼 곳에 사는 백성들과도 만나 서로 교제하는가 하면, 초량의 여인들과 아침 저녁으로 섞여 지내다 보니 간음하고 다투는 일이 빈번했다. 당시 왜관 앞에서는 거류 왜인들이 식료품 등을 구입할 수 있도록 아침에 한해 잠시 동안 시장을 열도록 허용하는 조시(朝市)가 운영되고 있었다. 그런데 규정과 달리 하루종일 장을 열고 교역하며 문란함이 갈수록 심해졌다. 권이진은 규정을 새로 만들어 채소와 어패류는 식전에 잠시 교역하도록 하고, 그밖의 미곡은 큰 장이 열리는 날에만 시장에 들어가도록 했다. 그러자 이에 반발한 상인들은 시장에 나가지 않고 헛소문을 퍼뜨려 선동하는가 하면 왜인을 시켜 온갖 말로 공갈하게 했다. 권이진은 이에 굴하지 않고 방침을 확고히 지켜나갔다. 몇 달이 지나자 왜인의 공갈이 잦아들면서 상인들도 믿고 따르게 되었다.

또한 그는 초량의 민가에 자주 출입하며 친밀하게 지내는 왜인 4~5인을 찾아내 곤장을 쳐서 금지하는 본보기로 삼았다. 나아가 근본적 대책도 강구했다. 우선 훈도 · 별차의 집 서쪽 담장에서 바다까지 40~50보에 불과한 지대에 작은 담을 연결해 쌓고 그 중앙

　　　　　　　　3. 자주 외교, 국방을 위해

에 문을 설치해 군관으로 하여금 밤낮으로 지키게 했다. 둘째, 훈도·별차의 집 근처에 있는 민가를 모두 문밖 1백 보의 거리로 옮기고 그 집 앞에 통사청(通事廳, 사역원 소속으로 의주·동래 등지에서 통역을 맡았던 통사들이 업무를 보던 청사)을 설치해 통사들로 하여금 순번을 정해 지키게 했다. 셋째, 훈도·별차의 집은 민가에서 떨어진 곳에 별도로 관사 한 채를 지었다. 권이진은 이렇게 하면 반드시 효과가 있을 것이라고 진언한 끝에 직접 추진해 실행한다.

한편 왜인들은 원조(정월 보름), 3월 3일, 5월 5일, 7월 15일, 9월 9일을 절일(명절)로 삼는 것이 관례였다. 이날이 되면 본부 및 부산진의 훈도, 별차 등에게 선물을 보내고 답례품을 받는 것이 마치 교역하는 것과 같았다. 또 상선연(上船宴, 외교업무를 마치고 귀국하는 사신에게 베푸는 잔치)을 거행한 뒤라도 절일이 지나지 않으면 고의로 출발을 늦추었다. 선물을 보낸 뒤 답례품을 받지 못하면 순풍을 만나도 즉시 출발하지 않고 머물렀다. 권이진은 2차 장계에서 다음과 같이 보고하였다.

"저들의 요구에 따라 특별히 2월 6일에 왜의 사신을 전송하는 상선연을 거행했는데도 저들은 여전히 잘못된 전례를 따라 반드시 3월 3일까지 기다렸다가는 절일이라 하면서 신에게 선물을 보내왔습니다. 신이 의리에 의거해 선물을 물리치자, 재판왜 등은 '이는 1백 년 동안 통행한 규례이니 하루아침에 폐지할 수 없다.' 고 하면서 반드시 조정에 아뢰어 융통성있게 처리해 주기를 바랐습니다."

그는 이런 관례에 대해 조정에서 허락하지 않으면 이것이 법도가 될 것이며, 조정에서 전과 같이 허락한다면 외국인에게 은혜를 보여주는 방법이 될 것이니, 묘당에서 품의해 처리해 달라고 요청하였다. 현장의 문제점을 찾아내 대책을 제시하고, 각각의 대책이 갖는 효능까지 설명하는 관료를 찾기는 쉽지 않다. 고도의 책임감과 능력이 없다면 쉽게 할 수 있는 일이 아니다. 그것은 예나 지금이나 마찬가지일 것이다.

권이진의 장계를 받은 비변사는 숙종의 재가를 받아 다음과 같은 문서를 보냈다.

"간통한 왜인이 이미 대마도에서 나왔으니, 부산첨사는 관수왜(館守倭, 왜관을 관리하던 왜인)와 함께 죄상을 끝까지 추궁해 밝히도록 지난번과 같이 재결했다. 언천대의 도서에 관한 일은 본래 격식 밖에서 나온 것이므로 아무리 간청해도 허락할 수 없으니, 거듭 엄하게 꾸짖어 다시는 청하지 못하게 할 것이다."

동래부사가 건의한 내용을 그대로 추인한 것이다. 그는 여기서 한발 더 나아가 보다 철저한 대응이 필요하다고 주장했다. 왜인들이 원래부터 간통한 왜인을 같은 법률로 처벌할 의사가 없기 때문에 부산첨사와 함께 앉아 끝까지 추궁해 밝힌다 하더라도 저희들의 국법은 조선의 법률과는 다르다거나, 자백을 받지 못했다고 미루고서 대마도로 돌려보낼 것이라고 예상했기 때문이다. 다만 왜인이 도서를 얻는 데 집착해 다시 문서를 보내 우리와 동일하게 처단하기를 요청한다면 나라의 체면이 조금은 높아질 것이고, 요청하지 않는다면 우리가 저들의 요구를 거절할 수 있는 충분한 명분이 있을 뿐 아니라 처벌할 수 있는 단서가 될 수 있다고 전망했다.

이런 상황 파악을 전제로 그는 간통 왜인의 처리와 도서 문제를 해결하기 위해 훈도와 별차를 다시 왜관에 보냈다. 그들에게 반드시 서계를 올려야 함에도 불구하고 회피하고 있는 관수왜를 질책하게 했다. 이에 관수왜는 합당한 지적임을 인정하면서도 흉사에 서계를 전하는 것이 상서로운 일이 아니라고 생각했기 때문으로, 그래서 동래부사에게 서신을 보내 뜻을 전하고자 했으나 부사의 거절로 일이 이 지경이 되었다고 변명했다. 이에 우리 측은 서계 올리는 일을 회피하며 편법을 쓰는 것은 수용할 수 없다고 서신 수령을 거절했다.

권이진은 역관을 시켜 은밀히 그 서신이 무엇인지 탐지하게 했다. 그건 바로 대마도주의 서신이었다. 서신의 앞면에 받을 사람은 기록하지 않고, 단지 대마도주가 역관 최상집 등과 나눈 얘기가 어지럽게 적혀 있었다. 대강 예조의 서계를 받을 수 없고, 간통한 왜인을 동률로 처치할 수 없다는 내용이었다.

그는 이들이 방자하고 우리를 업신여기는 태도가 이 지경에 이르렀다고 분개하였다. 일본 측은 이 같은 서신을 역관을 통해 동래부에 전한 것이 한두 번이 아니었기에 몹시 난감해 했다. 그의 단호하고 원칙적인 입장 고수에 곤궁에 빠진 일본은, 역관 등의 인맥을 통해 한양 조정에 직접 문제 해결을 요청했다. 이로 인해 조정은 온건한 방식의 해결 방안을 모색하려 했다. 예조가 대마도주에게 "규례가 아니므로 도서를 허락하지 않는다."고 할 뿐이었다. 일본 측이 서계를 받지 않은 일이 진실로 조정의 수치임에도 불구하고 이 점을 제대로 지적하고 힐책하지 않은 것이다.

전략적 외교의 성과 '신묘약조'

권이진은 조일관계에 임하는 왜인의 태도를 설명하며 우리가 취해야 할 대응책을 호소했다. 왜인들이 의리는 몰라도 매우 영리해 인간사의 곡절을 헤아리지 못하는 것이 없는데, 우리가 너무 약하게 나가면 저들은 우리를 업신여기고, 반면에 우리가 사리에 의거해 굽히지 않으면 저들은 마음속으로 굴복하지 않은 적이 없다고 했다. 그는 "조정에서 저 도주를 한 번도 제대로 꾸짖지 않는다면 어찌 심하게 업신여김을 당하는 것이 아니겠습니까? 이 또한 만리 밖의 나라와 외교 절충하는 방법이 아닙니다."라며 정부의 강경한 대응을 요청했다.

예조가 대마도주에게 회답하는 서계 안에 "규례가 아니므로 도서를 허락하지 않는다."고만 한 것은 너무 온건한 대응이었다. 권이진은 다섯 번째 장계에서 이 점을 지적하며 일본이 서계를 받지 않은 것은 진실로 조정의 수치인데도 그 일을 모른 체하고 전혀 힐책하지 않으니, 너무 약한 모습을 보였다며 아쉬워했다.

나아가 그는 "예조의 서계 안에 이런 내용으로 엄히 타이르거나, 동래부사로 하여금 조정의 뜻을 전하라."는 답신을 요청했다. 또한 조정의 서계를 일본 측에 보낼 때 동래부사가 대마도에 보내는 답서도 있어야 한다며 그 초안을 상세히 기술해 올렸다. 원래 승문원(承文院)이 초안을 작성하는 것인데, 사정이 다급해 자신이 초안을 작성했던 것이다. 이 점을 지극히 황공해 하면서도 그는 이웃 나라를 정탐하는 자들은 흔히들 이런 일을 두고 그 나라의 흥망과 안위를 점친다며 혹여 왜인들로부터 업신여김을 받지 않도록 만전을 기해야 한다고 말한다. 지방수령으로서 너무 나선다는 오해를 받을 수 있음에도 불구하고 그가 이토록 적극적으로 나선 것은 이번 일의 처리가 양국 관계에 미칠 영향이 지대하다고 보았기 때문이었다.

그의 이러한 노력에도 불구하고 조정은 왜인에게 보내는 서계를 다시 고쳐 내려 보냈다. 당초 4월에 의정부는 간통 사건과 도서 문제는 별개의 일로서 도서의 요청을 막을 수 없다고 했다. 이에 권이진이 등록(謄錄, 전례를 적은 기록)을 일일이 참고해 사리를 지적해 장계를 올리자, 묘당은 "내용이 명백하고 구체적이니, 주청한 대로 시행하겠다."고 허락한 바 있다. 그런데 다시금 그건 별개의

3. 자주 외교, 국방을 위해

일이라며 도서를 허락한다는 것은 납득할 수 없는 일이었다.

권이진은 왜인들이 밤낮으로 역관배와 모의해 자신에게 간절히 애걸했다며 조정의 조치를 비판했다. "임금에게 아뢰어 범간왜에 관한 사건을 답서 안에서 삭제하고 재판왜를 대마도로 돌아가게" 해달라고 부탁했다는 것이다.

"이 사건을 삭제하면 허락하지 않은 조정의 본의가 완전히 묻히고, 단지 각폭(各幅)에 쓰지 않은 것만을 말한다면 저들은 이곳에 머물러 있으면서 다른 왜를 시켜 각폭의 서신을 가지고 오게 하는 일은 어려운 일이 아닙니다. 잠시 돌아갔다 이내 나오는 것이 무엇이 불가하기에 1년을 버틴단 말입니까? 아무 까닭없이 저들의 요청에 따라 준다면 처음부터 끝까지 왜인에게 속임과 비웃음을 당한 수치를 어찌 생각하지 않을 수 있겠습니까?"

그는 사정이 이러함에도 갑자기 의정부에서 서계를 다시 고쳐 보낸 것은 대신이 먼 외방의 사정을 미처 자세히 듣지 못한 데서 연유한 것 같다고 말한다. 권이진은 지금 감히 다시 고친 서계를 저들에게 줄 수 없으니, 장계를 올려 다시 지시를 청하지 않을 수 없다고 주장하였다. 자신의 소신을 분명히 밝힌 것이다.

당초에는 대마도주가 조정을 여지없이 깔보고 업신여겨 왔으나, 이번 사건으로 인해 자못 기가 꺾이고 위축되었다. 그런데 역관 한후원이란 자가 와서는 "조정에서는 묘당의 여러 재상들이 서계를 봉행하고 깊이 사죄하기 위해 행수역관 박재흥을 내려 보내려는 이까지 있다."는 소식을 전했다. 어처구니없는 상황을 접한 권이진은 변방의 임무를 맡아 소견을 굳게 지키고 있는 변신을 경유하지 않고 묘당이 갑자기 역관과 왜인의 요청에 따른다면 결국 교활한 왜인들에게 조정의 의중을 엿보게 하는 것이고, 변신의 체통을 잃게 하는 것이라고 비판했다. 그리고 한후원에게 "만약 서계를 봉행하고자 한다면 범간왜를 잡아 보내고 이 범간왜부터 먼저 동률로 처리한 다음, 이를 영구한 약조로 삼아 각별히 사죄한 뒤에야 임금에게 아뢸 수 있을 것이다."고 했다.

관수왜는 급히 이 말을 대마도주에게 전하고, 곧이어 대마도에 들어가며 역관배에게 "내가 들어간 뒤에 마땅히 서계를 봉행해 내보낼 것이고, 범간왜도 잡아 보내겠다."라고 말했다. 그래서 권이진은 그 서계가 오기를 기다리는 중이었다. 그런데 묘당에서 변신의 계청을 기다리지도 않고 곧장 저들의 요청을 들어주게 되면 변신은 그 사이에서 있으나 마나 한 존재로 전락해 왜인을 진압할 수 없게 될 것이다. 또 저들의 기세가 이미 위축되고 위엄을 두려워해 명을 받들어 시행할 것 같은 순간에, 아무 까닭 없이 저들의 요청을 들어주면 앉아서 기회를 잃게 된다. 1년 동안 버티면서 왜인이 우리에게 굴복하지 않았는데도 갑자기 저들의 뜻에 따라 준다면 끝내는 도서를 주고야 말게 될 것이었다. 이렇게 되면 나라의 체통과 권위는 떨어질 수밖에 없다. 이러한 이유로 권이진은 서계를 봉행하는 것은 불가하다고 진언하였다. 절박한 상황에서 배수의 진을 친 장수 같은 결연한 태도를 견지한 것이다.

권이진은 조·일간의 몇 가지 다른 현안에 대해서도 장계를 올려 그 대책을 제시하였다.

첫째, 공작미(公作米, 일본과의 무역에서 지급하던 쌀)의 미수에 관한 문제다. 당시 조선은 일본에 지급해야 할 공작미 1년분을 지급하지 못하고 있었다. 이에 일본은 1년 내에 2년분의 쌀을 지급할 것을 독촉하였다. 권이진은 1년분은 무명으로 계산해 그해 중에 지급하는 방안을 대안으로 제시했다. 일본 측은 미수분의 4분의 1은 쌀로 지급해 줄 것을 요청하지만 그는 이에 응하지 말아야 한다고 주장했다. 또 조정이 일본에 지급할 무명 값을 거두어들이고도 정작 지급하지 않아 그들에게 "조선이 우리에게 부채가 있다."는 말을 듣게 된다며, 그것은 작은 오랑캐를 대접하는 방도가 아니라고 분명히 말한다. 궁색한 재정이 나라의 자존심을 손상시키고 있음을 지적한 것이다.

둘째, 왜인들이 무단으로 왜관을 뛰쳐나온 데 대한 징벌 차원에서 조치된 철공(撤供, 관수에게 지급하던 식량과 반찬을 철회한 것)에 대해 금석처럼 굳게 지켜서 결코 터럭만큼이라도 꺾여서는 안된다고 주장하였다.

셋째, 서계를 전하지 않은 역관 최상집 등이 이미 귀양살이에서 풀려 장차 통신사 일행에 참여하려는 문제에 대해, 이렇게 서둘러 사면한다면 왜인들이 서계를 받지 않아도 제대로 벌을 시행할 수 있겠느냐며 비판하였다.

숱한 우여곡절에도 불구하고 왜관에서 일어난 간통사건은 1711년(숙종 37년) 신묘약조(辛卯約條)로 마무리된다. 신묘약조는 신묘통신사 일행과 대마번 사이에 맺어진 '교간약조(交奸約條)'이다. 주요 내용은 첫째, 왜관에 거주하는 일본인이 강간을 범한 경우 대명률에 의거해 사형에 처한다. 둘째, 조선인 여성과 교간자 및 공범자는 영원히 유배한다. 셋째, 왜관에 잠입한 조선인 여성을 조선 측에 통보하지 않고 교간한 자는 유배로써 벌한다는 것이다.

이러한 성과는 권이진이 추진한 전략적 외교 방안과 주도면밀한 실행 능력이 있었기에 가능했다. 또한 역관과 대마번의 지속적인 반발과 위협에도 꿈적하지 않은 그의 강단과 소신이 있었기에 이뤄낸 성과였다.

3. 자주 외교, 국방을 위해

왜인들의 왜관 난출을 제압하다

　임진왜란 이후 조선정부는 일본과의 관계를 정상화하면서 왜관을 부산의 초량에만 설치하도록 허용하고 왜인들의 출입도 제한했다. 임진왜란 당시에 교역을 빌미로 설치되었던 왜관과 이곳에서 활동하던 왜인들의 정보가 고스란히 한양 침투에 이용되었던 점을 확인한 정부는 이들의 활동 범위를 최소화하고자 했다.

　그런데 1710년(숙종 36년) 왜인들이 왜관을 함부로 뛰쳐나오는 일이 발생했다. 당시 부산첨사가 보낸 보고에 의하면 "왜관에 있는 왜인 57명이 어물과 채소를 사기 위해 나왔다고 하면서 각각 한 되 정도의 쌀을 가지고 사질도와 구덕산 쪽의 길로 가고, 그중 5명은 왜관의 북쪽 담을 넘어 나갔다는 보고를 듣고는 깜짝 놀라, 급히 본진의 장교를 보내 가지 못하게 막고 알아듣도록 타일렀다. 또 전령을 내려 훈도와 별차 등의 처소에 파견되어 있는 장교들을 단단히 타일러 경계했더니, 회답하는 보고서에 배회하는 왜인들을 막아 멀리 가지 못하게 해, 신시경에 왜관으로 돌아갔다."고 했다.

다음날 부산첨사는 권이진을 만나 이렇게 보고했다.

"어제 군관 서후백을 보내 관수왜에게 함부로 뛰쳐나온 사연을 따져 물었습니다. 그랬더니 관수왜 이하 모두가 크게 기뻐하며 영접하고서 '훈도가 본부로 올라가서 공작미와 어물, 채소 등에 관한 일을 동래 영감께 보고하겠다고 분명히 약조했으므로 그 회답을 고대하고 있었다. 그런데 뒤에 알아보니 훈도와 별차는 제집에 누워만 있고 끝내 올라가지 않았다. 그 다음날에야 느릿느릿 올라가서는 끝내 한마디도 하지 않고 물러났다. 우리가 사유를 전할 수 있는 길은 오직 훈도와 별차뿐인데, 그들이 이 모양이었다. 그러므로 뛰쳐나갈 형세를 보여 동래 영감이 힐문하는 기회를 얻고자 한 것인데, 끝내 힐문하지 않아 부득이 오늘 또 어제처럼 일을 일으킨 것이다. 그런데 이제 부산 영감이 사람을 보내 묻는 기회를 얻었으니, 이제 동래 영감께 전달되어 변통하겠다는 회답을 기대할 수 있게 되었다. 내일부터는 감히 뛰쳐나가지 않을 것이니, 훈도와 별차의 죄부터 처벌하기 바란다.'고 누누이 말했습니다."

권이진은 장계를 올려 사태의 원인과 대책을 상세히 제시하였다. 왜인들이 뛰쳐나온 원인은 왜인들에게 주어야 할 공작미의 지급이 지연되자 그해 분까지 포함해 한꺼번에 다 받고자 하는 계책이었다. 권이진은 너무 예민하게 대응하지 말고 예사로운 일로 여겨 내버려 둘 것을 제안했다. 다시 뛰쳐나오면 몰아서 들여보내고 놀라 동요하는 일이 없다면 저들의 기량도 바닥이 나 다시는 공갈하지 못할 것이라고 했다. 그런 뒤에 중벌을 내리고 응당 주어야 하는 물건도 그 수를 줄인다면 이후에는 이런 일이 없을 것이라며 의연한 대응 방안을 제시했다.

사실 왜인들이 관문을 이탈한 표면적인 이유는 공작미 문제 외에 조시에서 채소와 어물 등 일용식품을 구하기 어렵다는 것에 대한 항의였다. 그러나 실제 이유는 상간(相姦)사건 이후 동래부에서 여인들의 조시 왕래를 제한했기 때문이다. 이전에는 조시에 남녀가 함께 섞여 있으면 남자가 가지고 간 물건은 아무리 좋아도 팔리지 않고, 여자가 가지고 간 물건은 아무리 나빠도 반드시 팔리기 때문에 조시에 가는 사람은 모두 여자였다. 이에 권이진은 어물과 채소를 파는 사람들을 불러 간곡히 타일렀다.

"듣건대 그대들은 아내들을 조시에 보낸다고 하는데, 부녀자가 어물이나 채소를 팔 때에 여인이 왜인에게 '이 도적놈아, 어째서 값을 이렇게 적게 주느냐?'고 하면 왜인은 그 여인의 이마를 어루만지며 사랑한다는 기색을 보이고 나서야 가미(價米)를 많이 주고, 젊고 예쁜 여인이 가지고 간 물건인 경우에는 긴요하지 않아도 그 값을 배로 준다고 하니 이는 어물과 채소를 파는 것이 아니라 그대들의 아내를 파는 것이다."

그 뒤로는 조시에 모두 남자들이 나갔기 때문에 왜인들이 불만을 가진 것이었다.

이 사건을 통해 우리 측의 문제점이 여러 가지 드러났다. 첫째, 관문을 엄중히 통제해야 할 수문장이나 군관, 관노 등이 왜인들의 심복 노릇을 하고 있다는 점이다. 둘째, 훈도·별차와 사명을 받고 내려온 역관 등이 왜인들의 눈치를 보며 그들에게 유리하도록 움직인다는 점이다. 부산첨사 조세망은 그들이 왜인과 공모한 것이 분명하다고 지적했다. 셋째, 그동안 문제가 발생할 때마다 우리 측의 대응이 단호하지 못해 저들의 억지 주장에 굽히는 것이 타성이 되었다는 점이다.

왜인은 훈도에게는 매일 정은(좋지 않은 은) 1.8냥(18돈)씩을 주고, 별차에게는 매일 은 8돈씩을 주었다. 그리고 매년 은 1천 냥, 단목(丹木, 활을 만드는 목재) 4백 근, 흑각(黑角, 빛깔이 검은 물소의 뿔) 10통을 가지고서 아래로 소통사(小通事, 역관 가운데 하급 통역관), 오일장 담당 창고지기와 부산·동래의 서계담당 아전에 이르기까지 뇌물을 주었다. 나아가 멀리 한양의 관할 관청의 아전과 심지어 본읍의 관노에게까지 뇌물을 주었다. 왜관과 관련된 대부분의 사람들이 저들의 심복으로 눈과 귀 노릇을 하고 있었다. 이러다 보니 왜인들이 함부로 뛰쳐나와 위협하는 일이 반복해 발생했다. 권이진은 "우리가 주인으로서 저들에게 주고 저들은 우리가 주기만을 우러러보는 처지이니 매사에 우리가 이기고 저들이 지는 것이 당연한데, 매사에 우리가 이기지 못하고 저들이 이기는 것은 이 같은 이유 때문입니다."라며 탄식했다.

1697년(숙종 23년)에 무려 3백 명의 왜인들이 관문을 뛰쳐나온 사건이 있었다. 이때 관련자를 문책하지 않고 흐지부지 넘겨버렸다. 이 점을 지적하며 권이진은 이번에는 반드시 엄정하게 대처해야 한다고 강조하였다. '교활한 왜인들의 공갈에 두려워하거나 역관들의 유세(遊說, 자기 의견 또는 소속 집단의 주장을 선전하며 돌아다님)에 동요하지 말고 약조의 사리를 곧게 따져야 함'을 역설했다.

권이진이 제시한 처리 방안은 다음과 같은 원칙적인 대응이었다. 첫째, 조시와 6대 개시를 규례대로 개설해 변경할 뜻이 없음을 보여준다. 둘째, 난출자와 이를 막지 못한 관수(館守), 대관(代官) 등과는 일체의 교섭을 중지한다. 셋째, 공작미의 지급을 포함한 일체의 교섭은 새로 교대해 올 관수, 대관과 진행한다. 그는 역관에게 이런 방침을 왜관에 전달토록 하였다. 그리고 다른 사람을 시켜 역관이 제대로 꾸짖어 타이르는지를 엿보게 하니, 훈도와 별차는 마지못해 시키는 대로 꾸짖어 타일렀다. 그러자 왜인들은 얼굴이 파랗게 질려 팔팔 뛰면서 "동래 영감은 무엇 때문에 이 일을 가지고 잔인하게 사람을 이런 지경으로 몰아넣는가."라며 부산 영감에게 호소하겠다고 소리질렀다. 왜인들과 역관들의 이런 행태를 보며 그는 이들의 의도를 간파하고 더욱더 철저히 대처해야 함을 주장했다.

"왜인은 이를 기이한 계책으로 여기고, 역관은 이를 뜻밖의 이익을 얻을 수 있는 기회로 삼습니다. 왜인은 거짓으로 분노하는 체하며 참으로 두려워할 만한 형세가 있는 것처럼 가장하고, 역관은 거짓 왕래로 조정하는 체하여 성사시켜야 할 일이 있는 것처럼 꾸밉니다. 뛰쳐나오는 일로 처음에 공작미목 2백 동을 얻고, 두 번째로 1백 동의 공작미를 더 얻었기 때문에, 이밖에 원하는 모든 일에도 뛰쳐나오는 것으로 발판을 삼습니다."

교활한 왜인의 위세를 돋우어 주지도 말고, 왜인을 빙자해 협박하는 역관의 기세를 키우지도 말 것을 강조했다. 왜인과 역관의 의도를 정확히 파악하고 전략적인 대응을 주문한 것이다.

권이진은 장계에서 "지난 기축년 겨울에 대관왜(代官倭, 대마도주가 보낸 왜관에 와 있으면서 공무역 물품인 무명, 쌀은 물론 사무역, 조선과 대마도 사이의 문서를 맡아 보던 왜인)와 종인(從人, 종속되어 따라다니는 사람)이 다대포첨사 조광원을 구류한 일로 철시하고 왜인들의 공대도 중지했습니다. 그리고 대마도에서 관수·대관을 잡아다 치죄한 뒤에 서계를 올려 사과하고, 구류하고 있던 종왜(從倭)의 생사 여부를 묘당에 청한 뒤에야 비로소 종전과 같이 개시하고 공대할 것을 허락했습니다. 이것이야말로 오늘날 의거 시행할 만한 사례입니다."라고 제언했다.

다음 장계에서는 이번 난출을 주도한 관수왜는 공대를 중지하고, 대마도로 하여금 다른 왜인으로 교대시킨 뒤에 접대해야 한다고 요청했다. 또 그들을 잡아가도록 하고 그들에게 주어야 하는 공작미 등 물품은 신임 관수왜에게 내줄 것을 제언했다.

그런데 권이진의 단호한 대처와는 달리 왜인들이 왜관 밖으로 뛰쳐나온 다음날 부산첨사 조세망이 급히 전령을 내려 여인들에게 조시로 가서 어물과 채소를 팔도록 독려하는 뜻밖의 일이 있었다. 또 조세망은 동래부가 왜인들로부터 여섯 품목을 아직 수납하지 못해 내어주지 않은 수표를 저들이 애걸한다고 하여, 한양에서 내려온 군관 유상배를 보내 수차 왕래하며 수표를 끊어주었다. 이는 훈도·별차와 특별 임무를 받은 역관을 제외하고는 왜관을 임의로 출입할 수 없는 규정을 위반한 것이었다. 심지어 왜인들은 훈도에게 부산첨사를 연향대청으로 초청하라고 하고, 첨사가 오지 못하면 군관 유상배를 보내 자신들의 말을 듣도록 했다. 조세망은 깊은 밤중에 그 군관을 보내는 일도 있었다. 기꺼운 마음으로 업신여김을 받아들여 나라의 위신을 심각히 훼손하는 행위였다.

조세망은 왜인에 대한 공작미 지급 규례를 어기기까지 했다. 공작미를 내주는 규례는 본부가 훈도와 별차에게 전령해 왜인들에게 지급한다는 사실을 알릴 뿐, 언제 지급할지는 약속하지 않는다. 그런데 조세망은 출고일에 마침 비가 와서 출고할 수 없게 되자 날이 개면 즉시 출고하기로 하고, 그 사실을 왜관에 가서 대관 등에게 말하고 일일이 수본(手本, 공사에 대한 사실을 상관에게 보고하던 서류)하라고 지시했다. 이는 마치 하급 관청이 상급 관청의 명령을 듣는 것과 같은 일이어서 권이진은 수치스럽고 분한 마음을 참을 수 없었다.

그는 변방과 관련된 일에 대해 필요하다고 판단되는 것은 세세한 것까지 장계를 통해 보고했다. 왜인들이 함부로 뛰쳐나온 것이 위로는 조정을 공갈하고 아래로는 변방의 신하들을 위협하려는 뜻에서 나온 것으로 보았기 때문이다. 그래서 그는 훈도와 별차의 죄를 묻지 말기를 청했다. 이들에게 전혀 죄가 없기 때문이 아니라, 먼저 관수왜의 공대부터 중지하고 대관왜 등의 죄를 다스린 이후에 훈도·별차의 죄를 밝혀 처벌하는 것이 저들의 계략에 말려들지 않는 길이라고 보았기 때문이다.

이와 관련해 당시 조정에서도 논란이 있었으나 숙종은 권이진의 손을 들어주었다.

"동래부사 권이진이 초량과 부산의 어부 및 시골사람들을 불러 타이르기를, '이는 어채(魚菜)를 파는 것이 아니라, 바로 그대들의 아내와 딸을 파는 것이다. 그대들도 사람인데, 어찌 차마 이런 짓을 하느냐?' 하였다. 이로부터 여인들을 보내지 않고 남자들을 보내자, 왜인의 무리들이 어채가 부족하여 구하지 않을 수 없다는 핑계로 금표(禁標) 밖에 함부로 나갔다. 이에 경상좌수사 이상집이 장계하기를, '훈도·별차 무리들에게 간사한 실상이 있으니, 청컨대 논죄하소서.' 하고, 권이진은 장계하기를, '왜인들이 훈도와 별차를 쫓아내려고 으레 함부로 나가기 때문에, 조정에서 훈도와 별차를 죄주지 아니함이 벌써 전례가 되었으니, 지금 논죄할 수가 없습니다.' 하였다. 이날 비국 당상관 민진후(閔鎭厚)·이인엽(李寅燁)이 청대하고 아뢰자, 임금이 말하기를, '권이진의 말이 옳다. 만약 훈도와 별차를 죄준다면, 어찌 뒷날의 폐단이 없겠는가?'라고 하셨다."《숙종실록》48권, 숙종 36년 4월 12일)

대일관계의 '제변지계(制邊之計)'

이와 같이 변방에서 이뤄지는 일본과의 관계를 바로잡기 위해 권이진은 특별한 장계를 올려 개선책을 건의한다. 그는 이를 국가의 '제변지계(制邊之計)'라 했으며 그 내용은 다음과 같다.

첫째, 왜인들이 왜관 인근의 초량 주민들과 무단으로 접촉하지 못하도록 한다. 장계에서 당시의 정황을 상세히 설명하고 있는데 흥미로운 점이 많다.

"역관들의 주거가 초량촌 안에 있는데, 조약에 왜인이 훈도와 별차의 집에 왕래하는 것을 허락했으므로 왜인들은 종일토록 끊임없이 민가에 가서 있으니 초량 92호의 민가 중에 한두 명, 혹은 서너 명의 왜인이 없는 집이 없습니다. 밤낮 할 것 없이 우리 백성과 함께 거처하는데, 남편이 부재중인 집은 왜인이 홀로 그 아내와 상대합니다. 남자는 왜인의 물화를 받아서 다른 시장으로 가서 팔아 이익을 남기고 본전을 돌려주는데 심부름꾼이 되어 품삯을 받습니다. 그러면 아내는 혼자 왜인과 상대하며 온갖 짓을 다하기 때문에 정의가 지극히 친밀해 남편이 있을 때나 없을 때나 함께 지냅니다. 이렇게 하는 것이 생활과 관계되기 때문에 죽음을 무릅쓰고 어울립니다.

역관의 경우는 피접(避接, 병중에 거처를 옮겨 요양하는 것)한다는 핑계로 각각 여염집을 점거해 숨어서 왜인과 접촉하므로 그들이 거처하던 공청은 황폐한 지가 이미 오래여서 거처할 수조차 없게 되었습니다. 신이 백성들에게 곤장을 쳐서 경계할 바를 알게 하고, 역관들을 독촉해 옛 거처로 돌아가게 했습니다. 그리고 또 묘당의 계책에 힘입어 민가를 다른 곳으로 옮기고 담을 쌓고 문을 만들어 경계를 정하니, 지금은 왜인이 우리 백성들과 섞이지 않아 조금은 구별이 있습니다. 그러나 역관이나 주민들이나 교활한 왜인들이 이를 불편하게 여기고 있으니, 후일에 법령이 해이해지면 간민(奸民)들이 전에 살던 곳으로 돌아가 살거나, 교활한 왜인이 신촌(새로 옮긴 마을)으로 나오거나 하지 않는다는 보장이 없습니다.

새로 담을 쌓아 문을 만든 곳에 군관 등을 시켜 지키게 하지는 못했으나, 5일씩 나누어 본청의 수직인(守直人) 중에 도장(都將) 1인, 부장(部長) 2인과 요미(料米, 급료로 받는 쌀)를 받으면서도 긴요하게 수직하는 일이 없는 2인으로 하여금 밤낮으로 수직하게

했습니다. 이 또한 조정에 정한 규정이 있어야 영구히 좇아서 행할
수 있습니다.”

둘째, 몰래 신촌으로 들어온 왜인에 대해서는 이미 왜관에서 함
부로 뛰쳐나온 죄를 범했으니 붙잡아 관수왜에게 보내 조약에 따
라 죄를 다스리도록 한다. 또한 왜인을 접촉한 집의 주인은 잠상률
(潛商律, 법으로 금지하는 물건을 몰래 외국에 판매하는 상인을 처벌하
는 법률)로 처벌할 것, 왜인이 혹 잠시 잠입했으나 즉시 관에 고해
잡게 한 자는 그 죄를 면해줄 것, 역관이 공사로 왜관을 출입하거
나 왜인이 훈도·별차의 집으로 나오는 경우에는 모두 두 사람이
짝을 지어 상대할 것 등을 규칙으로 만들 것을 건의한다.

셋째, 미곡의 경우 날마다 교역하는 것을 엄금하고 6대 개시일
(開市日)에만 교역하도록 변경한다. 이 조치에 대해 왜인들은 물론
일부 주민들의 반발이 거셌지만 몇 달이 지난 후에는 진정되었다.

“처음에는 시장에 모이는 왜인과 우리 주민이 많아서 서로 다투
는 폐해가 있었다. 이런 문제를 줄이기 위해 통사와 부장 20인에
게 별도로 사무를 맡겨 서로 간의 분쟁을 방지할 것, 교역한 물건
값은 문안에서 주고받을 것, 별도로 사무를 맡긴 부장 6인이 문안
으로 들어와 왜인과 주민이 서로 얽히는 것을 방지할 것, 이름을
대조해 문안으로 들여보내고 호명하는 자는 나오게 할 것, 모두
다 나온 뒤에 군관과 수세관(收稅官, 조세를 걷기 위해 지방에 파견하
던 중앙의 벼슬아치)이 맨 나중에 나올 것 등을 엄히 분부하여 5~6

개월을 시행했더니 일의 두서가 잡히고 왜인과 교역하는 규례가 되었습니다."

넷째, 교역물의 거래를 총량 방식으로 진행하도록 한다. 당시 왜인들은 교역물의 값으로 은을 사용했는데 자기들이 좋아하는 사람에게는 제값을 주고 미워하는 사람에게는 시일을 끌고 제값을 쳐주지도 않았다. 그러다 보니 상인과 역관들은 그들에게 아첨하고 심복이 되기를 경쟁하는 웃지 못할 일이 벌어졌다.

이를 해결하기 위해 그는 각각의 상인이나 역관을 구분하지 않고 우선 왜인들로부터 거래 대금의 총량을 은으로 받아 오도록 했다. 그런 다음 세부 거래 내역에 따라 분배하도록 했다. 즉 훈도나 별차로 하여금 공청에서 회합하여 상인과 역관들을 일제히 앉혀 놓고 물품의 종류, 수량, 품질 등의 고하, 선납 시기 등에 따라 공정하게 나누어주도록 했다. 혹 그중에 공정하지 못하다고 생각하는 사람이 있으면 관에 고소장을 내어 처결토록 했다. 이렇게 하면 가격 산정 권한이 왜인에게 있지 않으니 역관이나 상인들이 저들의 심복이 되지 않을 수 있다고 본 것이다.

다섯째, 교역물의 입문기(入間記, 왜관 안으로 들어간 교역물품을 기록한 장부)를 단단히 봉하도록 하고, 한 통을 등사해 훈도·별차에게 준다. 후일 은을 내어줄 때 이에 따라 나누어주고, 조금이라도 어긋남이 있을 경우에는 모두 잠상률로 논죄하도록 한다.

아울러 역관들은 일체 자기 이름으로 피집(被執, 인삼, 약재 등의 물화를 선매하는 교역)하지 못하게 해 중간 이익을 챙기거나 거래 과정에서 왜인에게 유리하게 편들어 주는 폐단을 막고자 했다. 그는 "전에는 역관이 물화를 팔고자 하면 서울에 있는 사노의 이름을 대어 왜인이 역관의 물화인지를 모르게 했다고 합니다. 그러니 오늘 이후로는 역관의 이름으로 피집하지 못하게 할 것과, 피집해야 할 호조와 각 아문의 물화도 모두 상인의 이름으로 피집해 국가의 체통을 높이도록 하며, 각 아문의 피집도 연대순에 따라 분할해 받아내고 공물이라는 이유로 먼저 받아내거나 많이 받아내어 상인의 이익을 빼앗지 못하도록 규칙을 정해 시행하소서."라고 진언했다.

여섯째, 왜인들이 역관들을 회유 포섭하기 위해 실시하고 있는 연회 등을 중단토록 하고, 대마도주로부터 받고 있는 사례금을 대체하는 방안을 마련한다. 당시 왜인들은 역관을 회유 포섭해 교섭 관계를 유리하게 만들려는 시도를 다양하게 벌였다. 예를 들면 왜인들의 명절 때가 되면 동래부와 부산진의 훈도·별차를 초청해 선상연회를 베풀었다. 권이진은 이를 '나라의 신하된 몸으로 도리(島吏)의 무리와 사교를 맺어 그들의 요구에 응하는 것'으로 규정해 중단시킬 것을 건의했다.

한편 역관들은 매년 대마도주가 주는 사례금 1천 냥을 받아 생활비와 왜인 접대비로 쓰는 것을 오랜 규례로 삼아왔다. 그는 이 역시 국체를 손상시키는 큰 요인임을 지적하며 앞으로는 이를 사절하고 동래부가 거두는 상세(商稅)와 호조의 삼세(蔘稅)에서 일부를 떼어 그 비용을 충당하는 방안을 마련했다.

일곱째, 훈도·별차의 직임이 국체와 관계되는 중요한 것이며 고달픈 일이 많은 만큼 후한 녹봉으로 생계를 보장해 주도록 한다. 그래야만 염치를 지키고 처신을 깨끗이 하도록 엄중히 규율할 수 있다고 본 것이다.

"대마도주가 매년 훈도에게 은 1천 냥을 주고, 그 중에서 약간을 덜어내어 역관과 관계있는 여러 상급 관청의 아전들에게 나누어 주게 하는데, 이 일이 행해진 지 오래되어 이미 규례가 되었습니다. 교제하는 사이에는 비록 선물을 주는 일이 있다고는 하지만 남의 천금을 받는다면 어찌 은혜를 보답하는 도리가 없겠습니까? 저 도주가 우리 관리로 하여금 천금을 받게 한 것을 국가의 체통으로 보면 어찌 한심하지 않습니까?

훈도와 별차가 왜인을 응대하는 경비가 적지 않은데도 이들이 제 일은 뒷전으로 미루고서 왜인에게 영합하는 것은 오로지 자기의 생계만을 생각하기 때문입니다. 지금 금단하여 받지 못하게 하더라도 따를 리가 없고, 사세 또한 구애되는 바가 많으니 조정에서 변통해 그 수에 준하는 돈을 대신 준 뒤에야 우리가 마음대로 다룰 수 있습니다.

(중략) 고인이 된 상신 민정중(閔鼎重)이 부사로 있을 적에 역관이 천금을 받은 일을 논계하자, 원망이 떼를 지어 일어나 시끄러움이

그치지 않았습니다. 명망이 높은 선배도 이런 원망을 받았는데, 하물며 변변치 못한데다가 외롭고 약하기까지 한 신이 어찌 스스로 위태로움을 느끼지 않을 수 있겠습니까. 그러나 근자에 저들의 형세는 날로 교만해지고 나라의 체면은 날로 낮아져서 진실로 매우 마음이 아픕니다. 신이 열거한 것들은 변통하기 어려운 일이 아니기 때문에 감히 이렇게 일일이 계품합니다."

권이진은 일찍이 노론의 중진인 민정중이 이 문제를 개선하려다가 역관들의 반대로 실패했던 사실까지 상기했다. '사례금'의 이면에는 역관에서 조정 대신으로 연결되는 비리의 사슬이 이어져 있어 자신의 힘만으로는 쉽게 해결하기 어려운 문제라고 간파했던 것으로 보인다.

여덟째, 역관들의 위장된 중계무역을 중단하도록 한다. 그는 "연경에 갔던 역관이 무역한 백사(白絲, 명주)를 직접 가지고 와서 왜관에 피접하면서 공물(公物)이라고 칭하여 마치 조정이 북쪽에서 사다가 남쪽에 파는 것처럼 하니, 이는 이웃나라가 듣게 해서는 안될 수치스러운 일입니다. 한양에서 직접 동래상인에게 팔아 그 값을 받는 것이 역관이 피접하고서 받는 값보다 덜하지는 않을 것입니다."라며 역관들의 잘못된 상행위를 지적했다.

아홉째, 인삼과 은에 대한 세금을 호조에 보고하고 보관토록 한다. 당시 동래의 인삼과 은에 대한 세금은 관례적으로 동래부에서 사용하고 있었다. 그러나 이 세금을 사용하게 되면 실제 거래된 물품의 양을 비변사에 보고하지 못하게 된다. 그러면 관청에서는 거래 가격을 추궁할 수 없게 되어 왜인과의 거래가 문란해지고, 가격 결정권이 저들에게 있어 상인들이 왜인들의 눈치를 보는 폐단이 발생한다. 그래서 그는 인삼과 은에 대한 세금을 쓰지 못하게 하고, 상세 장부를 지통에 단단히 보관해 뒷날 참고할 수 있는 근거로 삼았다.

그리고 상세를 호조에 보고하고 누락된 부분은 별도로 문서에 기록해 후임자에게 모두 보고토록 했다. 그러자 군관과 향임의 무리들이 상세 전부를 호조에 보고하면 관례가 무너지고 뒷날 관부의 폐단을 야기시킬 것이라며 반발했다. 이에 거둔 세금의 약간을 사용할 수 있는 단서를 달아 당초 안대로 시행토록 했다.

권이진은 '제변지계'를 통해 실무관인으로서 해야 할 구체적이고 실효적인 방책 수립의 전범을 보여주었다. 이를 통해 당시 국경에서 이뤄지던 교류의 실상과 더불어 외교와 무역에 직간접적으로 관여하던 관리들의 태도와 유착관계 등 비리를 구체적으로 알수 있게 되었다. 또한 국가를 대신해 변방의 수령으로 부임한 관리가 어떻게 임무를 수행하느냐에 따라 국가의 체면과 실리를 좌우하게 됨을 확인할 수 있었다.

성공적 실무관인

   동래부사 권이진의 훌륭한 업무 수행에 주목해 온 김준석 연세대 교수는 성공적 실무관인(實務官人)의 전형으로 그를 평가한다. 김교수는 〈탕평정국기의 실무관인〉이라는 논문에서 동래부사 시절 권이진이 왜와 상대하며 보여준 전략적 문제 해결 능력에 주목한다. 김교수는 여기서 당시 '도서(圖書)'와 관련된 대응책에 특히 관심을 갖고 평가하는데 그의 견해를 직접 확인해 보기로 한다.

   "도서란 예조에서 동인(銅印, 구리로 만든 도장)을 찍어 대마도주에게 발급한 입국허가증서였다. 도서는 단순한 입국허가증서일 뿐만 아니라 개항장인 부산포에서의 무역허가장이기도 했다. 대마도는 자체의 산물이 별로 없어 조·일간의 중계무역과 조선 미곡의 수입을 통해서 지탱하는 처지였으므로 그들에게 있어 도서

의 경제적 의미는 대단히 중요한 것이었다. '기유약조'의 핵심내용
도 세견선(歲遣船, 세종 때 대마도주의 청원을 들어주어 삼포를 개항하
고, 내왕을 허락한 무역선)의 규모·쌍수와 함께 도서발급 규정이었
음은 물론이다.

한편 권이진은 왜관의 유래, 대마번과 덕천막부와의 관계, 대마
도의 조·일(朝·日) 외교관계에서의 지위 등에 대해 문헌적으로 연
구했으며 나아가 왜인들의 교섭자세·접촉요령, 종래 조선 관리들
이 접촉과정에서 드러낸 무능과 약점 등에 대해서도 충분히 검토
하고 있었다. 어쩌면 이 시기 외교전문가로서 일가견의 지식과 능
력을 갖추었다고 할 수 있을 것이다."

김교수는 권이진의 전문가적 소양과 전략적 문제 해결 방식에
주목한다. 권이진은 도서를 왜인들이 조선에 충실하고 한결같이
신의를 지키는 데 대한 반대급부로 발급되어야 하는 것으로 인식
했다. 그래서 왜인들이 도서를 통해 경제적 혜택을 누리고 있는 만
큼 이를 이용해서 우리의 정당한 요구를 관철시켜야 한다고 주장
했다. 즉 왜인들이 우리 측의 요구를 제대로 수용한 이후에 도서
를 재발급할 수 있고, 이후의 관계도 이에 따라 풀어가는 지렛대
로서의 성격을 최대한 활용해야 함을 강조했다.

조정도 대외교섭의 현지 책임자인 권이진의 대응 방안에 힘을
실어주었다. 그러자 왜인들은 상간(相姦)사건과 관련해 왜측 죄인
을 돌려보내겠다고 통보한다. 그러나 그는 "서계 없이 송환되는 죄

인은 이제 받아들일 수 없다."고 통고한다. 왜인들이 서계를 작성하려면 대마도주의 이름으로 그동안의 잘못을 인정하고 향후 유사한 사태에 대한 책임도 명시해야 할 뿐 아니라 관수왜 이하 왜관의 간부들에게 모두 그 죄를 물어야 할 형편이었다. 또 저들의 향응과 뇌물에 놀아나거나 이권에 개입한 훈도, 별차 등 역관들의 비리가 드러날 상황이었다.

그는 이와 같은 방침을 관철하기 위해 왜측에 엄중한 입장을 전달한 것은 물론 조정에 대해서도 왜인들의 간청에 누그러져서는 안되는 이유를 적극적으로 환기시켰다. 이번 일을 소홀히 처리하면 후일에는 서계를 거절당한 모욕보다 더한 곤경에 처하게 될 것이라고 진언한다. 또 도서의 발급을 중지함으로써 왜인들에게 엄중히 책임을 따지고 벌을 내리는 의미가 있다는 점을 강조했다.

도서 문제는 실제로 왜측에게 가장 중요한 문제였다. 사건 후에도 왜인들은 권이진에게 도서의 발급을 간청했으나 여의치 않자다른 방법을 강구하게 된다. 즉 역관들을 통해 당상역관 한후원등에 줄을 대고 조정의 대신들에 직접 청원하려 했다. 그러자 조정에서는 왜측의 도서발급 요청을 수락할 태세였다. 이에 권이진은간곡히 반대하면서 이런 절차로 도서가 재발급되면 동래부사로서는 이후 왜인의 문란을 제압할 수단이 없게 되고, 왜인들은 더욱느긋해져서 '국체를 존중하고 국위를 신장하는' 길이 아주 멀어지게 된다고 크게 우려했다. 그의 이런 충정어린 제안에도 불구하고

3. 자주 외교, 국방을 위해

조정의 결정은 취소되지 않았다.

외교 일선에 선 그는 왜인들의 교활한 편법을 꺾어 놓고자 최선을 다했다. 그러나 대왜(對倭) 관계에서 늘 문제되던 조정의 안이한 대처로 그의 뜻은 이뤄질 수 없었다. 그럼에도 불구하고 김교수는 그가 변신(邊臣)의 입장에서 '제변지계'라는 이름으로 조정에 건의하고 몸소 실천한 점을 높이 평가했다.

"시혜자와 수혜자라는 관계 설정과 이에 근거해서 조선·대마의 위상을 상하·주종의 관계로 관철해 감으로써 이 관계의 정상 궤도를 모색하려는 권이진의 발상은 실리와 명분의 양면을 모두 충족시키는 차원에서 문제를 풀어가는 일선 실무가의 태도라고 할 수 있지 않을까. 아무튼 그는 그때그때의 상황에 대처해서 직접적이고 구체적인 조치를 마련하되 이를 규정과 원칙에 충실하게 추진했다. 정확한 실상을 조정에 보고하고 자신이 생각한 해결 방안을 아울러 건의하여 승인을 얻어 이를 정식화해 가는 일이었다."

이러한 사실들을 거론하며 김교수는 "이 시기 조일관계에 대한 근래의 연구에서 밝혀지고 있듯이 권이진은 조선 조정과 일본 막부 사이에 이루어지는 외교 관행의 의의, 그 중개역을 담당한 대마도주의 위치와 이해관계 등에 대해서 당시의 관인으로서는 매우 정확히 이해하고 있었던 것이다."라고 높이 평가했다. 김교수는 어쩌면 그에게서 선구적인 근대 관인의 면모를 보았던 것이 아닐까 싶다. 일본에 비해 국가경쟁력이 앞선 오늘날에도 대일관계에서 소신없이 눈치나 보며 여전히 저자세를 보이는 정치인들과 외교관리들은 되새겨 보아야 할 대목이 아닐 수 없다.

열 번이나 오가며 수립한 금정산성 계획

　권이진은 동래부사로 재임하면서 외적의 침입에 대비해 변방의 방어를 강화하는 국방대책 마련에도 열중했다. 나라의 동남해안 지역은 숱한 왜구의 침입과 임진란을 겪으면서 외적의 침입에 매우 취약한 지역이 된 지 이미 오래였다. 동래부에서 부산까지는 10리 남짓에 불과하고, 대마도에서 우리 해안까지는 반나절에 불과한 거리이다. 일본이 다시 쳐들어오면 우리가 알아차렸을 때는 적이 이미 등뒤로 쫓아올 수 있을 정도였던 것이다. 그는 대마도가 "맑은 날 높은 곳에 올라 그 산의 나무를 바라보면 가지와 잎사귀를 구분할 수 있을 정도"라고 했다. 당시에는 미세먼지도 없었으니 지금보다 훨씬 더 가까워 보였을 것이다.

　권이진은 임진란 당시 대마도를 정벌할 수 있는 기회를 놓친 것에 대해 원통함과 아쉬움을 토로하기도 했다.

"태종대는 절영도의 동쪽 모퉁이에 있다. 동쪽으로 바라보면 대마도가 한눈에 들어온다. 인하여 임진년의 일을 생각하면 개탄스러운 감회가 일어난다. 이 대마도가 평소에는 우리나라의 은혜를 많이 받았으나 평수길(平秀吉, 도요토미 히데요시)이 날뛰자 우리나라의 일을 다 알려주고 그들의 앞잡이가 되었는데 그 당시의 죄인 종의지(宗義智, 소 요시토시)가 괴수였다. 소서행장(小西行長, 고니시 유키나가)이 철수하여 돌아가고 아직 강화를 청하기 전에는 중국 군사가 부산에 있었다. 이때 만약 편장(偏將, 대장을 돕는 한 방면의 장수) 한 사람을 보내 중국 군사와 합세하게 했다면 새벽에 출발해 정오에 도착해 섬 오랑캐를 다 죽여서 하늘에 닿을 듯한 울분을 다소나마 분풀이할 수 있었을 것이다. 듣자니 대마도에서 일본까지는 바다 길이 천 리라고 하니 비록 덕천가강(德川家康, 도쿠가와 이에야스)이 응원 군사를 즉시 보낸다고 하더라도 반드시 제때에 이르지 못할 것인데 당시의 변방 장수가 겁을 먹고 계획을 세우지 않은 것이 한스럽다. 편비(偏裨, 각 영문의 부장이나 편장) 등에게 이러한 말을 해주고 온종일 서성이며 개탄스러움을 감당할 수가 없다."

동남해안의 지정학적 사정을 감안할 때 금정산성은 동래에서 20리 밖에 있어 적이 쳐들어올 경우 주민들이 제때 성에 들어가기 힘들고, 기껏 3~4백 명의 군사를 가지고 있는 주변의 양산과 기장

3. 자주 외교, 국방을 위해

에서 적을 뚫고 성안으로 들어오는 것도 어려운 형편이었다. 권이진은 이런 지리적 취약점을 극복하기 위해서는 강력한 산성의 구축과 주민의 이전이 반드시 필요하다고 보았다. 그는 부임 초부터 이 문제로 장계를 올렸으며 재임 동안 지속적으로 산성의 재건을 호소했다.

권이진은 열 차례나 금정산성을 답사하는 한편 문헌적인 검토를 통해 산성의 대대적인 수축이 필요하다고 주장했다. 일본의 장기(長崎, 나가사키)에서 제주도와 흑산도를 거쳐 중국의 복건·절강성에 이르는 해로는 군사·교역상으로 매우 중요하다. 고려말에 왜구가 육로로는 연기에 이르고 해로로는 강화에까지 이르렀는데, 이때에도 동래를 소굴로 삼았다. 또 임진왜란 때 왜군이 7년이나 버틸 수 있었던 것은 동래 거주민과 이웃 고을의 주민을 동원해 경작하며 보급했기 때문이다. 그 당시 기록을 보면 "왜적이 동래를 근거지로 삼고 울산과 김해를 좌우의 날개로 삼았다."고 한다.

그런데 동래에는 고려 때 지은 부성(府城)이 존재했지만 뒤로 작은 산을 등졌을 뿐 앞으로 멀리 내다볼 수 있는 시야가 좁은데다 안에는 의지할 만한 험애(險隘, 지세가 가파르거나 험해 막히거나 끊어진 곳)가 없어 지구전에 지탱할 형세가 못되었다.

금정산성은 지세를 볼 때 서쪽으로는 낙동강에 임해 있고 동쪽으로는 큰길을 굽어보고 있어 산을 오르면 울산, 경주 등지에 이를 수 있다. 바다를 건너면 곧장 김해, 웅천(熊川, 현재 창원시 진해구에 위치하며 읍성이 남아 경남 기념물로 지정됨) 등의 고을로 통한다. 북쪽으로는 대구·성주까지 거슬러 올라갈 수 있다. 또 대마도뿐 아니라, 우리나라 배가 수영과 부산 등지에 정박하는 것과 마도(馬島, 경남 사천)에서 서쪽으로 거제·웅천에 이르는 수로가 다 눈앞에 들어와 또렷하게 알 수 있고, 김해와는 강을 사이에 두고 바라볼 수 있다. 수로나 육로가 모두 30~40리이니 요충지라 아니할 수 없다. 권이진은 김해와 금정산성은 상호보완적인 방어 기점이 될 수 있음을 강조했다. 그런데 1703년(숙종 29년)에 금정산성이 축조되었지만 규모와 형세에서 그 실효성이 의심스러웠다. 산성으로서 너무 광활할 뿐만 아니라 지세도 공격하는 적이 은신하기 쉽고, 방어에 적합하지 않았다.

그래서 그는 골짜기 사이에 낮게 위치한 서문을 높고 평평한 곳으로 옮기면서 성역을 축소하는 방안을 수립한다. 이에 따라 동절기 군사훈련을 이용해 전시를 가상한 군사 배치를 실행해 본다. 휘하 3개 읍의 속오군(束伍軍, 조선 후기 속오법에 따라 편성한 지방 군대) 7백 명, 본부의 아병(牙兵, 본영에서 대장을 수행하던 병사) 5백 명, 본부의 군관(軍官) 이노(吏奴)로 구성된 1천 명, 기타 승군(僧軍) 장교 등 총 3천 명의 인원을 동원해 일렬로 배치해 본 결과 10보 사이에 겨우 두세 명을 세울 수 있을 뿐이고 권이진이 직접 지휘하기 위해 장대에 올랐으나 전체의 상황을 한번에는 도저히 파악할 수 없어 일일이 전령을 띄워야만 하는 형편이었다. 결국 서문의 이전을 통

3. 자주 외교, 국방을 위해

한 산성의 구축은 적절치 못한 것으로 확인되었다.

고려 때 왕가도(王可道)가 개성부의 성주를 정했던 방법을 도모했으나 역시 실효성이 없었다. 3천 명의 군사를 소집하는 데 백여 리 안팎에서 10여 일이나 걸린 반면, 대마도를 출발한 왜가 부산 해안에 상륙하는 데 걸리는 시간이 불과 몇 시간밖에 되지 않는다는 점을 감안하면 2만 명의 인력을 산성까지 동원하는 것은 불가능한 일이었다.

그래서 권이진은 중성을 축조할 때 포기했던 외성을 수축하는 방안을 생각한다. 그는 상소를 통해 축성의 필요성을 강조했다.

"신이 열 번이나 오가며 백방으로 생각해 보니, 병술년에 버려둔 외성을 수축하면 될 듯합니다. 용암에서 북쪽으로 빙 돌아 범어사 뒤쪽 기슭에 이르러 고모봉으로 거슬러 올라가는데, 고모봉의 남쪽 자락은 서쪽으로 낙동강에 임하여 성의 서쪽 성가퀴(성벽 위에 설치한 높이가 낮은 담)가 되고, 용암의 서쪽 자락은 동쪽으로 내성을 굽어보고 있어 성의 동쪽 성가퀴가 됩니다. (중략) 남문 밖은 수백 보에 이르는 비탈이 성안을 굽어보고 있으니 그곳에도 곡성을 별도로 축성해 유격병을 막아야 합니다. 둘레가 지척으로 40,344자 즉 6,724보 18리인데 내성에 비하면 거의 반이나 줄어드니 이것이 외성을 축성해야 하는 첫 번째 이유입니다. 내성 안은 언덕이 높고 골짜기가 깊어 서로 볼 수가 없지만, 이곳은 내부가 좁아 다 볼 수 있으니 이것이 외성을 축성해야 하는 두 번째 이유입니다."

건국 이후 최대의 수난이었던 왜적의 침입에 대비해 직접 험산을 열 번이나 오르며 수축의 이유와 그 효과를 이처럼 꼼꼼히 구상한 관리가 또 있었을까 하는 생각이 든다. 그것도 조정의 지시에 의해서가 아니라 본인의 판단에 따라 자발적으로 추진한 것이다. 그만큼 권이진은 나라와 민족을 사랑하고 지키기 위해 헌신한 인물이었다.

그는 산성 수축에 필요한 물자에 대해서도 상세히 제시한다.

"만약 해마다 모곡(耗穀, 각 고을 창고에 저장한 양곡을 봄에 백성에게 대여했다가 추수 후 받아들일 때, 말[斗]이 축나거나 손실을 보충하기 위하여 10분의 1을 덧붙여 받던 곡식) 1만 섬을 얻어 전에 가지고 있던 쌀과 베를 통계하면 유격수 5백 명을 모을 수가 있으니, 사람들에게 2섬의 곡식을 월급으로 주고 겨울과 여름에 옷가지와 물자를 넉넉하게 주어 몇몇의 식구가 있는 집에서는 생활할 수 있는 만큼 성안에 집과 가구를 갖추어 늘 살 수 있게 하소서. 부역은 하루면 5백 명, 한 달이면 1만5천 명, 열 달이면 15만 명의 분량을 하게 되니, 만약 2년을 기한으로 하되 비바람 치고 덥거나 병들거나 일이 있는 경우를 제외하면 2년 가운데 평균적으로 10만 명이 3일의 부역을 하는 것과 같은 효과를 거둘 수 있어서 오랫동안 견딜 수 있고 일도 손에 익게 됩니다."

그가 일을 구상하고 구체적으로 타산하는 과정을 보면 얼마나 치밀하게 준비했는지 확인할 수 있다. 그야말로 실사구시의 전범

3. 자주 외교, 국방을 위해

을 보는 듯하며 실학의 실마리가 그와 같은 실천적 관인에게서 나온 것이 아닐까 하는 생각이 들게 한다.

성안으로 읍을 옮겨야

권이진은 산성이 수축된다고 해도 이후 왜적에 맞서 수비하고 그 기능이 지속적으로 유지되기 위해서는 인구가 유입되고 먹고살 수 있는 일이 필요하다고 생각했다. "성은 읍이 되지 않을 수 없고 읍은 성이 되지 않을 수 없다."는 결론에 이르렀다. 이른바 '이읍입성(移邑入城)'론이었다. 그는 산성에서 낙동강까지는 곧장 5~6리밖에 안되는 탄탄한 길이 있고, 부민의 생업이 거의 소금을 실어 강에 오르거나 물건을 가지고 바다로 나가는 것인데, '관부(官府)의 은전'과 '강해(江海)의 편리'가 이 정도면 부읍을 옮겨 세울 만한 기본조건이 된다고 보았다. 또 애초에 성을 쌓는 데 참가했던 장정이 가정을 꾸려 살았으니, 일이 끝난 뒤에 조금 더 경영하여 흩어지지 않게 한다면 이들이 성을 지키는 군졸이 되고 성안의 백성이

3. 자주 외교, 국방을 위해

될 것으로 전망했다. 또 본부를 따라 옮겨 온 상인과 아전, 종들도 있어 몇 년이 지나면 자연스럽게 고을을 이룰 수 있을 것으로 보았다.

그리고 가까이에 양산 감동창(甘同倉, 낙동강의 감동포에 위치한 창고)이 있어 영남에서 실어 오는 물자를 받아들이고 남북으로 오가는 배들이 모여 부민과 거상 수천 호가 있으니, 이들을 동래부에 분속시키면 건강한 군졸과 많은 군량을 확보할 수 있었다. 또 양산의 읍치를 이곳으로 옮기고, 비상시 인접한 범어사의 승려들과 식량·물자를 활용하는 방안도 고려되었다.

권이진은 축성에 필요한 비용은 결코 백성에게서 거둬들여서는 안된다고 했다. 대신 왜인에게 공급하는 쌀과 포목 중에서 적절하게 전용해 사용할 것을 제시했다. 또 상사나 차인(差人, 관아에서 임무를 주어 파견하던 사람)에게 점탈당하고 있는 공목(公木, 일본과의 공식무역에서 일본 사신이 가지고 온 상품의 대가로 내주던 무명)의 방납을 금지하고, 상세(商稅)를 허용해 2~3년 동안 최대한 경비를 동원해야 한다고 강조했다. 그의 이러한 축성 계획에 대해 김준석 교수는 실사구시의 모범적 사례로 평가한다. 앞서 거론한 〈탕평정국기의 실무관인〉에서 김교수는 다음과 같이 기술하고 있다.

"권이진의 읍성과 산성을 일치시키자는 견해, 즉 이읍입성론은 일단 평시의 생활근거지가 곧 전시의 방어 요충이라는 인식을 동래부의 경우에서 현실화하려는 대왜(對倭) 방어 구상이라고 할 수 있겠다. 따라서 이는 종래의 '폐읍입보(廢邑入保)'를 근간으로 하던 소극적 대적 방식으로부터 적극적 국토방어책으로 전환하려는 것이기도 했다. 이 점은 그보다 앞선 시기인 유성룡(柳成龍)의 '청야입보(淸野入保)' 산성론의 단계를 극복하고 유형원(柳馨遠)의 유성전수론(留城戰守論)과 발상을 같이하는 것이다. 나아가 그 다음 세기의 정약용(丁若鏞)의 '민보(民堡, 백성의 힘으로 쌓아 만든 보루)'설로 계승되는 것이다. 그의 경우 행정 일선의 실무 책임자로서 현지 실상의 조사, 연구를 통해 구체적인 실행 방안을 계량적으로 제시하고 있는 점에서 더욱 주목할 바가 있다고 하겠다. 더구나 이를 시행해 가게 된다면 인구의 이동과 상품 유통경제의 성장을 당연한 것으로 인정하고 그 촉진책까지도 마련했을 것으로 예상되는 점에도 그 의의가 크다 하겠다."

그는 부임 초 두 차례 장계를 올려 축성을 건의했으나 경상관찰사와 상의하라는 지시만 있을 뿐 3년이 지나도록 정부도 관찰사도 기미를 보이지 않았다. 그는 매우 실망하며 "감히 만 번 죽을 것을 각오하고 이 성에 관한 일을 다 아뢰어 직분의 만분의 일이나마 보답하고자 한다."며 세 번째 장계를 올렸다. "3년 동안 직접 보고 생각했던 것을 아뢰는 것이지, 일시적인 소견과 좋은 점을 말하는 남의 말을 듣고서 우러러 성상께 아뢰는 것이 아니니, 삼가 바라건대 널리 하문하여 속히 처분을 내리시고 오랫동안 이것을 방치하지 마소서."라며 절절한 심정을 밝힌다. 이런 끈질긴 그의 노력에도 불구하고 금정산성의 수축은 이뤄지지 않았다.

그 당시 가뭄이 계속되자 그는 태종대에서 기우제를 지내고 쌓였던 울분과 답답함을 토로한다. 왜구에 대한 원한과 아쉬움이 짙게 배어있는 시에서 그의 애국심을 다시 한 번 확인할 수 있다.

상서로운 구름 덮인 외로운 섬 바라보니
지나간 만력의 일(임진왜란)은 차마 말할 수 없네
악어의 떼거리가 하늘 그물에서 빠져나가고
맹수의 무리들이 바다 성에서 잠자고 있네
호랑이 소굴을 탐색해야 바야흐로 장사이니
고래를 베어 죽이면 울분을 씻을 수 있겠네
그 당시 일을 추구해 보니 감개함이 일어나
태종대 저무는 해에 가슴이 불타는 듯하네

영호남 연안의 방어책 강화

당시 북쪽 변경에 편중된 국방정책에 대해 권이진은 비판적인 생각을 갖고 있었다. 김준석 교수는 권이진이 당시 국방의 실상과 개선책을 제대로 파악하고 있었다고 평가한다.

"18세기초 정부의 외적 방위계획은 지나치게 북변에 치우쳐 있다는 것이 권이진의 판단이었다. 요동 방면이 중요하다 해서 영호남의 방어를 소홀히 한다면 이는 각주구검(刻舟求劍)과 같다는 것이었다. 그는 중국 연해지방에는 해구가 끊이지 않으며 이들이 왜구와 연결해 우리 연해의 군읍에 출몰할 가능성이 매우 많다는 점, 고려시기에도 중국의 명주에서 우리나라 흑산도까지는 바닷길로 7일의 거리밖에 안되었고 권이진 당시에도 소주의 상해현으로부터 불과 10일 만에 영암·장흥에 닿을 정도로 가까운 거리라

3. 자주 외교, 국방을 위해

는 점 등을 들어 남해 연안 방어의 중요성을 환기시켰다.

이어서 자신이 연안 지방관으로 전전하며 군포·장사·훈병을 포함한 군비·군기를 살핀 바 여러 영진(營鎭)의 방위 태세가 믿을 만한 것이 거의 없다고 판단했다. 즉 군진이면서도 군관 1, 2명과 사환 몇 명밖에는 없으며, 닥치는 대로 긁어모은 군포는 시늉뿐인, 급료를 제하면 거의 변장의 사복에 들어가며, 첨사(僉使, 진에서 수군을 거느려 다스리던 군직)·만호(萬戶, 여러 진에서 마병과 보병을 통솔하던 종사품 무관 벼슬)의 무리는 모두 재상가의 수종자일 뿐이라고 개탄했다. 또 늙고 잔약하여 풍화의 요행만을 바라는 병졸, 농번기에 당하여 독촉이 빗발치는 군포의 징납, 이것이 생민의 고통이며 방위의 허상임을 심각하게 지적했다. 그는 이 시기 군역제의 모순과 진영체제의 붕괴, 이에 직결된 농민 부담의 불균·과중 현상을 정확히 파악하고 있었던 것이다."

김준석 교수의 논문에도 거론되고 있듯이 권이진은 장계를 올려 상시병의 핵심 직무가 재상집 시종의 취직자리로 전락한 군영의 현실을 고발하였다.

"가혹하게 거두어들인 군포와 돈은 진영에 이른 뒤에는 다 변장(邊將, 첨사, 만호, 권관을 통틀어 이르는 말)의 잡비로 들어가고, 이른바 공용이라고 해서 사환 등 몇 사람에게 주는 것은 1필이나 1필 반에 불과합니다. 첨사나 만호는 다 재상의 근수인(跟隨人, 종친이나 벼슬아치가 외출할 때 따라다니며 시중들던 종)이거나 군문의 늙은 아병(牙兵, 본영에서 대장을 수행하던 병사)이라서 모양이 말이 아닙니다."

아울러 그 개선책을 제안하였다. 한 명의 군졸에 세 명의 보인(保人)이 있어, 한 명은 쌀을 내고 한 명은 베를 내고 한 명은 군장을 마련하는 것이 '1졸 3보'의 원칙이다. 조선 초기에 지켜졌던 이 원칙은 당시에는 어영군(御營軍)에서만 유지될 뿐이었다. 권이진은 해방책(海防策)의 일환으로 이 제도를 도입하면 농민들의 군역 부담이 가벼워지고 방수(防戍, 수자리를 살피면서 국경을 지킴) 대책도 개선될 것으로 보았다. 전선 1척을 운용하는데 바람이 잠잠한 6개월에 각 80명, 바람이 높은 6개월에 각 40명으로 1년에 총 720명이 필요하다. 이들이 베 2필씩 내고, 이들 2인에게 보인 1인이 딸리게 되므로 보인 360인에게 베 2필씩 내도록 한다. 또 진중의 날쌔고 건장한 자 80인을 뽑아 호주로 삼되 그들의 신포를 면제하고 무기를 갖추어 준다. 나머지 640명에게서 베 2필씩을 거두면 1,280필이 된다. 여기에 병보 360명이 내는 720필을 더하면 총 2,000필이 된다. 앞서 말한 80인의 호주를 한 달 간격으로 2교대로 나누어, 매달 40인에게 3필씩을 주면 1년에 1,440필이 소요된다. 나머지 560필은 변장·장교의 급료, 사환·집물(什物, 살림살이에 쓰이는 온갖 기구, 가구, 집기)의 비용에 충당해도 여유가 생겨 전선(戰船)을 건조할 수 있다는 것이다.

그는 "번에 들어가서는 활과 총을 차고 날마다 쏘는 연습을 하고, 번을 나와서는 농사를 짓거나 고기를 잡아 생활하게 하면, 유사시에는 이 80인이 다 전선에 올라 저마다 병기를 지님으로써 모두 변란에 대비하는 정예병이 될 것이다."라고 했다. 김준석 교수는 그의 방책에 대해 부분적으로 급료병제를 실행함으로써 군의 정병화와 방어력의 증대, 군역의 경감 효과를 기대할 수 있는 점에 의의가 있다고 평가했다. 권이진은 국방 분야에서도 전략적이고 치밀한 실무관인의 면모를 보여주었다.

충렬별사를 세우다

권이진은 국방대책의 일환으로 애국적 교화 방안도 강구했다. "백성들에게 사국지심(死國之心)이 없다면 비록 지리와 갑병이 갖춰지더라도 무용지물"이므로 백성들에게 이런 의리를 깨우쳐 줄 계기를 마련해야 한다고 생각했다. 백성들이 의리로 떨쳐 일어나지 못하는 것은 임진왜란 때 의리를 지켜 죽은 사람 대부분이 아직 표창을 받지 않아서라고 생각했다. 저승에 있는 죽은 영혼과 이승에 있는 사람들이 모두 억울해하고 있다는 것이다. 임진년 4월 14일에 부산첨사 정발(鄭撥)이 전사하자 성도 이어 함락되었고, 이튿날 동래성이 함락당하자 동래부사 송상현(宋象賢)이 죽었다. 그때 함께 죽은 자도 있고, 뒤따라 죽은 자도 여럿 있었다. 그후 부사로 간 윤훤(尹暄)이 순절한 곳에 송상현의 사당을 세우고 정발을 배향하니, 조정에서 충렬(忠烈)이라는 편액을 내렸을 뿐이고 그 밖의 사람들은 거론하지 않았다. 이로 인해 많은 사람들이 억울해 했다.

권이진은 그 사연을 하나하나 찾아 충렬별사를 세울 것을 조정에 강력히 건의했다. 먼저 양산군수 조영규(趙英圭)는 변란 소식을 듣고 동래성으로 달려왔다가 14일에 송상현에게 고하고서 양산군으로 돌아와 눈물을 흘리며 그 어머니에게 "지금은 집안일을 돌아볼 때가 아닙니다."라고 하고는 아들 정로에게 할머니를 모시고 피난하도록 부탁했다. 그리고 즉시 말을 돌려 동래로 달려오니 성의 포위가 이미 급박하였다. 적군의 포위를 뚫고 적과 충돌하면서 성안으로 들어와서는 송상현과 함께 죽기로 맹세하고 서로 한 걸음도 떨어지지 않고 전사했다.

동래교수 노개방(盧蓋邦)은 마침 부모를 뵈러 밀양으로 갔다가 급히 향교로 돌아오니 공자의 위폐가 이미 동래성 안의 정원루로 옮겨진 뒤였다. 그가 성문을 두드리며 통곡하니 송상현은 그를 의롭게 여겨 성안으로 들어오게 했다. 성안으로 들어와서는 위판 앞으로 가서 예를 행하고 잠시도 떠나지 않은 채 모시고 섰다가 향교 학생 문덕겸(文德謙)과 함께 전사했다. 비장 송봉수(宋鳳壽), 김희수(金希壽), 부리 송백(宋伯), 부민 김상(金祥)은 적에게 대항하다가 함께 죽었다. 송상현의 시종 신여로(申汝櫓)는 그에게 어머니가 있으므로 고향으로 돌아가도록 하여 이미 길을 떠났는데, 도중에 사변 소식을 듣고 급히 돌아와 함께 전사했다. 조영규는 다른 고을의 군수이고, 노개방은 한낱 학관으로 이미 다른 곳에 있었으니 피난하더라도 비난할 사람이 없을 터인데 죽음 보기를 마치 집으로 돌아가는 것처럼 여겨 가정을 버리고 국가를 위해 목숨을 바쳤다. 확고한 의지와 깨끗한 충성이 결코 송상현과 정발에 못지않다.

그는 "그밖에 미천한 비장, 부리, 여대(관청의 하인)로서 국난에 함께 목숨을 바쳐 의리와 절개를 지킨 자들도 모두 높이고 장려해 인륜과 강상을 붙잡아 세워야 하고, 명위(名位, 관명과 관위)의 고하로써 높이고 낮추어서는 안됩니다. 그런데 지금까지 1백 년 동안 그들의 충절이 쓸쓸히 묻혀 명절에 한 그릇의 밥으로 충혼을 위로하는 행사가 없었고, 그 성명이 겨우 정석(鄭晳)이 세운 비문 속에 전해질 뿐이니, 신은 그 일을 비통하게 여기고 그 충성을 가엾게 여깁니다. 절의(節義)를 포장해 변방의 백성을 용동(聳動, 두렵거나 놀라서 몸을 솟구쳐 뛰듯 움직임)시키는 국가의 도리로 보아도 진실로 잘못된 일입니다."라고 말했다. 이어서 그는 사당을 세우겠다는 의지를 피력하였다.

"그러므로 신은 제인(諸人)이 순절한 곳의 공한지를 매입해 몇 간의 사당을 세워 조영규, 노개방 및 제생 문덕겸을 향사하기로 했습니다. 또 동무(東廡)와 서무(西廡)를 세워 비장, 부리 이하 순절한 이들을 제사하기로 했습니다. 그러니 조정에서 충렬별사라는 편

　　　　　　　　　　　　3. 자주 외교, 국방을 위해

액을 특사하시고, 이어 관원을 보내 치제(致祭, 임금이 제문과 제물을 내려 제사하는 것)하여 1백 년 전의 충혼을 위로해 주십시오. 그렇게 하면 변방 백성들의 이목을 놀라게 해, 의리를 지키는 자는 신분이 아무리 천해도 빠뜨리지 않고, 아무리 오래되어도 잊지 않는다는 것을 알게 해 좋은 기풍을 세우고 사람이 지켜야 할 도리를 지키도록 하는 데 효과가 적지 않을 것입니다."

1709년(숙종 35년) 권이진은 조영규 군수, 노개방 교수, 문덕겸 학생을 모시는 충렬별사를 건립하고 세 사람을 위한 축문을 직접 지었다. 국가를 위해 순절한 사람들에 대해 비록 오랜 세월이 흘렀지만 정부가 그들의 희생과 공로를 기억하고 그 숭고한 정신을 기리도록 앞장서 실천함으로써 애국·애민정신의 실무관인 권이진의 진면목을 제대로 확인시켜주었다.

또한 그는 부산성의 자성(子城, 큰 성에 붙은 작은 성)에 버려져 있던 명나라 장수 만세덕(萬世德)과 그 휘하 장사 59인의 이름이 기록된 공덕비를 발견하고 이를 원래의 자리에 다시 세울 것을 조정에 요청하기도 했다.

〈동래부 순절도〉와 화기(畵記)

　권이진은 또한 임진왜란 당시 동래성에서 왜군과 싸우던 부사 송
상현과 군민들의 항쟁을 묘사한 〈동래부 순절도(殉節圖)〉와 부산첨
사 정발 등의 항쟁을 묘사한 〈부산진 순절도〉를 그리게 했다. 그림
은 충렬별사에 보관하다 충렬별사가 사라지면서 당시 안락서원인
충렬사에 봉안되었다. 이후 그림이 흐릿해지자 1760년(영조 36년)
동래부사 홍명한(洪名漢)이 동래지역의 화가 변박(卞璞)에게 시켜
황색 비단 위에 다시 그리게 했다. 현재 전해지는 것은 바로 변박
이 다시 그린 그림이다. 한편 권이진은 〈동래부 순절도〉에 대한 화
기(畵記)를 남겨 그림을 상세히 설명하고 있다.
　"그림 오른쪽에 중성에서 하늘 높이 솟은 것이 객관이며, 홍포
에 오모(烏帽, 벼슬을 하지 아니하고 시골에 숨어사는 사람들이 쓰던 검

　　　　　　　　　　3. 자주 외교, 국방을 위해

은 빛깔의 모자)를 쓰고 뜰에서 북향해 몸을 굽히고 있는 것은 송 사군(使君, 부사·목사 등을 높여 부르는 호칭)이 조용히 의리를 위해 죽음을 맞이하는 모습이다. 한 사람이 사군의 뒤에 서서 죽음으 로 향해 가는 것은 겸인 신여로이고, 예쁜 젊은 여인이 관아의 담 을 타고 사군을 향해 나가다가 왜적에게 잡히는 것은 시첩(侍妾) 김섬으로, 비록 기생이지만 또한 열녀이다. 정원 한 누각이 객관의 왼쪽에 있다. 가운데 두 사람이 난간에 시신으로 누워 있는 것은 노공(노개방)과 그의 제자 문생(문덕겸)이다. 노공은 이 고을에 교 수로 부임해 위판을 받들어 모시고 재직하다가 직분을 위해 죽었 고, 그의 제자 문생은 스승에게 배운 바를 저버리지 않았다. 또 양 조한(梁朝漢)이라는 이가 함께 죽었다고 하는데 전하는 것이 상세 하지 않아 감히 함께 열거하지 못하니 아, 애석하도다.

용맹스러운 양산군수 조공이 충분(忠憤, 충의로 인해 생기는 분한 마음) 강개(慷慨, 의롭지 못한 것을 보고 정의심이 복받치어 슬퍼하고 한 탄함)한 마음으로 달려와서 함께 죽었다. 활을 잡고 왜적을 사살하 다가 왜적에게 팔이 잘렸는데, 팔이 펄떡펄떡 살아 있는 듯하니 한 몸이 모두 의기라 할 것이다. 혹은 거리에서 싸우고 혹은 길에 서 막으면서 힘을 다해 왜적을 죽이다가 힘이 다해 죽는 모습이 있 으니, 저 세 사람은 두 명의 비장과 한 명의 아전으로, 김희수, 송봉 수, 송백이 그들의 성명이다. 저 아름다운 장부여! 누구의 집에 걸 터앉아 기와를 던져 왜적을 죽이는가? 두 여인이 이를 도와 혹은 지붕을 걷어내고 혹은 기와를 집어주네. 장부는 씩씩하고 여인은 얼마나 기특한가. 장부는 김상인데, 여인은 누구의 아내이며 딸이던가. 이름이 잊혀 전하지 않으니 슬프도다.

북문 밖에는 길로 달아나는 자가 있으니, 허겁지겁 도망가느라 몸가짐을 잃었고 미친 듯이 내달리느라 뒤돌아보지도 않는다. 저자는 평시의 대장(임진왜란 당시의 경상좌병사 이각)으로서 국은을 받아 영화를 누림이 어떠했던가? 하루아침에 국가의 위기를 만나서는 하루의 힘도 바치려 하지 않고 머리를 감싸고 쥐처럼 숨어 잠깐의 목숨을 훔치고 있으니, 나라에 법이 있다면 진실로 잡아 죽여서 그 피를 북에 발라야 할 것이다. 지금까지도 변방 사람들은 이 병사의 일을 말하기를 부끄럽게 여긴다.”

눈앞에서 당시의 생생한 현장을 보는 듯한 묘사가 돋보인다. 그가 그리게 한 〈동래부 순절도〉와 〈부산진 순절도〉는 임진왜란을 사실적으로 묘사한 그림으로 역사적으로 많은 관심과 평가를 받고 있다. 1658년(효종 10년) 민정중 부사 시절과 1670년(현종 12년) 정석 부사 당시는 순절도가 그려졌을 정황만이 포착되는 반면 권이진 부사 시절에는 두 폭의 순절도를 그린 사실이 명확히 기록되어 있다. 1709년(숙종 35년) 11월 비각을 짓고 순절도를 그려 함께 봉안했으며 화기도 남긴 것이다. 그는 사당을 세우고도 부족해 비석을 세우고, 비석을 세우고도 부족함을 느끼자, 마침내 그림을 그려 장차 이 전쟁의 기억을 마음에 담아 감격케 하고자 했다. 즉 ‘그

림'이란 시각적 장치가 충의와 절의를 상기시키는 데 문자보다 효
과가 있다고 믿었던 것이다.

한편 권이진은 그림과 함께 화기와 순절도서를 남겼는데, 화기
는 나무 편액의 형태로 새겨 걸어두었다. 나무 편액 화기는 일제시
대까지 충렬사에 보존되어 있었으나 안타깝게도 현재는 소장처
를 알 수 없다. 제작 시점으로 미루어 4월 15일 송상현의 휘일(諱
日, 조상의 돌아간 날)인 휘진제에 즈음해 제작된 것으로 보인다.
1709년(숙종 35년) 권이진 부사가 "옛 성의 남문 안에 사옥을 짓
고 그 벽 좌우에 그림을 그리게 했다."는《충렬사지》기록과 변박
의〈동래부 순절도〉,〈부산진 순절도〉〉의 제작사례로 미루어 이 작
품 역시 또 한 점의 그림과 세트로 제작되었을 것으로 보고 있다.
그는 화기에서 자신의 심정을 소상히 밝히고 있다.

"대개 사람들이 역사서를 읽다가 충신열사의 일에 이르면 그 사
람의 뼈가 이미 썩었고 그 사건의 그림자도 없어졌으며 나와 연관
된 애정과 친분이 있는 것이 아닌데도 내가 그를 위해 눈물, 콧물
이 주체할 수 없이 흐르는 것은 진실로 사람이라면 누구나 함께
부여된 천리가 본래 내 마음에 들어있기 때문이다. 하물며 우리
임금을 위해 죽고 이 성을 지키다가 죽었기에 그 강개하고 비상한
마음을 그리워함이 더욱 큼에 있어서랴! 옛날에 부사 윤훤이 사
당을 지어 송공을 제사지냈다. 민정중, 이지익(李之翼) 공이 고향 늙
은이에게 그 실상을 얻고 또 나의 외조부 송문정공 우재 선생에게

글을 청해 그 사실을 전했는데, 부사 정석이 비석을 세워 그 글을 영원히 전해지도록 하고, 또 장차 그 사실을 그림으로 그리려 했다.

지금 내가 옛 성의 남문 안 빈터를 사서 사옥을 지어 조공, 노공, 문생을 제사지내고 사당 왼쪽에 익무(翼廡)를 지어 김희수 이하 아전 송백과 백성 김상을 모두 함께 제사지냈다. 그 비석은 뜰로 옮겨 지붕을 만들어 덮었고 비석 지붕의 좌우에 벽을 만들어 공인으로 하여금 여러 사람이 절의를 위해 죽은 모습과 이각(李珏)이 도주하는 형상을 그리게 해 그 사이에 두었다. 또 성이 함락된 뒤에 왜적에게 붙지 않고 의병을 일으켜 왜적을 토벌한 유민 24명의 성명을 곁에 기록함으로써 제공들이 권선징악한 뜻을 완수했다.

사당으로 부족해 또 비석을 세우고 비석으로 부족해 또 그림을 그려서 장차 이 천리(天理)를 품부(稟賦, 선천적으로 타고남)받아 마음으로 삼고 있는 사람들을 감동시키려는 것이다. 사람이라면 누군들 이 마음이 없겠으며 이 마음을 갖고 있는 사람이라면 누군들 이 천리를 갖고 있지 않겠는가? 그러므로 어찌 이 그림을 보고서 임금에게 충성하고 윗사람을 위해 죽으려는 마음이 생기지 않겠는가! 고을 사람이 전하는 말에 의하면 성이 처음 함락될 때에 왜적이 성의 동쪽 산을 넘어왔다고 한다."

이 글을 보면 그가 얼마나 정의를 사랑하고, 정의를 위해 싸운 사람들에 대한 감사와 연민의 마음을 갖고 있는지를 알 수 있다.

3. 자주 외교, 국방을 위해

또 정작 앞장서 싸워야 할 최고위 관리는 도망가고 일개 민초들이 희생당한 일에 눈물, 콧물이 절로 나온다는 부분에서는 가슴이 찡하지 않을 수 없다. 그들의 숭고한 희생에 조금이라도 보답하기 위해 사당과 비석에 더해 그림을 남기고 의병을 일으킨 민초들의 이름을 기억할 수 있는 한 최대한으로 추적해 일일이 거론하며 한 사람 한 사람 기록을 남긴 것은 그가 지향하는 인간에 대한 애정과 의리가 얼마나 투철했던가를 명징하게 보여준다.

평안감사 권이진

　권이진은 동래부사 이후 경주부윤, 영광군수, 안동부사를 거쳐 경상·경기 관찰사와 호조·공조 판서를 마친 뒤인 1733년(영조 9년) 평안감사에 기용된다. 그는 이때 이미 66세의 고령이었다. 그가 당시 소외되었던 남인이고 고령임에도 불구하고 평안감사라는 요직에 등용될 수 있었던 것은 당시 서북의 여러 정황이 시급히 해결해야 할 난제를 안고 있었기 때문이다.

　우리 속담에 "평안감사도 저 싫으면 그만이다."라는 말이 있다. 제아무리 좋은 자리라도 본인이 원하지 않으면 어쩔 수 없다는 의미가 담겨 있는데, 평안감사는 그만큼 여러 사람이 원하는 관직이었음을 알 수 있다. 훗날 세도정치 시대의 대표적인 세도가 김조순(金祖淳)이 "관서는 대번(大藩)이다. 재부와 화려함이 나라에서 최고이다. 예로부터 재상들이 내직을 사양하고 외직에 나가고자 하는 자는 항상 이 자리를 배회한다."라고 하여, 평안감사 자리가 재부와 화려함으로 인해 재상들이 가장 선호하는 자리라고 했다.

정조때 이조판서 자리에 있던 민종현(閔鍾顯)은 곧바로 평안도관찰사로 부임해 감에 따라 주위의 비난이 많았다. 이것이 문제가 된 것은 평안도관찰사 자리에 '아경(亞卿, 경의 다음 벼슬이라는 뜻으로 참판과 한성부 좌·우윤의 종2품이 이에 해당한다) 중에서 후보자를 천거하는 예'를 어겨가면서까지 현직 이조판서가 기꺼이 나가려고 했다는 점이다. 그만큼 평안감사는 가고 싶어하는 자리였다. 《경세유표》에 따르면 황주목사의 연봉이 3만 냥이었던 데 비해 평안감사는 연봉만 해도 무려 24만 냥에 이르렀다. 그만큼 평양은 지방관 자리 가운데 '제일의 유읍(裕邑)'이라 불리게 되었다.

당시 '경화거족'으로 불리던 한양의 권력있는 세력가들은 한양과 지방수령직을 번갈아 하며 부를 축적하는 사례가 많았다. 순조때 영의정을 지낸 김재찬(金載瓚)은 이런 세태를 비판한 바 있다. "근래 듣건대 수령이 개인적인 일로 인해 말미를 얻어 서울에 와 있는 자가 매우 많습니다. … 관찰사들이 용이하게 말미를 허락해주고 수령 또한 어렵지 않게 서울에 머무릅니다."(김재찬, 《해석일록》 4책, 순조 8년) 이러한 지적은 경화거족—관찰사—수령으로 이어지는 구조적 수탈체계가 형성되어 있었음을 의미한다. 수령은 경화거족의 대리자로서 향촌사회에 대한 수탈의 일선에 나서고 있을 뿐이었다.

그렇기 때문에 수령권을 옹호하는 정부의 입장은 계속되었고, 이는 수령권을 통한 무절제한 수탈로 이어질 수밖에 없었다. 그 가운데서도 평안도 지역은 상업의 발달로 인해 재부가 풍부했고, 사족과 같은 견제세력이 취약했기 때문에 더 노골적인 수탈이 이뤄졌다. 당시 암행어사는 개천군수 전덕현에 대한 보고에서 "이익이 있는 곳에는 예의를 가리지 않고, 재물이 모이는 곳에는 생사를 생각하지 않는다."라고 지적하기까지 했다. 예나 지금이나 돈을 밝히는 공직자가 적지 않았다. 대부분의 관리들이 이런 먹이사슬에 참여하고 있었다.

그런데 여기서 궁금한 것은 경화거족을 비롯한 대부분의 관리가 희망하는 자리에 어떻게 권이진이 갈 수 있었는가 하는 점이다. 노론의 적극적 지지로 왕이 된 영조가 소론도 아닌 극소수파 남인 출신 권이진에게 이런 자리를 내준 것은 쉽게 납득이 되지 않는다. 왕을 주시하고 있는 노론의 눈길이 부담도 될 법한 인사였지 않을까? 직언을 서슴지 않는 소신파이면서 실무에도 밝은 점을 높게 평가한 것인지, 아니면 탕평의 명분 때문에 구색을 맞추기 위해 기회를 준 것인지는 알 수 없다. 영조의 속마음까지는 알 수 없지만, 당시 평안도의 사정이 시급히 해결해야 할 문제가 있고, 그러기 위해서는 유능하고 강단있는 관리가 필요했던 것이 아니었을까 추측해 볼 뿐이다. 영조 즉위년에 비변사에서 천거한 세 명의 평안감사 후보 중 이명언(李明彦), 이정제(李廷濟)와 함께 권이진이 포함되어 있었던 점도 그가 적임자였음을 확인할 수 있는 대목이다. 그의 사후 영조가 내린 치제문에도 "내가 서쪽을 바라보니 걱정스러워 관문을 지키는 일 경에게 맡겼네."라는 글이 남아 있다.

그는 1733년(영조 9년) 3월 평안감영에 부임한다. 4월에는 창고의 은전(銀錢)을 조사하고 그 결과와 문제점을 파악해 장계를 올린다. 당시 조정에서는 이 지역의 물자가 풍족한 편이며, 전역(田役)과 호역(戶役)이 가장 가벼워서 주민들이 편안히 살고 있다고 생각했다. 그러나 조사 결과 은전은 대부분 허위 장부였고 주민들의 고생은 다른 도에 비해 갑절이나 심했다.

천류고(泉流庫, 평양에 있었던 창고)는 본래 충실하고 부유하다고 알려졌으며, 호조에 딸린 것으로 곧 국가의 외부(外府)에 해당되는 것이었다. 권이진이 그 문서를 조사해 보니 정은(正銀), 차은(次銀) 합해 8만 2천여 냥인데, 실제 재고는 4천여 냥에 불과했다. 재물이 많기로 이름난 평안감영의 영고(營庫)도 사정은 마찬가지였다. 문서에는 정은이 1만7천여 냥인데 실제 재고는 3천여 냥이었으며, 차은은 문서에는 9만4천여 냥이었으나 실제는 6백여 냥에 불과했다. 또 그밖의 창고에 있다는 7천8백여 냥의 은도 실제는 30여 냥에 그쳤다. 대부분 터무니없는 허위 장부였다. 요즘 말로 하면 충격적인 회계 부정이 자행되고 있었던 것이다. 그것도 정부가 임명한 관리들에 의해서 벌어진 일이었다.

한편 평안도는 감영과 병영으로부터 각 군현에 이르기까지 모두 모리(牟利, 돈을 빌려주고 상행위를 시키는 것)를 일삼고 있었다. 모리란 3~4인의 장교가 함께 상의해 한 사람에게 수천 냥을 주어 상행위를 하도록 하는 것이었다. 그러나 현실은 이 돈을 채워야 할 때가 되면 결국 족인(族人, 성과 본이 같은 사람들 가운데 유복친 안에 들지 않는 겨레붙이)에게서 징수하는 일이 반복되었다. 당시 군역은 4~5냥을 족인에게 징수해도 백성이 감당하기 어려웠다. 그런데 한 사람이 진 빚이 적어도 천여 냥을 넘고 있으니, 이것을 족인에게 징수하면 소인은 파산하지 않을 수 없는 일이었다. 권이진은 감사, 병사, 수령의 모리를 일절 금하고, 범하는 자는 장률로 논죄해야 한다고 진언한다.

그는 5월에 다시 장계를 올린다. 이번에는 식량이 떨어져 시급하게 대책을 세워야 함을 호소한다. 소위 보릿고개를 넘기 위한 조정의 결단을 요청하는 것이었다. 이 지역은 거두어들이는 세곡을 서울로 보내지 않고 고을에 남겨두고 수납과 방출을 해왔다. 그런데 전년도부터 거둔 세곡 전량을 서울에 바치고 군량의 절반을 창고에 남겨둔 이외에는 세곡이 거의 남지 않았다. 거기에 더해 이 지역은 더위가 늦게 와서 보리가 익으려면 한참 더 있어야 하는 형편이었다. 이에 굶는 백성이 늘어나고 있으니, 부득불 창고에 남겨둔 것 가운데 일부를 그들에게 나누어주어야 한다고 요청한다. 또한 이런 와중에 호조로부터 창고에 남겨둔 콩 1천 섬을 상납하라

3. 자주 외교, 국방을 위해

는 명령까지 있었다. 그런데 콩을 심어야 할 철에 종자가 없어 심지 못하고 있는 백성들의 형편을 감안해 우선 창고에 남아 있는 것을 빌려주고자 한다고 보고한다. 여기저기서 민생의 고충이 심화되고 있었다. 서북지역 또한 예외일 수 없었다.

대청무역의 적폐

앞서 말했듯이 서북지역은 청과 교류하는 길목에 위치한 지리적 이점으로 무역과 상업 관련 산업이 발전했다. 이로 인해 농업 일변도인 타 지역과 비교해 물자가 풍부하고 부가 축적되기도 했다. 이당시 서북지역의 사정을 이해하기 위해서는 우선 청과 이뤄지던 무역 실태를 파악할 필요가 있다.

청과의 무역에 참여하는 상인세력은 1681년(숙종 7년)부터는 서울과 지방의 등짐장수로 불리던 부상(負商) 사행원역(使行員役)과 결탁하거나 각 관아에 의탁해 사행무역(使行貿易, 국가간 외교 형식을 갖춘 사신의 왕래과정에서 발생하는 교역)에 참여했다. 이들은 연경으로 가는 사신을 수행하던 역관과 더불어 청나라 연경에서 수입한 물품을 왜관을 통해 일본에 수출했다. 이 사상(私商)들을 통

3. 자주 외교, 국방을 위해

해 청나라 물품을 수입한 관아에서는 이들을 별장(別將, 산성·도진·포구·보루·소도 등의 수비를 맡은 무관직)으로 삼아 차인(각 관아에 소속되어 잡일을 하는 사람)이란 명목으로 공문서인 관문을 발송하고 왜관으로 내려 보냈다.

차인들은 관아의 공무역품에 덧붙여 자신들이 청나라에서 수입한 물품까지 '공화(公貨)'라 칭하고 왜관의 상인들보다 먼저 대금을 받아냈고 면세 혜택까지 누렸다. 이 면세는 흉년으로 인한 관아의 재정 보충이나 군문의 군수품 조달을 위한 재원확보를 이유로 주어진 특권이었다. 호조는 각 아문들의 청나라 수입 물품에 대한 면세권을 박탈하려고 노력했지만 군수품의 조달이나 지칙비(支勅費, 중국 사신이 올 때 그 지나가는 길의 근처 지방관이 숙식 따위를 제공하고 접대할 때 드는 비용) 마련 등을 이유로 내세운 서울과 지방 관아의 반발을 꺾을 수 없었다. 따라서 서울과 지방의 관아와 결탁한 부연상고(赴燕商賈, 연경으로 가는 사신을 수행하던 상인)들은 차인의 칭호를 띠고 수출 업무상의 유리한 여건을 누리고 있었다. 관과 상인의 공공연한 유착이 이뤄지고 있었던 것이다.

그런데 당시 상인이 역관의 노자·마부로, 또는 지방 관아의 무역별장 등으로 대청(對淸)무역에 참여하는 기회를 포착하기란 쉽지 않았다. 뿐만 아니라 그 수 또한 얼마 되지 않아, 대다수의 상인은 여마제(餘馬制)나 연복제(延卜制)에 편승하려 했다. 다시 말해 서울·개성 상인을 비롯해, 황해도와 평안도의 많은 사상인들이 대청무역에 침투할 수 있는 기회는 사행이 책문을 출입할 때 여마나 연복에 끼어드는 방법이었다.

여마는 사신 일행이 압록강을 건너 책문에 이르는 도중, 세폐·방물을 실은 마필이 다치거나 죽을 경우를 고려해 의주부에서 딸려 보내는 10여 필의 공마(空馬)를 지칭한다. 여마는 사고가 없는 한 책문에서 돌아오게 되어 있었다. 그런데 이 여마제는 날이 갈수록 당초의 의도와는 달리 점차 그 수가 증가되고, 사상인의 책문무역에 이용되는 방편으로 변모해 갔다. 편법이 묵인되고 있었던 것이다. 연복제는 연경에서 귀환길에 오른 사행이 책문에 당도하면 의주부가 짐을 싣지 않은 말을 입송시켜 복물(卜物, 소나 말 등에 실어 나르는 짐)을 운반하게 한 것이다. 연복제 또한 그 폐해가 늘어갔다.

결국 정부가 연복제와 여마제에 편승한 사상들의 책문후시를 봉쇄하자 사상들은 점차 단련사행(사신을 호송하고 영봉할 때 수행하였던 군사책임자 일행)에 파고들었다. 이들은 부연상고들인 '연상'과 구별하여 '심상(審商)'이라 불리었다. 심상의 수가 늘어나면서 단련사는 이들로부터 사사로이 상세를 수취하기 시작했다. 단련사의 수세는 곧 의주부윤과 결탁한 비합법적인 수취행위로서 그들 상호간에는 상당한 이득이 보장되었겠지만 국가 재정에는 조금도 보탬이 될 것이 없었다.

따라서 1705년(숙종 31년) 정부는 이를 규제하고 재정에 충당하기 위해 다음과 같이 결정했다. 곧 "단련사는 의주부 내의 군관 대신 부근의 변장(邊將)들이 돌아가며 맡도록 하고 사상에 대한 수세도 상고들이 직접 의주부에 납세해 고마비(雇馬費, 시골 관아에서 민간으로부터 말을 징발할 때 드는 비용)에 충당하되 세은액을 각각 4~5냥 정도로 책정하라."는 것이었다. 어떻든 이상과 같은 정부의 시책은 단련사 일행뿐 아니라 사신을 수행하던 역관과 상인에게까지 심양은 물론 책문후시까지도 사실상 공인하는 처사였다. 결국 당시 대청무역의 문제는 상인들 간의 이해다툼에 서울과 지방의 관아까지 얽혀 교역질서가 어지럽혀지고, 이것은 다시금 상인들의 경쟁을 격화시키고 정부의 통제 능력이 무력화되는 악순환을 가져왔다. 이 무렵 평안감사에 부임한 권이진은 1733년(영조 9년) 압록강변의 사정을 세밀하게 조사한 뒤 그 내용을 간추려 조정에 보고한다. 그중 일부가 《조선왕조실록》에도 기록되어 있다.

"강계군과 위원군의 조·청 국경지대 중 고산진과 벌등진의 압록강 건너에 있는 세동, 구랑합동, 고도수동, 추동, 갈헌동, 둔동, 황제성평 등지에는 청인 이주자가 날로 증가해 많은 곳은 16~17호에 300~400명에 달하며 이들의 창고에는 청나라 물품이 충만해 있었다. 이 지역의 주호(主胡)인 산서인 이등사와 양인 왕삼평 및 당 또는 탕이란 성을 가진 자 등 3명은 모두 만금대고(萬金大賈)들로서 범법했거나 사업에 실패해 도망온 자들이었다. 이들은 수하에 조선에서 도망한 자 3~4명씩을 두어 양국 간에 밀무역을 실현하기 위한 정보교환과 문서의 처리를 맡기고 있었다. 그들은 조선 상인들로부터 물화를 구입해 심양 등지에 가서 팔고 있는데 양국 상인들 간에는 물화를 교역하기 위해 매일같이 왕래하는 실정이다."(《영조실록》35권, 영조 9년 7월).

권이진은 이러한 실태 파악을 토대로 서북지역을 안정화하고 국방을 강화하기 위한 대책에 착수한다.

위태로운 북변 방어책

    권이진은 부임 이후 먼저 교역, 국방, 민생의 현장을 시찰한다. 이때 국경의 여진족들이 소란을 일으킨 일이 있었다. 이에 대해 딱히 대책을 세우기 쉽지 않은 정황이었다. 이곳 주민들은 가혹한 세금에 지치고 정부로부터 혜택을 입지 못해 차라리 여진의 백성이 되기를 희망하였다. 강가에 사는 백성들은 문을 강 쪽으로 향하게 해 강 건너 여진족들과 서로 친하게 왕래하고 있었다.

    권이진이 부임하기 전해에 잠상(潛商, 법령으로 금지하고 있는 물건을 몰래 사고파는 장사)을 잡아 5~6명을 효수한 일이 있어 주민들의 마음은 더 멀어져가게 되었다. 권이진은 청과의 국경을 이루는 압록강변을 순찰해 밀무역을 행하는 잠상들이 책문으로 왕래하는 일이 있음을 파악하였다. 또 중강개시는 응당 시행되는 법규가 있는데도 그곳에서 잠상이 어지럽게 행해지고 있었다. 하지만 미곡이 아니면 현장에서 체포하기가 쉽지 않았다. 권이진은 백성들을 회유하고 잘 보호하는 방책을 마련하는 것이 우선이라고 생각했다. 강경 일변도보다는 온건한 회유책이 필요하다고 본 것이다.

권이진은 우선 구속되어 몇 년째 감옥에 수감되어 있는 잠상들을 남쪽 섬으로 옮겨 죽음을 면하게 하고, 가족들의 옥바라지 고통을 덜어주었다. 그리고 주민들을 재촉하거나 침범하는 일은 일체 중지하고, 궁가(宮家, 대군·왕자군·공주·옹주의 집을 통틀어 이르는 말)의 절수(折受, 논밭이나 결세 등을 나라로부터 떼어 받는 것)와 사노비 추심(推尋)을 금지시켰다.

권이진은 전 감사 송진명(宋眞明)이 제안했던 오가작통법(五家作統法, 국가가 촌락을 효과적으로 지배하기 위해 만든 인보(隣保) 자치조직)에 대해서는 이곳 사정에 맞지 않는다며 반대 의사를 표명했다. 대신 건장한 자를 선발해 시사(試射, 활이나 총을 쏘는 시험)한 뒤 몰기(沒技, 무과의 취재 때 정해진 화살 수를 다 맞히는 것)한 자는 사제(賜第, 임금의 특명으로 과거에 급제한 사람과 같은 자격을 주는 일)해 등용할 것을 건의했다.

또 강변의 진보(鎭堡)가 매우 허술해 옥강진 같은 곳은 4~5호의 쇠잔한 집만 강변에 흩어져 있고, 나머지 1백 명이 안되는 군사도 50~60리 밖에 흩어져 있어 적들이 순식간에 넘어오면 도저히 막을 수 없는 형편이었다. 압록강의 진보 중에 이와 같지 않은 곳이 없고 대부분의 군졸들이 창과 활을 다룰 줄 몰랐다. 이처럼 한심한 국경 경비태세를 파악한 권이진은 개선 대책을 담은 장문의 장계를 올린다.

첫째, 백성을 이주시켜 집성 촌락을 구성할 것을 제안한다. 먼저 그는 부하와 함께 험한 곳까지 모두 찾아보고 이주시킬 만한 백성의 이름과 집안의 장정을 상세히 조사해 책으로 만든다. 그런 다음 진보에서 가까운 자들은 진보로 이주시켜 변장들이 관리하고, 멀리 떨어진 자들은 20~30호나 30~40호 규모의 촌락을 이루게 하고 장령(將領)을 지정해 통솔하는 한편 직접 순찰, 경계에 참여하도록 한다. 이들에 대해 가구별 부역은 면제해 준다. 관청의 땅이 있는 곳에는 백성들이 그곳으로 들어와 촌락을 이루게 하고, 없는 경우에는 전에 살던 땅을 서로 바꿀 수 있도록 한다.

둘째, 부세를 개선하고 군역을 새롭게 시행할 것을 제안한다.

"이전에는 강변에 백성들이 적었고 각 고을의 경계가 백 리를 넘었습니다. 근래 들어 유민이 모여들어 이전에 천 호가 되지 않던 곳이 지금은 만 호에 가깝게 되었습니다. 20~30년이 지나자 기와집과 큰 집이 연이어 늘어섰는데, 이는 토호가 백성을 약탈한 것이거나 잠상을 통해 치부한 것입니다. 그러나 군인의 수는 늘지 않고 여전히 적습니다. 소민들이 모두 봉화대를 지키는 일과 파수에 고통을 당하고 농사를 제대로 지을 수 없으니, 이로 인해 잠상을 하지 않을 수 없는 지경입니다. 그곳의 백성들은 모두 총과 활을 쏠

줄 모릅니다. 신이 순찰했을 때 상을 내걸고 사격을 시험했는데, 내지에는 적중시킨 자가 많았으나 강변 주민들 중에는 적중하는 자가 매우 드물고 참여자도 적었습니다. 변방 백성이 무예를 익히지 않으니 참으로 근심스럽습니다. 부득이 군사를 양성하는 제도를 마련하지 않을 수 없습니다."

강변의 전세(田稅)는 규모가 크지 않아 변방지방의 재원을 충당하기에는 부족했다. 당시 호조에서 전세를 관리하기 위해 발매하는 규정을 만들었으나 강변에는 시장이 없고 또 돈의 사용이 익숙하지 않아 계사(計士, 호조에 속한 종8품 관직으로 조세의 계산을 맡아봄)가 내려가면 백성에게 강매하도록 하여 원성이 높고, 결국 이들의 주머니만 채우게 되는 형편이었다.

권이진은 만약 전세를 모두 군량으로 삼아 강변에서 가까운 중산(中山)에 쌓아 두고, 각 고을의 장정을 선발한 다음 평양의 장정십부의 규례에 따라 11월부터 1월까지 윤번으로 급료를 지급하고, 수령이 매일 그들을 조련한다면 몇 해 안에 백성들이 모두 활을 당기고 총을 쏘게 될 것이라고 주장했다. 이곳 백성들은 별무사(別武士, 조선시대 오위영 중 훈련도감의 마병과 금위영·어영청의 기사들 중에서 선발되어 승급한 병졸)를 가장 부러워하는데 강계부에 약간 명이 있을 뿐이었다. 강변의 경우에는 크고 작은 고을을 막론하고 모두 별무사를 선발해 사격을 익혀 벼슬을 바라게 한다면 이 또한 변방지역을 튼튼히 하는 일이 될 것이었다.

3. 자주 외교, 국방을 위해

셋째, 삭주와 강계, 신광진 등을 웅부(雄府, 웅장하게 큰 고을)로 만들어 민생을 살리고 국방을 강화할 것을 제안한다. 강변의 지세는 모두 고산준령이거나 강이 위태롭게 이어져 있어 돌을 쌓고 나무를 걸쳐서 도로를 만들었다.

조금 넓고 평평한 곳에는 이전부터 진보를 설치한 곳이 많은데, 삭주는 강변과 조금 멀리 떨어져 있기 때문에 성지(城地)를 견고하게 쌓는다면 갑옷과 무기를 보관하고 창고를 설치해 방어 체제를 갖출 수 있었다. 창성은 성곽이 강에 가까워 지키기 어렵다고 하지만 성이 높고 양식이 많아서 스스로를 지킬 수 있을 것으로 권이진은 파악했다. 벽동은 강에서 1천 보를 넘지 않고 성터가 천연적으로 만들어졌으므로 그 성을 높게 쌓고 양식을 많이 비축하고 인화단결을 갖춘다면 지리로서 모자람이 없었다.

초산읍성과 아이진은 하늘이 내린 험준한 곳으로 밖은 가파르고 안은 평평해 실로 요충지라 할 수 있었다. 권이진은 초산부사를 책임자로 삼아 성의 수축을 추진한다면 본읍의 물력으로 이 일을 해낼 수 있을 것이라고 했다. 위원읍성은 두 큰 산 사이에 파묻혀 있기 때문에 산에 올라가 돌을 굴리더라도 성을 공격할 수 있을 정도였다. 다만 그 땅은 넓고 평평해 거주할 만하므로 강에 면해 성을 쌓는다면, 강물을 견고한 수비로 삼을 수 있었다.

강계부는 비록 벽지에 있으나 성터가 아주 좋고 물력이 성대해, 적임자를 선발해 맡긴다면 큰 관방(關防, 변방의 방비를 위해 설치한 요새)이 될 만했다. 다만 다른 고을과 경계가 너무 멀어서 동쪽으로 갑산 경계까지 3백 리에 빈 땅이 많고, 서쪽으로 위원 경계까지 2백 리, 남쪽으로 희천 경계까지 240여 리에 이른다. 그러다 보니 관리하여 거느리기가 쉽지 않았다.

이전에 신광진 근처에 읍치를 세우자는 의논이 있었다. 희천과 강계 사이에 적유령이 있으니, 강계로 왕래하는 자는 이 길이 아니면 다른 길이 없고 수많은 상인들도 반드시 이 길을 경유해야 하기 때문에 그곳에 참원(站院, 역참에 지은 국가 기관의 숙소)이 있게 되었다. 권이진이 참원에서 점심을 먹다가 주위를 살펴보았는데 산과 계곡이 깊고 험하며, 역참을 설치한 곳은 조금 평평하여 거처할 만하니 비록 큰 산속이지만 성을 쌓을 수 있을 듯했다.

이전에 적유령 아래 신광진을 설치한 것은 바로 적유령을 방비하려는 것이었으나, 진이 영 북쪽의 평지에 위치해 험고한 형세도 없고 가로막아 끊는 형세도 없어 관방에 도움됨이 없었다. 권이진은 신광진을 이곳으로 옮기고 진을 고을로 고쳐 강계의 백 리 땅 밖을 관할하게 하자고 주장했다. 희천에서 참원까지의 거리가 130리지만 희천이 소읍인 까닭으로 군병은 단지 1초(哨, 초소나 보초)뿐이니 희천과 적유창(狄踰倉) 이상을 떼어 한 고을로 합친다면 웅부가 될 수 있었다. 적유령 안팎의 요충지에 하나의 웅부 거읍을 두는 것이 변방을 지키는 좋은 방책이 될 것이라고 생각했다.

적유령 북쪽 20리 내는 모두 경작할 만한 땅이지만 금산(禁山, 국가에서 입산, 목석 채취, 방화 등을 금하고 수목을 배양하도록 지정한 산림)이라서 경작이 허락되지 않았다. 그는 적유령 부근 5리 밖을 모두 경작할 수 있게 한다면 백성들은 생업이 있게 되어 기꺼이 달려올 것이라고 했다.

만포진은 진의 형태가 웅장하고 부고(府庫, 곳간), 관속(官屬, 지방 관아의 아전과 하인을 통틀어 이르던 말)으로도 큰 고을이었다. 그런데 만포진 주민과 강계부 주민이 뒤섞여 거주에 불편이 있었다. 권이진은 강계부에서 만포진 경내의 주민을 모두 관할하게 해 국경의 대로를 막는 데 집중한다면 국방에 도움이 될 것이라고 했다.

넷째, 진보(鎭堡)에 대한 대책을 제안한다. 당초 국경의 진보 간 거리는 5~10리로 설치되었으나, 진보의 군졸을 모두 본읍에 소속시키게 되어 일이 생기면 제대로 대처할 수 있는 형편이 아니었다. 몇 명의 쇠잔한 병졸이 외롭게 강변을 지키는 것으로는 적을 제대로 막아낼 수 없었다. 토졸(土卒)이 40~50리 밖에 흩어져 살면서 변장의 일용 음식을 마련하고 또 봉군(烽軍, 봉화를 올리는 일을 맡아보던 군사)과 파수(把守)의 일을 분담하고 있었다. 이로 인해 농사를 지을 수도 없고 견딜 수도 없어 사방으로 흩어져 달아나고 원망이 하늘에 사무쳤다.

그나마 조금이나마 살아갈 방도가 생긴 것은 잠상의 이익이 있기 때문이었다. 권이진은 이러한 폐단을 구제하기 위해서는 작은 진보를 혁파하고 큰 진을 설치해야 한다고 했다. 또 각 진의 토졸에게는 단지 봉군과 파수의 일만 맡게 하고, 변장이 침탈하는 고초와 요구에 응하는 폐단을 없애야 한다고 강조했다.

당시 각 진의 군기(軍器, 전쟁에 쓰는 도구나 무기)와 군량(軍糧, 군대의 양식)은 강변 몇 사람의 집과 변장 한 사람이 보관하고 있었다. 이는 빈 곳에 두는 것과 다름없고 적을 위해 버려둔 꼴이었다. 권이진은 군기와 군량을 깊은 곳의 견고한 성으로 들여놓아야 한다고 했다.

이상의 제안은 그가 몸소 멀고 험한 곳까지 다니며 변방의 국방과 경제에 대해 계획하고 대비한 것이다. 노령에도 불구하고 그는 마지막 소임을 다하기 위해 개혁을 간절히 청했다. 그의 북변 방어책에 대해 김문식 단국대 교수는 대량의 재원을 쉽게 확보할 수 없는 당시의 상황에서 '실현 가능성이 높은 현실적 대안'이었다고 매우 긍정적으로 평가하였다.

힘겨운 마지막 벼슬길

권이진은 변방의 방어를 위해 고군분투했으나 서북의 현실은 그렇게 호락호락하지 않았다. 1734년(영조 10년)에 강계 고산리 진졸(鎭卒, 진영에 속한 병졸)이 국경을 몰래 넘어가 여진인을 죽이고 인삼을 약탈하는 일이 벌어졌다. 이에 대신(臺臣) 조명겸이 상소를 올려 권이진을 처벌할 것을 청했다.

그러나 영의정 심수현(沈壽賢)이 나서 "죄가 없는 중신(重臣)을 장차 무슨 말로 신문하겠습니까?"라고 조사의 부당성을 주장하며 파직으로 처리하는 것이 마땅하다고 했다. 이에 영조는 권이진을 파면하게 된다. 그는 의금부에 나아가 사정을 소상히 설명하고 그날로 석방되었다. 한평생 애국애민의 일념으로 헤쳐온 벼슬길이었지만 아쉽게도 해피앤딩의 선물은 없었다.

이런 일이 있기 전에도 국경 주변에서 잠상의 문제는 빈번히 일어났다. 《조선왕조실록》은 권이진이 장계를 올려 조정에 해결책을 거듭 요청했다고 기록하고 있다.

"위원군의 잠상 죄인 김상중은 일이 발각되어 효시되었다. 그 뒤에 청인이 국경을 넘어와서 파수하는 장졸을 포박해 저희 땅에 인질로 유치해 놓고는 강을 사이에 두고 소리지르기를, '김상중 등이 인삼 값을 갚지 않은 것을 찾아 달라.'고 하였다. 평안감사 권이진이 장계로 말하기를, '작년에 우리 백성을 붙들어 가고는 뇌물을 받고 놓아 보냈는데, 금년에 또 파수 보는 장졸을 붙잡아 갔으니 그 변방의 걱정을 이루 다 말할 수 없습니다. 청컨대 추환(推還, 물건을 찾아옴)을 엄하게 금하는 뜻으로 저 나라에 자문(咨文, 중국과의 외교적인 교섭·통보·조회할 일이 있을 때 주고받던 공식적인 외교문서)을 보내도록 하소서.' 하니, 묘당으로 하여금 처리하게 하였다."

그후 "평안감사 권이진의 장계에 청나라 사람이 위원군에 와서 한데 모여 트집을 잡기 때문에 통역으로 하여금 봉황성장(鳳凰城將, 중국 요령성 봉성진에 있는 산성의 우두머리)에게 탐문했다. 그랬더니 봉황성장이 말하기를, '어떠한 청나라 사람이 어떠한 일로 한 곳에 모여 해로운 트집을 잡는지 알지 못하겠는데, 비록 이것이 한 나라의 사람이더라도 이와 같이 국경을 넘어서 침범하였다면 어찌하여 붙잡아 보내지 않는가?'라고 했다. 이에 권이진이 장청(狀

3. 자주 외교, 국방을 위해

請, 임금에게 글을 올려 청원함)하기를, '자문(咨文) 가운데 그들이 남몰래 채굴하는 폐단과 파졸(把卒)을 노략질해 가서 위협하며 뇌물을 요구하는 상황을 자세하게 말하여 이쪽에 넘어온 놈은 여기에서 붙잡고 저쪽에 있는 놈은 저쪽에서 엄금하게 하소서.' 하니 묘당으로 하여금 이를 처리하게 하였다."(《영조실록》 34권, 영조 9년 4월 16일) 당시 국경에서 발생하는 온갖 난맥은 양국 정부와 지방정부, 상인과 주민들의 이해관계가 복잡하게 얽혀 점점 해결하기 어려운 질곡이 되어가고 있었다.

또한 앞서 지적한 바와 같이 평안도의 고질적 폐단은 감영과 병영에 있었다. 각 군현에서 장교들이 쓰는 비용을 이웃과 친족에게서 거두니 부호와 평민이 가산을 탕진하게 되었다. 이를 만회하기 위해 강가의 백성이 몰래 여진족과 무역하는 경우가 많았다. 그러다가 값을 제때 치르지 못하는 일이 생기면 여진족이 경내에 들어와서 그들을 잡아갔다. 그러나 변방의 수령은 사단이 생길까 염려해 몰래 속전(贖錢)을 돌려줘 모욕을 받고 있는 형편이었다.

이상에서 보듯이 당시 국경의 상황은 위태로움이 일상이 된 상태였다. 평안감사 권이진의 고군분투만으로 질서가 잡히기에는 너무 버거운 상황이었다.

이러한 악조건 속에서도 권이진은 감영에서 쓰는 일체의 비용을 절약하고 투명하게 기록하는 등 예산을 엄정하게 집행해 은 1만 냥, 삼베 5백 동, 화폐 2만여 냥을 남겼다. 이를 천류고에 귀속시켜 조정에서 가져다가 쓸 수 있는 토대를 마련했다. 또 1천여 냥의 화폐와 1백 동의 삼베를 감영 창고에 귀속시켜 공비(公費)로 충당하게 했다.

엄정한 예산 집행으로 감영의 아전들은 그동안 해왔던 예산 빼돌리기를 못하게 되었다. 이로 인해 한양에 연줄을 대어 한두 차례 탄핵하는 글이 나오도록 했음은 충분히 짐작할 수 있는 일이다.

권이진은 1734년(영조 10년) 3월 후임 평안감사에게 업무를 인수인계한 뒤 험난했던 벼슬길을 마치고 고향 무수동으로 돌아간다. 그런데 인수인계 때 "백의(白衣)에 병부(兵符, 둥글납작한 나무패)를 풀고서 잠시 일산을 폈으니 대불경"이라며 정언 최명상(崔命相)이 '사판에서 삭제하라.'는 계를 올린다. 이 문제가 경연에서 거론되는데 부제학 이종성(李宗城)이 "이미 삭직한 상태에서 공복을 착용하지 못하는 것이 타당하다."고 하며 죄가 성립되지 않으므로 마땅히 벌한 죄명을 거두어야 한다고 요청한다. 이에 영조는 이미 그 죄가 아님을 알고 하교하려 했으나 미처 시행하지 못했다며 그의 직첩을 도로 주도록 하였다.《조선왕조실록》은 이때 상소를 올린 최명상에게 영조가 엄중한 비답을 내려 꾸짖었다고 기록하고 있다.

"'오늘날 이 나라는 이른바 당만 있고 임금은 없는 나라라 할 수 있다. 한 나라의 대불경(大不敬)을 유독 백의(白衣)인 권이진에게만 논죄하고 당을 비호하는 무리들에게는 논죄하지 않는 것인가? 이미 그가 몸을 단속할 줄을 알 것인데 어찌 그런 것을 범하겠는가?' 하였다. 대개 최명상이 권이진을 배척함에 있어 '대불경'이란 말이 있었기 때문에 임금의 비답이 이와 같았다."(《영조실록》 38권, 영조 10년 4월 13일)

당색에 따라 처벌을 달리하는 세태에 대해 왕권이 강력했던 왕 중의 하나인 영조조차도 '당만 있고 임금은 없는 나라'라고 분노하고, '당을 비호하는 무리들에게는 논죄하지 않는가?'라며 묻고 있는 실정이다. 오늘날에도 권력기관의 불공정한 당파적 업무 처리가 문제가 되고 있는 현실을 보면, 국민들로부터 부여된 신성한 권력을 공정하게 사용하지 않는 방자한 자들에 대한 감시와 처벌은 언제나 중요한 일이라 아니할 수 없다.

이로써 권이진의 험난했던 40년 벼슬 생활이 마감된다. 안타깝게도 마지막까지 당쟁의 올가미가 그를 옭아매려 했다. 우여곡절을 거쳐 잘 마무리되긴 했으나 평생을 나라를 위해 분골쇄신한 신하가 겪어야 할 일은 아니었다. 그는 이 일이 있은 뒤 6개월 후 고향에서 잠든다.

4.

의인 권이진의 아름다운 인연

대전광역시 유형문화재 유회당. 뒤쪽 건물이 유회당이고 앞에 보이는 연못은 활수담
(대전시 중구 무수동, 한민족대백과사전)

명당실기(明堂室記)

　무수동은 지금은 대전광역시 중구에 속해 있지만 내가 어렸을 적에는 충남 대덕군 산내면 무수리였다. 무수동은 마을 앞에 유등천으로 흘러가는 냇물이 있고 마을 입구인 서쪽을 제외하고는 대부분 산으로 둘러싸인 아늑한 동네였다. 서울로 시집간 고모는 모처럼 고향을 방문할 때 산모퉁이를 돌아 마을이 보이기 시작하면 자신도 모르게 눈물이 흘렀다고 했다. 그만큼 그립고 정겨운 곳이었다.

　이제는 뛰어놀던 아이들 소리도 들을 수 없어 옛 정취는 많이 사라졌다. 하지만 여전히 낯익은 일가들이 집성촌을 이루어 살고 있고, 대전 시내에 사는 후손들은 언제나 쉽게 고향을 찾을 수 있어 우리는 참 복이 많다고 얘기한다.

21세기의 가공할 변화는 때로는 과거를 잊게 만들고 심지어 역사를 모욕하는 참담함을 겪게도 한다. 최근 들어 과거의 친일을 부끄러워하지 않는 데서 한걸음 더 나아가 일제의 덕으로 우리가 근대화되었다고 찬양하는 자들이 활개치는 모습을 보게 되니 피가 거꾸로 흐를 지경이다.

역사를 모르고 눈앞의 이익에만 골몰하는 가치상실의 시대에 선조들의 유지를 되새길 수 있는 소중한 고향을 갖고 있다는 게 여간 다행스럽지 않다. 분노하거나 좌절하지 말고 한 사람이라도 더 역사를 바로 알도록 노력해야겠다는 생각을 해본다. 나아가 성숙한 민주주의와 일류 대한민국의 미래를 위해 노력하는 것도 잊지 말아야겠다. 지금으로부터 3백 년 전 권이진은 사람이 사람답게 살 수 있는 공동체를 만들기 위해 세상에 나아가 '구시(求是)'와 '민생(民生)'을 위해 힘썼고, 고향 무수동에 선조와 형제의 보금자리를 가꾸었다.

1707년(숙종 33년) 그는 대전의 보문산 남쪽에 위치한 이곳 무수동에 정착하게 된다. 그는 여기에 선조의 묘소를 가꾸고 가족들의 터전을 마련한다. 그는 탄방에서 태어나 결혼한 뒤 황산에서 살다가 무수동에 자리를 잡기까지의 스토리에 집안의 내력을 더해 〈명당실기(明堂室記)〉를 남겼다.

"불초하고 못난 내가 하늘에 죄를 얻어 11세에 어머님이 돌아가시고 17세에 아버님이 여러 자식을 버리고 돌아가셨다. 약관의 나

이에 연산으로 장가들어 그곳에 살았고 뒤이어 벼슬길에 올라 벼슬살이로 사방을 돌아다니게 되었다. 정해년(1707년, 숙종 33년)에 부모의 묘소를 옮기기 위해 먼저 묘소 아래 백 보 되는 땅에 한 채의 집을 지어 이장한 뒤 궤연(几筵, 제사 때 제수를 올려놓는 상과 바닥에 까는 자리)을 받드는 곳으로 삼았다.

일을 끝냈을 때에 또 돌아갈 곳이 없어 그대로 거처했고, 다음해에 그 바깥에다 몇 칸의 집을 다시 지었다. 묘소의 서쪽으로 거의 오백 보쯤 되는 곳이다. 묘소가 있는 언덕이 평평하지 않지만 동쪽 문을 열면 조석으로 묘소를 참배할 수 있고 풍우에도 제사 지낼 수 있으며, 문을 닫으면 편안히 쉬면서 글을 읽을 수 있다. 이름을 유회당(有懷堂)이라 한 것은 '날이 새도록 잠을 이루지 못한 채 부모 두 분을 생각하노라(明發不寐 有懷二人)'라는 《시경》의 시 〈소완(小宛)〉에서 취한 것인데, 명나라 사람이 부모의 묘소 곁에 집을 짓고 '명발(明發)'이라 불렀던 것과 그 뜻이 우연히 같다."

장차 자신의 호로 불리게 되는 유회당의 단초가 부모님의 묘소를 지극한 마음으로 모시기 위해 지은 집의 이름으로부터 왔다는 데서 그의 효심이 얼마나 컸는지를 알 수 있다.

"집을 지은 것이 견고하지 못해 10년이 되지 않아 무너졌다. 내가 무술년(1718년, 숙종 44년)에 복주(福州, 안동)로 부임하고 1년이 지났을 때 집안 조카 해징이 내가 관청의 음식을 먹기 때문에 집안에 여분의 양식이 있다고 하여, 이를 경비로 삼아 무너진 곳을 고치고 다시 수리한 것이 10여 칸이 되어 크게 사치스러웠다. 가운데 당을 만들어 제사하고 참배하는 곳으로 삼았는데, 곧 예전의 이름을 새 집에 붙여서 그대로 유회당으로 현판하였다. 좌우에 방을 만들어 편안히 쉬거나 글을 읽는 곳으로 삼았는데, 왼쪽 방은 불기(不欺)라 이름하고 오른쪽은 구시(求是)라 이름하였다. 이렇게 이름붙인 까닭은 대개 이러하다."

그는 유회당의 유래에 대한 설명에 이어 만회, 탄옹, 명재 등 집안의 큰 어른들과의 인연을 기술하였다.

"우리 집안은 대대로 유학을 전승해 왔다. 증조부 만회 선생이 일찍이 '마음에는 한 터럭의 허위도 없어야 하고, 매사에 반드시 옳음을 추구하여 차선에 머무르지 않도록 해야 한다.'고 하시면서 이미 이로써 자신을 다스리고 닦아서 하루도 이것에 말미암지 않음이 없었고, 가정에서 가르칠 때에도 일찍이 부지런히 힘쓰지 않은 적이 없었다.

선조부 탄옹 선생은 어려서 정훈(庭訓, 뜰에서 가르친다는 뜻으로 가정교육을 이르는 말)을 익혀서 한결같이 '마음에는 허위가 없고 일에는 반드시 옳음을 구한다.'는 것으로 학문을 삼았다. 명재 윤증 공은 '마음이 이치와 하나가 되어야 좌우로 그 근원을 만날 수 있고, 지극히 정성스럽고 거짓이 없어야 마침내 이로써 덕을 이룰 수 있다.' 하였고, 또 선인(先人, 부친 권유)에게 이르기를 '탄옹이 일이 있으면 반드시 그대와 의리를 강론하니, 사람들이 부자지간이면서 벗과 같다고 한다.' 하였다. 또 말하기를 '마음은 반드시 정성스럽고 곧게 하고 모든 일에 반드시 의리를 구하니, 이것이 참으로 이른바 학문이라는 것이다.' 하였다."

이어 권이진 자신이 어려서 할아버지나 아버지로부터 직접 가르침을 받지 못했으나 고모부인 윤증으로부터 가학을 전수받았음을 말한다.

"내가 어려서 미처 조부에게 가르침을 받지 못했고, 선인이 살아 계신 것도 내 겨우 성동(成童, 열다섯 살 된 사내아이) 때였다. 그러나 자상하게 가르쳐 주신 것은 정성스럽고 곧게 하는 방도와 의리의 설이 아닌 것이 없었으니, 비록 불초처럼 어리고 어리석은 사람으로서도 또한 이러한 학문이 있음을 알게 되었다. 명옹(明翁, 윤증을 지칭함)이 일찍이 우리 문중에 들어와 선인과 함께 주선한 지가 50년이 되었다. 일찍이 불초한 나를 위하여 세덕(世德, 대대로 쌓아 내려오는 미덕)을 언급했는데, 불초한 나를 깨우쳐주는 말을 듣고서 감격의 눈물을 흘리지 않은 적이 없었다."

또한 외조부인 송시열과의 가슴 아픈 이별과 회한의 심정을 토로한다.

"기사년(1689년, 숙종 15년)에 불초가 비로소 22세에 외조부 우재(尤齋) 선생의 남쪽 귀양길을 따라서 바닷가의 만덕사에 이르렀다. 선생이 글을 지어 영결(永訣)하기를 '마음을 곧음으로 세우고 일을 처리함에 옳음을 구한다고 한 말은 바로 너희 증조부 만회 선

생의 학문이다. 또한 너희 조부 탄옹 공이 대대로 지켜온 의발(衣
鉢, 불교에서 스승이 제자에게 법을 전수·인가하는 것)이니, 너는 이에
힘쓸지어다.' 하였다. 불초가 울면서 명을 받들었다. 지금까지 30여
년 동안 벼슬과 이록(利祿)의 사이에 골몰하였지만 그 마음을 세
우고 일을 처리하는 것에 대해서는 비록 하루라도 잊을 수 없었다.
그러나 보존됨도 보존되지 않음도 아닌 상태로 한갓 마음에만 오
고갈 뿐이었으니, 매번 한밤중에 이를 생각하매 부끄러움으로 눈
물이 흐른다."

　그는 고명한 선조의 가르침을 제대로 실천하지 못했다며 후회하
는 심정으로 묘소를 짓고 선대의 유지를 이어가고자 함을 밝힌다.

　"무진년(1688년, 숙종 14년) 이후로 이미 묘소 아래에 집을 지어
문을 닫고 허물을 반성할 뜻이 있었으나 그때는 힘이 미치지 못하
는 바가 있었고, 정해년(1707년, 숙종 33년)에 비로소 이 집을 지어
거의 처음의 뜻을 이룰 수 있었으나 또 벼슬길에 분주하였다. 중간
에 한 번 돌아왔으나 몇 해 뒤에 다시 돌아가야 했고, 지금 또 이
걸음이 있게 된 것이다.

　이제는 옥우(屋宇, 여러 집채)가 이미 이루어졌고, 나이 또한 오십
이 넘었으므로 앞으로 남은 세월은 스스로 짐작할 수 있으니, 아
마 지금부터 돌아가 지하에서 선인을 뵈올 수 있을 것이다. 인하여
대대로 전해지는 아름다운 말씀을 취해 이 좌우의 방에 편액함으
로써 조석으로 자신을 다스리고자 하고, 아이들 또한 반드시 이러

한 선대의 말씀이 있음을 알지는 못할 것이기에 글로 써서 이를 보이려는 것이다. 아이들로 하여금 선대의 덕을 따르게 하고자 함이며 또 나의 불초함을 징계하고자 함이다."

하거원기(何去園記)

　권이진은 고향 무수동 운람산에 선친과 백부의 묘소를 가꾸고 가족과 큰집 식구들이 살아갈 수 있는 농토를 마련하고 마을을 꾸미는 일을 꾸준히 추진했다. 〈하거원기(何去園記)〉에는 그 과정이 세세히 기록되어 있다.

　"선묘의 서쪽 3백여 무(武, 1무는 3척) 거리에 9칸의 집이 있으니, 이는 비바람이 불 때 제사의 편의를 위한 것이고, 유회당이라 편액한 것은 명나라 전목재의 명발당(明發堂)의 뜻에서 유사한 의미를 취한 것이다.

　당의 동쪽에 못이 있으니, 동쪽으로부터 흘러드는 시냇물을 받아 못을 만들었다. 이름을 납오(納汚)라 한 것은 대개 뜰과 처마의 여러 물을 거두어들이기에 '냇물과 못은 더러운 것을 받아들인다

　　　　　　　　　　4. 의인 권이진의 아름다운 인연

(川澤納汚).'는 뜻을 취한 것이다. 못의 동쪽에 있는 산은 높이가 수십 길이다. 단풍나무와 철쭉, 두견이 덮였는데, 태반은 손수 심은 것이다. (중략)

길이 끝나고 돌계단 8~9개를 밟고 올라가면 사방 수십 무 되는 뜰이 있는데, 가는 돌이 깔려 있다. 그 동쪽에 깊이 10여 척이 되는 못이 있다. 못은 길면서 맑고 얕으나 높은 데서 내려다보면 깊은 듯하다. 물이 정연하게 돌 틈으로 떨어지다가 비로 인해 물이 많아 급하게 흐르면 5~6척의 폭포가 된다. 수미(修眉)라고 이름붙인 것은 홍경노의 '긴 눈썹처럼 먼 곳에 가로질러 있어 완상할 수는 있으나 가까이할 수는 없다(如修眉橫遠 可翫不可狎).'는 말에서 취했다. 뜰의 서쪽에 있는 두 개의 큰 돌은 머리를 맞대면 10여 명이 앉을 수 있고, 큰 매화나무 그늘은 그 위의 가지와 줄기가 구불구불 굽어 있어 그 넓이가 3~4보가 된다. (중략)

활수담의 서쪽에 넓은 돌로 다리를 만들었다. 뜰에서 바위로 이르는 사람을 건네주고 또 활수담의 물이 새는 것을 막아주는데, 광교(廣橋)라 이름하였다. 광교가 베고 있는 것은 또한 큰 바위이고, 그 아래는 우묵하게 깊다. 돌을 뚫고 나오는 활수담 물이 돌 틈을 휘어 꺾여 우묵한 곳으로 흘러든다. 반듯한 돌로 다리를 만들어 우묵히 깊은 곳을 보충했는데, 방교(方橋)라 이름하였다. 그 물이 서쪽으로 꺾여 돌 틈을 뚫고 수미폭포로 흘러든다. (중략)

무릇 냇물이 넷이 있지만 조그마한 도랑은 언급하지 않았고, 다리가 셋이 있지만 작은 외나무다리는 언급하지 않았고, 대(臺, 흙이나 돌 따위로 높이 쌓아 올려 사방을 바라볼 수 있게 만든 곳)가 다섯이 되지만 뜰에 있는 앉을 만한 것은 언급하지 않았고, 대나무숲이 셋이지만 담 아래의 떨기 대나무는 또한 미처 기록하지 못했다.

이를 총괄해 하거원(何去園)이라 이름한 것은 어째서인가? 옛날에 선비가 나라를 떠나면 국경에서 만류하면서 '어찌 선대의 묘소를 떠나는가?' 하였다. 이곳은 선대의 묘소가 있는 곳이니, 어찌 이곳을 버리고 떠나겠는가? 천석(泉石)은 논할 바가 아니고, 떠나지 않음을 즐거워하려는 것일 뿐이다."

그가 이곳을 이토록 세심하고 정교하게 기억하는 것은 무한한 애정을 갖고 손수 꾸미고 가꾸어 왔기 때문일 것이다. 묘소 아래 당사(堂舍, 큰 집과 작은 집을 아울러 이르는 말)를 지어 제사를 지낼 수 있게 하고, 자손들이 독서를 할 수 있도록 했다. 또 시묘살이를 위해 꽃동산과 수석(水石)이 함께하는 삼근정사(三近精舍, 일명 수만헌)도 조성했다. 고향 무수동에 대한 사랑은 그가 벼슬길에 나가 있을 때나 돌아와 함께할 때나 변함이 없었다. 세상에 나가 큰 벼슬을 하고 세상을 두루두루 다녔던 그가 고향을 떠나지 않는 즐거움을 누리겠다고 하니 참으로 고고한 풍모를 느끼게 한다.

"정해년(1707년, 숙종 33년)에 처음 이 땅을 정했고, 계사년(1713년, 숙종 39년)에 계림에서 돌아와 납오지를 파고 단풍과 철쭉을 심었다. 중간에 벼슬살이로 인해 돌아오지 못할 때가 많았고, 돌아오

　　　　　　　　　4. 의인 권이진의 아름다운 인연

면 문득 한 그루 나무를 심고 한 개의 돌을 놓았다. 을사년(1725년, 영조 1년)에 경상도관찰사를 그만두고 돌아와서는 크게 수리했고, 지금 정미년(1727년, 영조 3년)에 이르러서야 바야흐로 이러한 경색을 갖추게 되었다."

그는 형제에 대한 우애도 매우 깊었다. 벼슬에 나간 이후에도 언제나 소식을 나누고 짬을 내어 누님과 형님을 만나 보려 애썼다. 특히 맏누이에 대한 그리움으로 당시로는 멀리 떨어진 당진에 들르기도 했다. 그가 50세이던 1717년 2월 맏누님이 돌아가시자 형제, 조카와 함께 먼 길을 찾아 직접 장례를 치렀다. 그 여정을 기록으로 남겼다.

"맏누이가 과부로 당진에 살다가 지난해 12월 15일에 세상을 뜨니, 2월 12일에 남편 무덤 곁에 장례를 치르기로 했다. 6일에 집을 떠나 8일 정오에 당진에 도착했는데 10일에 둘째 형이 인천에서 오셨다. 12일에 장례를 지내고 나서 13일에 형님과 헤어졌다. 형님은 인천으로 돌아갔다. 나는 조카 해징과 해미의 한씨 상가에서 자면서 해징의 딸을 방문했다."

부친 권유에 대한 회한

　권이진은 11살 때 어머님이 돌아가시고 아버지 권유와 함께 서울
로 가게 된다. 그는 서울에서 천연두를 심하게 앓아 위태로운 지경
에 이르기도 했다. 그 후유증으로 5~6년 동안 눈을 제대로 뜰 수
없었다. 당시 그는 간신히 책을 읽고는 외어가며 공부를 계속했다.
그런데 평소 몸이 약했던 부친마저 그가 17살 때 세상을 떠나게
된다. 효심이 깊었던 그는 커다란 아픔을 이겨내고 벼슬에 나아간
후 무수동에 부모님의 묘소를 마련한다. 묘소 아래 유회당이라 이
름지은 집을 짓고 일찍 헤어진 부모님을 그리워하며 추억했다.

　"우리 집은 본래 가난했다. 내가 어렸을 때 선친께서 집에 계실
때에는 일찍이 보리죽을 올렸고 도성에서 벼슬하실 때에는 어머
니께서 나를 데리고 가서 살았는데 그때는 메밀죽을 먹었으며, 간

　　　　　　　　4. 의인 권이진의 아름다운 인연

혹 밥을 먹기도 했다. 내가 나라의 은혜를 입은 뒤로부터는 좋은 식사를 자주 하게 되었으나 이런 생각을 하면 늘 심장과 간을 찌르는 듯 아프다. 너희(권이진의 자녀들을 지칭) 어머니의 집안은 재물이 넉넉했고, 너희 어머니가 재물을 가지고 내게 시집왔지만 나에게 고기반찬을 먹게 한 것은 바느질품을 팔아서 돈을 구한 일이 많았고, 자신은 가끔 쌀죽을 먹으며 하루하루를 보냈다. 그렇게 애쓰면서 부지런히 일을 하고 노력을 쌓아서 오늘의 생활을 이루게 된 것이다. 또 성은을 입어 넉넉한 관직을 맡게 되니 비록 법으로 정해진 것 외에 하나도 사사로이 사용한 물건이 없었지만 처자식의 의복 걱정은 하지 않았으며, 너희들로 하여금 태어나면서 고기반찬을 먹으며 편안히 살게 하였다. 너희들은 이런 넉넉함이 처음부터 있는 줄만 알았지 이렇게 애쓰고 힘들었던 줄을 어찌 알 수 있겠느냐."

권유는 전의현감으로 있을 때 병이 깊어지자 "사람이 배우지 않으면 사람 노릇을 할 수 없다. 서민들 가운데 거사(居士, 집에 있으면서 승려 수행을 하는 사람)가 된 사람은 그 하는 일이나 모양이 다른 평범한 사람들과는 다르다. 이는 그의 마음속에 부처의 도를 공부하려는 뜻이 있기 때문이니, 사대부로서 학문을 하는 사람은 어떻겠느냐?"고 말했다. 권이진은 울면서 그 말씀을 받들었지만 결국에는 제대로 한 일이 없고 이룩한 일도 없이 오로지 오늘의 슬픔과 탄식만 있게 되어 죽어서까지 무거운 불효를 저질렀다며 한탄했다.

권유는 강직하고 소신있는 선비였다. 행장(行狀)에 의하면 그는 소견이 있으면 반드시 할말을 다하지 한 번도 마지못해 억지로 남의 의견을 따르는 일은 없었다. 평소의 논의에서도 장인인 우암 송시열과 서로 합치되는 의견이 일반적으로 적었으나 우암 역시 그 지극한 정성은 이해했다고 한다.

권유가 죽은 뒤 그의 뒤를 이어 수령이 된 사람이 지인에게 이렇게 편지를 썼다. "전 수령의 정사가 정직하고 성실해서 장인과 사위 사이의 의리에 조금도 손색이 없었다." 곧 권유가 정사를 잘했으므로 장인의 명망을 실추시킴이 없었다는 말이다.

권유는 우암의 사위이면서 우암의 정적인 윤휴와는 사돈관계였다. 즉 윤휴의 아들 윤의제가 권유의 매제였다. 1680년(숙종 6년) 경신대출척으로 남인의 일부인 탁남(濁南, 숙종 때 남인으로부터 분파된 당파이며 청남에 비해 서인에 대해 온건한 입장을 취함) 세력이 모두 물러나고 서인이 집권하게 되는데, 이때 윤휴는 유배지에서 사사되고 윤의제도 유배되어 병으로 죽게 된다. 이때 상황이 너무 심각해 사람들은 공공연히 위문을 하지 못했다. 권유는 일찌감치 아문(衙門, 관아)으로 갔으나 윤휴가 이미 성문을 나갔다는 말을 듣고는 급히 가서 만났다. 윤휴가 헝겊으로 싸맨 피가 번진 정강이를 내보이면서 말하기를 "화가 여기까지 이를 줄 몰랐네." 하자, 권유는 웃으면서 "여기라니요? 대감은 오활(迂闊, 사리에 어둡고 세상

4. 의인 권이진의 아름다운 인연

물정을 잘 모르다)하십니다. 화가 어찌 여기서 끝나겠습니까?"라고
말했다.

　이 에피소드를 보며 드는 생각은 권유는 장인인 우암에 대해 좋
은 감정을 갖고 있지는 않았을 것 같다. 당론과 관련된 특별한 정
치적 입장 때문이라기보다는 장인·매제와 관련되어 벌어진 비극
적 결말로 인해 실망과 회한을 갖게 되었을 것이다.

삼태사 향사(享祀)와 족보 판각

신라말 왕건과 견훤이 맞붙은 안동(당시 고창)전투에서 혁혁한 공로를 세워 승리로 이끈 권행, 김선평, 장길을 일컬어 삼태사(三太師)라 한다. 특히 권행은 안동전투의 계책을 내어 주선하는 등 공로가 컸다. 이에 기미에 밝고 권도에 통달했다고 하여 왕건으로부터 권(權)씨 성을 하사받게 된다.

삼태사를 사당에 모시는 일은 오랫동안 문제없이 이뤄졌다. 고려초 예법에 따라 가운데에 권행의 위패를, 오른쪽에 김선평, 왼쪽에 장길의 위패를 설치했다. 권이진은 "주자에 의하면 증조를 가운데 모시고, 조(祖)는 동쪽에 고(考)는 서쪽에 모시라고 했다."며 오래도록 별다른 이견 없이 이어져 왔다고 말했다.

그러던 것이 위패를 설치하는 방법을 둘러싸고 이견이 생겼다.

안동김씨 문중에서 상소까지 올려 김선평 신위에 작헌(酌獻, 제사에서 술을 부어 신위 앞에 드림)을 먼저 해야 한다고 주장함에 따라 논란이 생긴 것이다.

그동안 허물어진 옛 사당을 복원하기 위해 집집마다 곡식을 내고 나무를 지고 와서 힘을 쓴 것은 오직 권씨였다. 사당을 건축한 것도 권씨이고, 전민(田民, 제전과 제전을 관리하는 사람)을 둔 것도 권씨이고, 재물과 곡식을 불린 것도 권씨였다. 권이진은 "신묘를 세우고 제전을 마련함에 사적으로 일을 맡아 집집마다 곡식을 내고 사람마다 나무를 지고 와서 백 년 사이에 대략의 모양을 갖추었다. 김씨 일족이 이 부에 살면서 권씨와 함께 서로 오래도록 선조의 사당에 왕래하면서 천년토록 위서(位序)와 작헌을 부끄럽게 여기지 않았는데 지금은 어찌하여 하루아침에 부끄럽게 여기는가?"라고 힐난했다. 그는 재실의 유사 한 명과 곳간의 유사는 전례에 따라 권씨 성을 가진 사람에게 맡기고, 일일이 위로는 도유사에게 보고하고 아래로는 하유사에게 위임하며, 관청에 장부를 두어 관청의 허락을 받게 해야 한다고 주장했다.

그런데 당시 향사에서 분향할 때 외지에 사는 자손들을 함부로 출입하지 못하게 하는 등 납득하기 어려운 일이 있었다. 이에 권이진은 권씨와 김씨의 종인(宗人), 그리고 향인(鄉人, 같은 고향 사람)의 부로자제(父老子弟)에게 두루 알려 가부를 청하자고 제안했다.

또한 그는 경상관찰사 시절 삼공신(三功臣)의 사당을 참례한 바 있다. 그런데 축문이 하나의 판에 함께 쓰여 있고 내용도 보잘 것 없었다. 그래서 축문을 다시 써 3개의 축판으로 만들었다.

한편 그가 안동부사로 있을 때 이 지역에서 '안동권씨 족보' 판각사업이 이뤄진다. 그는 이때 발문을 짓고 족보가 더 이상 어지럽히는 일이 없도록 해야 할 것임을 강조한다. 그는 발문에서 옛날부터 전해 오던 서거정(徐居正)이 편수한 권씨 족보 및 권기가 편찬한 16권을 중심으로, 권상하(權尙夏), 권규(權珪) 등이 편찬한 보첩(報帖, 어떤 사건이나 일에 대한 내용을 알리기 위해 보내는 문서)에다 탄옹이 편수한 것까지 포함해 일곱 가지를 참고했다고 밝혔다. 7~8년 동안 고증을 통해 원보 11권, 별보 2권을 만들어 내니 그 노고가 대단함을 치하했다.

사방에 있는 일가들이 편찬 소식을 듣고 기뻐하면서 돈을 내어 돕는 사람이 많았으니, 돈꿰미가 수백 수천이었다고 한다. 안동 부치(고을의 관아가 설치되어 있는 중심 지역)에 위치한 태사공 사당에서 판각을 시작해 인쇄 간행한 후 사방에 반포하게 된다. 권이진은 그동안 편찬 과정에서 여러 가지 실수로 인해 고생해 만든 족보가 곧바로 폐지되고 마는 안타까운 일이 있었음을 애석해하며, 앞으로는 족보가 어지럽히지 않도록 유사(有司)의 마땅한 법이 있어야 한다고 강조하였다.

만회집 판각과 만회의 왕도정치론

 권이진은 1711년(숙종 37년) 경주부윤에 제수되어 2년간 경주에서 일한다. 그는 이때 증조부인 만회 권득기의 저서《만회집晚悔集》을 판각하게 되는데, 발문에서 판각이 이루어지기까지의 우여곡절과 그 주요 내용을 서술하고 있다.

 먼저 외조부인 송시열의 만회에 대한 평가를 거론한다. 우암은 권이진에게 이렇게 말했다고 한다.

 "연평 이귀(李貴)가 언젠가 반정의 계책이 무오년(1618년, 광해군 10년)부터 시작되었는데, 이에 앞서 만회 권좌랑이 도보로 성문을 나가는 것을 보고, '우리의 계획이 잘못된 것이 아니라는 것을 더욱 믿게 되었다.'고 하였으니, 여기에서 만회가 당시 사람들에게 존중받았음을 알 수 있다."

이어 당대 인물들의 만회에 대한 언급을 일일이 기술하고 있다. "조익(趙翼)은 '당세 제일'로 인정하였고, 정엽(鄭曄)은 '경사스러운 구름 상서로운 별'로 기대했으며, 박지계는 만회께서 돌아가시자 '우리 유학이 불행하고 후학들이 복이 없다.'고 애도했으니, 모두 지(誌)와 제문 등에서 보이는 것들이다. 그리고 지천 최상공(지천은 병자호란 때 주화파의 거두였던 최명길의 호)이 돌아가신 할아버지 탄옹 선생을 추천하면서도 '이름난 아버지의 아들로서 후일 세상에 이름이 드러날 선비'라고 하였으니, 당세에 추앙받은 것이 이와 같다."

그러나 만회의 문집을 쌓아둔 지 벌써 80년이 지나고 있었다. 이에 증손인 권이진이 경주부윤이 되어 마음속에 가지고 있던 부끄러움을 다스리려고 비로소 판각에 부치니 문집 6편이 완성되었다. 권이진은 돌아가신 할아버지 탄옹께서 일찍이 손수 교정하셨기 때문에 모두 그대로 감히 고치지 못했다고 술회하고 있다. 또 주위 모은 시문과 정집(正集)에 들어갈 수 없는 것들을 한 편으로 만들어 탄옹이 지은 가장(家狀, 집안 관련 기록) 및 묘갈, 묘지명, 만사(輓詞, 죽은 이를 슬퍼하며 지은 글), 시, 제문을 첨부해 부록을 만들어 간행하게 되었음을 밝혔다.

당시엔 바닷가에서 단표 생활(가난한 생활) 즐겼으나
빛나는 이 책이 해와 달처럼 밝아라

4. 의인 권이진의 아름다운 인연

맑은 절개 탁세(濁世)에 초월함은 말할 것도 없으나

깊이 있는 말은 절로 어두운 밤을 비춰주네

하늘이 만약 사문(斯文, 유학자들의 儒道)을 도와주려고 하신다면

이 문집이 응당 오래도록 후세에 전해지리

오십 일 간의 교정을 거쳐 이제야 마쳤으니

훗날까지 세상에 전해짐은 하늘에 맡겨야지

만회 철학에 깊은 관심을 가졌던 경희대 김태영 교수는 만회가 당시의 도학자로서는 어느 누구도 생각하지 못한 국가·왕권의 성립의 시원에 관한 계약론적 사상을 전개했다는 점에 주목했다.

"탕·무의 나라는 옛날에 건국한 나라들이었다. 그 본시를 거슬러 보면 사람들이 살 때 원래는 군장이 없고 다만 촌락에 서로 모여 그 속에서 살다가 그 가운데 재지(才智, 재주와 슬기를 아울러 이르는 말)와 덕망으로 사람들을 복종시킬 수 있는 자를 추대해 그들을 위해 장(長)으로 삼았다. 여러 장 가운데서 그 재지와 덕망이 가장 뛰어난 자를 추대해 군(君)으로 삼아 제후(諸侯)라 했으며, 제후 가운데서 그 덕이 가장 큰 자를 추대해 천자(天子)로 삼았으니, 이는 요순 이전의 천하가 관을 공유하던 때의 일이었다."(《만회집》2권, 탕무혁명론)

만회는 특히 왕권의 시원을 인민이 자기들의 편의를 위해 왕을 추대한 것이었다고 하여, 주자학에서 말하는 왕권의 대천이

물(代天而物, 하늘을 대신해 백성을 보살핌) 이론보다 더 고색적이며 근원적인 것에서부터 고찰하고 있음이 주목된다고 김교수는 평가했다.

왕도정치에 대해 만회와 탄옹은 공도(公道)관을 근거로 왕도(王道, 인덕을 근본으로 천하를 다스리는 도리)와 패도(覇道, 인의를 가볍게 여기고 무력이나 권모술수로써 공리만을 꾀하는 일)의 시비 구분을 명확히 했다. 권시는 《탄옹집》에서 왕도는 공도에 근원해 '공정하게 천하에 인을 행한다(公天下而爲仁)'고 했다. 반면에 '패도'는 사리에서 나와 '자기 하나를 사사로이 이롭게 한다(私一己以爲利)'고 지적했다. 결국 왕·패지변의 본질은 공(公)과 사(私)에 있음을 분명히 했다.

또한 왕도정치를 행하기 위해서는 인(仁)과 의(義)로써 나라를 세우고 민(民)으로써 나라의 근본을 삼아야 한다고 주장했다. 만회는 군(君)과 신(臣)이 모두 백성들의 필요에 의해 만들어진 것이라면 군주는 백성의 생계를 위해 '양민(養民, 백성의 먹고 사는 일)'에 힘을 다해야 한다고 했다.

보근지(步近智) 중국사회과학원 교수는 〈논도산지학(論道山之學)〉(도산학총서 중 만회 선생 편에 수록됨)에서 만회·탄옹 부자가 언급한 '군위민설(君爲民設)'(임금은 백성을 위해 만들어짐), '민수기로(民酬基勞)'(백성은 노고에 대한 보답을 받아야 함)의 관점은 고대 유가의 민본사상의 발전일 뿐만 아니라 민주사상의 성격까지 내포한 것

4. 의인 권이진의 아름다운 인연

이라고 높이 평가했다.

두 부자는 나아가 '양민(養民)' '부민(富民)' '보민(保民)' 등 일련의 실질적인 세부 조치를 제시했다. 탄옹은 양민은 농사에 힘쓰는 것이 근본이라고 주장하는 한편 세금을 가볍게 하기 위해 대동법을 개선해 십일세법을 추진할 것을 건의했다. 또 당시 극심한 수해로 고통받는 농민들의 부세를 줄여야 한다며 "차라리 백성이 나라를 저버릴지라도 나라가 백성을 저버려서는 안된다."고 주장할 정도였다.

실학의 선성(先聲)

한편 만회는 당시 조선과 중국의 명 왕조를 비교하며 중국은 풍족하고 인구가 많으나 우리는 빈곤하고 어렵다며 그 원인을 화폐 유통의 유무에서 찾았다. 그는 화폐의 유통이 농업, 수공업과 상품경제의 발전을 자극할 수 있을 것이라고 보았다. 그래서 정부가 법제를 완비해 화폐의 광범위한 유통을 촉진하고 보장할 것을 요구했다. 이 또한 시대를 앞서간 근대적 사상이다.

또한 만회와 탄옹 두 부자는 민본사상에서 출발해 절검(節儉, 절약과 검소)을 강력히 주장했다. 만회는 "조정에 알맞게 제도를 정비해 때를 놓치지 말고 백성을 해치지 말며 절검을 숭상하는 것이 곧 백성을 사랑하는 일이다."고 강조했다. 탄옹은 더 나아가 "임금이 몸소 절검하고 모두 절약하도록 하려면 양입위출(量入爲出)의 재정원칙을 지켜야 한다."고 주장했다. 이러한 주장은 훗날 그의 손자 권이진이 호조판서가 되어 강력히 추진한 재정정책을 통해 빛을 보게 된다.

만회와 탄옹 두 부자는 주자의 격물론(格物論, 사물의 이치를 탐구하는 방법)과 관련 '지행병진(知行幷進)'과 '치기진지(致基眞知)'를 제시했다. 만회는 '치지(致知)'(사물의 도리를 깨닫는 경지에 이름)에 있어서 반드시 '힘써 행함(力行)'이 있어야 한다고 생각했다. 그는 '격물치지(格物致知)'의 인식론 중에서 지(知)와 행(行)의 긴밀한 관계를 설명했을 뿐만 아니라 '역행'(실천)이 인식(知)을 제고시키는 데 있어서 일으키는 중요 작용을 강조했다. 그는 사람들이 '진지(眞知)'를 구하려 한다면 반드시 두 가지 조건을 갖추어야 하는데 첫째가 행(실천)이고 둘째는 행하되 힘이 있어야 한다는 것이다. 이는 진지하게 실천해야만 비로소 참된 지를 얻을 수 있음을 뜻한다. 그는 '격물궁리(格物窮理)'는 지이필행(知而必行)과 지행병진의 원칙을 관철시켜야 한다고 강조했다.

성균관대 임형택 교수는 〈만회 경학의 연구〉(도산학총서 중 만회 선생 편에 수록됨)에서 만회의 '이(利)'에 관한 견해에 주목한다. 만회는 '욕리지심(欲利之心)' 자체를 긍정하되 욕리지심이 배타적·이기적으로 표출되는 것을 견제하자고 주장했다. 나와 남 서로 간에 고유한 욕리지심이 공(公)에 바탕해 합리적으로 조정되면 널리 유익하게 될 터이니 이것이 바로 의(義)라는 것이다. 그의 논리는 공리(=義), 사리(=利)로 정식화할 수 있으니 만회에 있어서 의와 이의 분변은 바로 이것을 말한다고 했다. 의와 이에 관한 정통이론에 대한 중대한 수정이 가해진 셈이라고 평가했다.

당시 의와 이를 대척적으로 설정하고 이의 추구를 죄악시한 관념은 사회를 침체하게 만든 역기능을 했던 것이 사실이다. 이 역시 중세의 사상적 질곡의 하나였다. 만회는 이를 긍정적으로 부활시켜 의(義)의 내포 개념으로 삼은 것이다. 임교수는 이에 대해 중세의 극복을 위한 사상적 모색의 의미를 읽을 수 있다고 높이 평가했다.

나아가 임교수는 만회의 '구시'가 18·19세기 우리의 정신사에서 실사구시의 학문으로 심화한 것이라고 지적했다. 만회의 사대부를 위한 성토, 진정한 독서를 위한 문제제기는 실학에 있어서 '사(士)'의 각성과 서로 기맥이 통한다고 보았다. 그의 비판의 논리 또한 '실학의 선성(先聲)'으로 들린다고도 했다. 만회의 경학은 성리학적 경학의 성격을 갖는 것이지만 실학적 경학의 맹아로 볼 수 있다고 의미를 부여했다.

4. 의인 권이진의 아름다운 인연

벼슬길에도 식지 않은 학구열

 권이진은 독특한 가학의 전통 속에서 배움을 익힌 선비형 관료였다. 그는 바쁜 업무 속에서도 틈틈이 지역의 선비나 승려와 교류를 멈추지 않았다. 특히 안동부사 시절 영남지역의 유학자들과 수준 높은 학문적 대화를 계속했다. 호계서원(퇴계 이황을 기리기 위해 세운 서원)의 모임에 참여해 토론을 나눈 뒤 부족하거나 의견이 다른 부분에 대해 이재(李栽) 원장에게 편지로 묻기도 했다.

 "저는 17~18세 때부터 이미 퇴옹(퇴계)의 사단칠정(四端七情)에 관한 논변이 있음을 알았는데, 망령되이 '사람이 이 형체를 타고 나면 곧 이 마음이 있게 되니 형이하(形而下)의 경우에 있어서는 모두 이(理)가 체(體)가 되고, 기(氣)가 용(用)이 되는 것이다.'라고 생각했습니다. '사단 또한 마음이 발하여 정(情)이 된 것이건만 유독 이(理)로서만 말하고 기(氣)를 필요로 하지 않는다.' 하니 저의 생각으로는 참으로 온당치 않게 여깁니다. 이는 조광조, 기대승, 이이의 서언(緒言, 책이나 논문 등의 첫머리에 내용이나 목적 등을 간략하게 적은 글)을 듣고서 알았던 것은 아니지만 이분들이 저보다 먼저 이 뜻을 얻게 된 것을 기쁘게 생각하는데, 또한 공들의 의논은 과연 어떠한지 모르겠습니다."

이런 상당히 논쟁적인 질문은 퇴계를 받드는 영남 유학자 입장에서 보면 도전적인 질문으로 받아들일 수 있었을 것이다. 또한 젊은 시절 그가 깊이 탐구한 태극도와 관련해서는 차원 높은 자신의 생각을 당당히 밝히며 상대의 의견을 구하기도 한다.

"묘합이응(妙合而凝) 한 단락에 대해 말씀드리겠습니다. 묘는 묘용(妙用)이라는 의미의 묘이기 때문에 정자(程子)가 말하기를 '묘용으로 말하면 이를 신(神)이라 한다.'고 하였습니다. 선유(先儒) 또한 '사물이 둘이 아니기 때문에 묘용일 뿐 일정한 방소(方所, 동서남북의 네 방향을 기준으로 하여 8방향, 16방향, 32방향으로 세분)가 없는 것이다.'라고 하였습니다. 이는 이(理)가 사물의 체가 됨을 묘(妙)라 하고, 음양이 상합함을 합(合)이라 하고, 형질이 이미 정해짐을 응(凝)이라 하기 때문에 그 주(註)에 '성(性)으로 체를 삼아 음양·오행이 종횡으로 뒤섞인다.'고 한 것입니다. 그 '혼융(渾融)하여 간격이 없다.'는 것은 세 가지가 하나가 된다는 것인데, 그 하나가 되는 까닭은 각각 의미하는 바가 있으므로 묘합을 합으로 여길 수 없는 형편을 알 수 있습니다. 이른바 '조화의 묘'라는 것이 또한 이 뜻에 가깝지 않겠습니까? 어떻게 여기실지 모르겠습니다."

그는 스승 윤휴로부터 태극도에 대해 가르침을 받았고, 훗날 윤휴도 그의 학문적 성취를 높게 평가했다.

〈역열재(亦悅齋)〉(권이진이 공부하는 기쁨에 대해 서술한 글) 서문에서는 "책을 펼치기만 하면 곧 배우는 것인지라 학문은 배우기 어려운 것이 아니지만 기뻐하는 데에 이르지 않는다면 학문이 아니다."며 배우는 기쁨을 예찬하기도 했다. 권이진은 3년간의 동래부사를 마치고 떠나면서 인연이 있던 선비들에게 선비가 추구해야 할 바를 글로 남겼다.

"선비인 자가 귀함이 자신에게 있음을 알지 못하고 의식(衣食)과 기물(器物)만을 일삼으며 세상에 의리 있음을 전혀 알지 못하면, 이는 농부와 장인과 상인들에게 한 마리 좀벌레 같은 존재가 되므로 삼민(三民, 농민·장인·상인)만도 훨씬 못하게 됩니다. 단지 선비의 적에 이름이 얹혀 있다고 하여 백성들을 깔보거나, 몸가짐을 조심해야 할 위치에 있는 것을 높다고 여겨 선비의 이름을 욕되게 하고 나라의 죄인이 된다면 선비라고 할 수 있겠습니까?

고을의 자제 중에 독서하는 자는 매우 드물고, 자라서는 향임이나 무관직을 얻어서 백성들을 부리고 온 고을에서 행세하는 것으로 내 일을 다했다고 여깁니다. 그래서 집안에 자제가 있으면 문자 익히는 것을 과업으로 삼지 않고, 조금 성명만 기록할 줄 알면 더 나아가 학문을 추구하고 진보하려는 마음이 없습니다. 이것으로 향중에서 행세하는 데는 부족함이 없으나, 인접한 고을인 밀양이나 김해에서 그러한 소문을 듣고 업신여기니 어찌 제군(諸君)들에게 크게 부끄럽고 욕된 일이 아니겠습니까?"

또한 그는 과거를 권장하였다. 과거가 선비들이 꼭 힘쓰고 사모해야 하는 일은 아니지만 향임과 비교해 원대하고, 과거를 준비하며 의리에 대해 공부할 수 있기 때문에 권유한다고 했다. 그는 의리에 대해 다음과 같이 말하고 있다.

"공자께서 말씀하시기를 '사람의 삶은 정직함이다.'라고 하셨으니, 마음을 세우는 것은 하나의 직(直) 자에 지나지 않고, 어떤 일에 처해서도 다만 이 한 글자만 구하면 된다는 것입니다. 충효와 경의는 모두 여기에서 나온 것이니 또한 하나하나 예를 들기는 어렵습니다. 글을 아는 방법은 먼저 《사기(史記)》를 공부하여 의리를 궁구하고, 그 다음으로 여러 문장가의 글을 공부하여 그 법을 배우면 됩니다. 이다음에는 각각 사람마다 능력이 달라 미리 예측할 수는 없으니, 오직 한 글자 근(勤)으로써 하면 충분합니다."

지방관의 소임을 다하면서도 지역의 선비들에게 의리를 가르치고 학문에 매진할 것을 당부하는 자세는 실로 '계몽 관료'를 연상케 한다. 성호 이익은 권이진의 묘지명에 다음과 같은 글을 남겼다.

"벼슬살이로 지방에 있는 일이 많았는데, 항상 말하기를 '관리의 도는 공정해야 명확해지고, 청렴해야 위의(威儀)가 있게 되고, 부지런해야 일이 정체되지 않게 된다.'라고 했다. 지방의 세력가들이 줄을 대지 못하고 뇌물 청탁이 통하지 않았다. 명예를 구하지 않고 요체는 백성을 편하게 하는 데 힘썼으며, 얼마나 깊이 헤아려 거북으로 점을 친 것처럼 환히 밝혔다. 공무를 마친 여가에는 반드시 고을의 사대부들과 교유하며 도의를 강론했고 관직에서 물러남에 이르러도 창고가 가득 차고 넘쳤다. (중략) 당시 사대부들이 모두 당파에 가담했으나 공만이 그 사이에 우뚝 서서 정도를 지키고 흔들리지 않았으니 헐뜯음과 칭찬이 한 귀퉁이에 늘 따라다녔다. 아첨하는 데 익숙한 세태를 싫어해 측근들에게 망령된 사귐을 더욱 경계하며 말하기를 '자신을 굽혀 세속을 따르는 것은 예로부터 그런 사람이 있었으나 나는 할 수 없다.'라고 하였다."

정조때 영의정을 지낸 남인의 대표적 인물인 채제공은 직접 기술한 권이진의 시장(諡狀, 시호를 청하기 위해 행적과 공적을 기록한 글)에서 학문에 진심인 그의 면모를 밝히고 있다.

"안동에 부임했을 때 공무를 보다가 여가가 있으면 반드시 고을에 있는 어진 사대부를 찾아 의리에 대해 담론하고 경적(經籍, 옛 성현들이 유교의 사상과 교리를 써 놓은 책)을 토론했습니다. 경주부윤으로 있을 때 낮에는 장부를 살피고 밤에는 《심경(心經)》을 30번씩 읽었는데 매일같이 그렇게 하였습니다."

그는 어진 선비들과의 교류 외에도 불심을 닦는 스님들과도 교류했다. 그는 10대에 부모님을 여의는 고난을 겪으며 무상한 현실을 절감할 수밖에 없었다. 그래서인지 유가사상에만 집착하지 않고 불교에 개방적이고 적극적인 태도를 보였다. 동래부사 시절 청신(淸愼) 상인(上人, 高僧을 일컬음)이 불경을 연구하고 참선을 행하다가 찾아와 세속 밖의 고상한 벗이 되기도 했다. 권이진이 그의 거처를 방문해 지은 시가 있다.

절간의 풍경소리 구름 끝에 사라지고
대숲 사이로 오솔길 비스듬히 나 있네
샘물 솟는 언덕에는 노송나무 늙어가고
스님은 일평생 문을 닫고 들어앉았네

권이진은 성리학 외에도 다양한 분야의 독서를 즐겼다. 그는 제자백가서가 있고 난 다음의 기이한 문장으로 장자의 〈추수(秋水)〉편과 사마천의 〈화식열전(貨殖列傳)〉을 꼽았다. 〈추수〉는 하늘을 얘기하고 이치를 설파해 그 일이 본래 뛰어난데다가 허공을 뚫고 하늘을 날기 때문에 시원스러워 달을 잡고 바람을 타는 듯하다고 했다. 〈화식열전〉은 그 물건은 대추와 밤이고, 그 일은 재물을 좇는 것이어서 지극히 자질구레하고 비루하지만 이를 서술함은 웅혼하고 분방해 한숨에 천리를 내달린다고 했다. 그 글을 읽노라면 눈이 아찔하고 심장이 뛰며 그 맛을 자세히 씹노라면 먹고 싶어 침

　　　　　　　　　　4. 의인 권이진의 아름다운 인연

을 홀리게 된다는 것이다. 두 문장이 천지 사이에 존재함은 보석과 같아서 진귀하지 않음은 아니지만 참으로 그 맛을 아는 이가 드물다며 지적 성취를 향유했다.

그는 제왕의 학문하는 자세에 대해서도 왕께 진언한다. 1706년(숙종 32년) 그는 정언(正言)에 제수되어 왕에게 상소를 올린다.

"제왕의 학문은 정사를 다스리는 이외에 별도의 공부가 있습니다. 모름지기 만물에 응하는 사이에도 반드시 한두 시간이라도 틈을 내어 생각을 고요히 하고, 보고 듣는 것을 절도있게 하여 정신을 수양해야 합니다. 그러면 일이 많아지더라도 마음이 더욱 여유로워지게 되어 병을 치료하고 기운을 기르는 데 도움이 될 것입니다."

이에 숙종은 비답을 주며 "진달한 경계의 내용이 매우 절실하고 가상하니, 유념하지 않을 수 있겠는가?"라고 칭찬했다. 권이진은 사색과 참선, 명상 등 마음 수련을 통한 안정과 여유가 학문이나 정사의 성취에 도움을 준다는 점을 잘 알고 있었던 것이다.

권이진은 풍수지리에도 밝아 관직을 수행하거나 선조의 묘를 모시는 일에서 그 전문성을 십분 발휘했다. 동래부사 시절 금정산성 수축 계획을 수립하면서 보여준 지리에 대한 해박한 지식이나 평안감사 때 변방의 방어와 관련된 지정학적 전문성의 탁월함은 앞서 설명한 바 있다.

또한 1731년(영조 7년) 공조판서로 인조와 그의 비인 인열왕후의 능인 장릉을 교하로 옮기는 과정에서 과업을 훌륭히 수행할 수 있었다. 당시 교하는 의논만 많았고 확정되지 않았는데, 그가 봉심(奉審, 임금의 명으로 능이나 묘를 보살피던 일)한 뒤 비로소 이곳으로 정하라는 명이 내려졌다.

이 과정에서 한두 세도가가 이 일에 권이진이 참여하고 있음을 알고 차자(箚子, 일정한 격식을 갖추지 않고 사실만을 간략히 적어 올리던 상소문)를 올려 반대했다. 또 전 전적(典籍) 이봉명(李鳳鳴) 등이 찾아와서는 교하가 불가하다며 공갈하는 일도 있었다. 이에 권이진은 사태의 전말을 알리며 사직을 청했으나 영조는 사직을 허락하지 않으며 다음과 같이 비답을 내렸다.

"세도(世道)가 이와 같다. 함부로 전하고 뜬소문은 대신도 오히려 미혹되니 참으로 개탄스럽다. 원래 이런 일로 지레 시골길을 찾은 것은 또한 지나치지 않은가? 경은 사양하지 말고 곧 올라와서 행공(行公, 공무를 집행함)하도록 하라."

또한 고향인 무수동에 터를 잡고 선조의 묘소를 옮겨 조성하는 과정에서도 그의 전문적 식견이 유감없이 발휘되었다. 그는 묘소를 제대로 지키기 위해 유회당(有懷堂)을 조성하고 주변의 조경도 신경써 가꾸었다. 현재 대전시 유형문화재로 남아 후손과 이곳을 찾는 관광객에게 전통의 미를 감상할 수 있는 기회를 제공하고 있다.

4. 의인 권이진의 아름다운 인연

동경잡기간오(東京雜記刊誤)

권이진은 1699년(숙종 25년) 함평현감에 제수되어 처음으로 지방 관으로 부임한다. 1701년(숙종 27년) 이곳에서《기성현지》를 편찬 한다. 이어 경주부윤으로 재임하던 1712년(숙종 38년)에는《동경 잡기간오》를 저술한다. 그가 경사(經史)나 실무와 관련된 분야뿐 아니라 지역과 역사에 관한 분야에도 깊은 관심과 해박한 지식을 갖고 있었음을 알 수 있다.

《동경잡기(東京雜記)》는 박혁거세 이후의 신라 경주에 대해 기록 한 읍지(邑誌)이다. 이 책이 언제 처음 편찬되었는지 정확히 알 수 는 없으나 발간 이후 몇 차례 보충을 거쳐 1711년(숙종 37년) 경주 부윤 남지훈(南至薰)이 옛 판목을 모아 새로 간행했다. 권이진이 이 때 새로 경주부윤에 부임했고, 1년 뒤 고증을 통해《동경잡기간오

(東京雜記刊誤)》(刊誤는 틀린 글자나 내용을 바로잡는다는 뜻)를 저술하게 된다. 그가 간오(刊誤)를 덧붙인 이유는 기존《동경잡기》에 대한 불만 때문이었다.

그는 서문에서《동경잡기》는 원래《여지승람》에 근거한 것이고, 새로 증보한 것은 민주면(閔周冕)이 경주부윤으로 있을 때라고 기술했다. 권이진은 옛날부터 전해 오는 신라시대에 관한 설은 허황되고 황당하며, 또 증보한 향리의 일은 모두 자질구레하고 번잡할 뿐이라고 했다.

《동경잡기》에 기록된 이야기는 역사적 사실에 비춰 잘못되고, 터무니없는 내용이 많았다. 다음으로 고도(古都)의 지(誌)를 쓰는 자는 반드시 그 나라의 의법(儀法, 의식의 예법)과 전장(典章, 제도와 문물을 아울러 이르는 말)을 기록해야 하는데 그렇지 않았다. 신라의 1천 년 역사가 너무 소루(疏漏, 부주의하다)하고, 자질구레하고, 잡다하게 기술되어 있었다. 또한 신라의 멸망 과정에서 비분이 느껴져야 하는데 그렇지 않았다. 그는《동경잡기간오》에서 마한의 부흥운동을 언급함으로써 그 아쉬움을 지적하고 있다.

김수태(金壽泰) 충남대 교수는 그가《동경잡기간오》를 저술하면서 비교적 광범위한 자료를 참고했다고 평가하고 있다. 특히《삼국사기》,《삼국유사》에 비중을 두고 있으며, 신라시대의 사실을 직접 언급해 주는 비문이나, 문집, 사지(寺誌), 세보(世譜, 조상 대대로 내려오는 혈통과 집안의 역사에 대한 기록) 등의 기록을 참고했다. 이전의

4. 의인 권이진의 아름다운 인연

역사가들이 이들 기록을 적극적으로 이용하지 않은 것과 크게 다른 점이다.

　김교수는《동경잡기간오》의 분석을 통해 권이진이 실학과 밀접한 관련이 있다고 주장한다. 그의 무실(務實)을 '명분보다는 실용적, 공리적 태도를 강조한 것'으로 보면 실사구시의 의미로 해석할 수 있기 때문이다. 그는 관념론적인 주자학을 강조하기보다는 현실에 기반을 둔 유학을 강조했으며, 또한 금석문이나 역사지리 연구 등의 학문에도 관심을 가졌다. 김교수는 그가 호서 남인을 대표해 조선후기 실학에 영향을 준 인물이라고 평가했다.

경종과의 인연

    권이진은 경종이 열 살 때이던 1698년(숙종 24년) 세자시강원 설서(說書)에 제수되었다. 이어서 1708년(숙종34년)에는 문학(文學), 필선(弼善)에 제수되는 등 경종이 세자이던 시절 강론하는 자리에서 만나게 된다. 훗날 경종 제위 때 그는 임금과의 개인적 인연 때문인지, 아니면 남인과 특별한 인연이 있는 장희빈의 아들인 임금의 관심 때문인지는 알 수 없으나, 여러 차례 요직에 제수되었다. 그때마다 그는 사직을 청하기도 하고 대간의 피소로 체직되기도 했다.

    4년이라는 경종의 짧은 재위 기간 동안 권이진은 동부승지, 형조참의, 비변사 당상, 승지, 우승지, 예조참의, 공조참의, 평안도병마절도사, 장례원 판결사, 사은부사, 형조참판, 호조참판, 경상도

관찰사에 제수된다. 정치적 기반이 취약한 상황에서 그를 중용코
자 무던히 애썼던 경종의 절박함과 남인 출신 관리의 희소성으로
인해 이뤄진 잦은 인사가 아니었을까 싶다.

경종 원년인 1721년 7월 권이진은 비변사 당상에 특차(特差)된
다. 당시 통정대부가 비변사 당상(堂上, 정삼품 이상의 품계에 해당하
는 벼슬을 통틀어 이르는 말)에 임명되는 것은 극히 이례적인 일이었
다고 한다. 다음해에 그는 예조참의로 덕릉(德陵, 추존된 이성계의
고조부인 목조의 능)과 안릉(安陵, 목조 비의 능)을 개사초(改莎草, 무
덤의 떼를 갈아입힘)하는 일을 수행한다. 그는 능 위에 잔디가 없었
던 지가 이미 여러 해가 되었음을 확인하고, 장계를 올려 전 감사
에게 책임을 물을 것을 청한다.

그해 10월 일을 마치고 집으로 돌아오자 승지로 부름을 받는다.
그는 4~5개월의 지방 근무로 2천 리가 넘는 길을 다니느라 습담
증이 더욱 심해져 관직에 나아가기 힘들다며 사직을 청하는 상소
를 올린다. 이때 그는 지방을 오가며 직접 목격한 백성의 고통을
상세히 보고한다.

"신이 관북에서 관동을 지나 기전(畿甸, 경기도 일대)에 이르렀다
가 한양에서 호서로 돌아가는데 들판은 다 황폐화되었고 백성들
은 딱한 모습이었습니다. 거기에다가 도적이 온 산에 들끓어 대낮
에 약탈하는 일까지 있었습니다. 신이 관북을 지나는데 백성들이
신을 근신(近臣, 임금을 가까이에서 모시던 신하)으로 사명을 받들고

온 사람이라고 여기고는, 열 명씩 백 명씩 무리를 지어 볏짚과 벼 이삭을 움켜쥐고 가뭄이 들어 농사를 망친 상황을 호소하면서 부세를 경감시켜 달라고 청했습니다."

권이진은 혹독한 재해로 인한 피해를 덜어주기 위해 수전재(水田災, 논의 재해)와 한전재(旱田災, 밭의 재해)를 더 참작해 민심을 수습하고 위로할 대책을 세울 것을 요청한다. 또 정부가 지출을 최대한 억제하고 세입에 맞춰 지출할 것을 강력히 건의한다.

그는 1723년(경종 3년) 지금의 대통령비서실에 해당하는 승정원의 승지를 맡게 된다. 이때 임금에게 심신을 수련하는 공부에 대해 의견을 말씀드리고, 홍문관으로 하여금 《대학(大學)》과 정자의 《정성서(定性書)》를 올리게 하여 경연에 나오지 않는 날에 항상 염송하기를 청한다. 이에 경종은 기꺼이 받아들인다.

이 해에 도봉서원에서 외할아버지인 송시열의 위패를 거두라는 상소가 있었다. 그는 사직소를 잇따라 올렸으나 허락되지 않아, 소패(召牌)를 여러 차례 어기게 된다. 그러자 부득이 체직이 허락된다.

6월에는 앞서 거론한 북병사 제수와 체직이 있었다. 이때 재상들이 나서 "권이진이 동래부사로 있을 때 청렴결백했다는 명성이 있었으며, 전임 부사들이 모두 전례에 따라 받았던 세은(稅銀)조차도 그는 받지 않았다."며 반박했다. 나아가 근거없는 비방에 대해 적극적으로 비판하고 나섰다. 특히 병조판서 유봉휘는 "반드시 추

4. 의인 권이진의 아름다운 인연

향(趨向, 대세가 흘러가는 방향)도 다르고 색목도 다른 사람을 이처럼 같이 칭찬하는 것은 공의(公議)를 볼 만합니다. 그리고 동래부사로 있을 적에 능히 왜인을 제어했으므로 작고한 최석정이 전에 치적을 성대히 칭찬했다."며 그를 옹호했다. 소를 냈던 심준은 체직되었다.

1724년(경종 4년) 7월 사은부사로 북경에 다녀온 지 한 달도 안 되어 권이진은 경상도관찰사에 제수된다. 여러 차례 사직을 청하다가 경종의 환후가 위중해 대궐에 들어가 문후(問候)하는 반열에 참여한다. 8월 25일 경종이 승하하자 곡반(哭班, 국상 때 곡을 하던 벼슬아치의 반열)에 참여한다. 9월에 임지로 떠나라는 의정부의 재촉으로 출발한다. 12월 임금께 곡하기 위해 상주에 이르러 슬피 울었다. 다음해 2월 지역을 순찰하던 중 상주에 이르러 그때의 감흥을 잊지 못해 시를 남긴다.

용 수염 부여잡고 함께 오르지 못했는데
한 해의 봄빛이 또 온 산을 물들였네
외로운 늙은 신하 세상에 남아 있어
임금 은혜 생각하며 눈물만 흘리네

행록에 의하면 경종이 승하한 후에도 권이진은 임금에 대한 말이 나오면 문득 눈물이 주르르 흘러내리고, 평상시 말을 주고받다

가도 임금에 대해 말하면 반드시 얼굴빛을 고치고 공경하며 소홀
히 하지 않았다고 한다.

최석정과의 교류

    권이진은 직임을 수행하는 내내 당색을 내세우거나 당리를 좇는 행동을 하지 않았다. 그래서인지 당대에 활동하던 관인들과의 교류도 거의 없었던 것으로 보인다. 다만 눈에 띄는 것은 숙종 연간에 영의정을 수차례 맡으며 활약한 최석정과의 인연이다.《유회당집》에는 권이진이 동래부사를 맡고 있을 당시 영의정으로 있던 최석정에게 보낸 편지 하나가 남아 있다.

    그는 당시 왜인들이 벌인 교역문란 행위를 바로잡기 위해 조정에 수차례의 장계를 올린다. 거기에 더해 보다 확실한 조정의 조치를 얻어내기 위해 당시 숙종의 신임을 받으며 영의정을 지내고 있던 최석정에게 직접 편지를 보내 지원을 간곡히 요청한다. 편지에서 그는 그동안 조정이 장계에 답해 응당한 조치를 취해 준 점에 대해 감사드리는 한편 지체되고 있는 몇 가지 사안에 대해 진언한다. 그중 하나가 바로 금정산성 수축에 관한 건이다.

최석정은 정무적으로뿐만 아니라 학문적으로도 탁월하고 다양한 재능을 지닌 인물이었다. 그는 병자호란 때 주화론(主和論)을 주장하고 양명학에도 큰 관심을 가졌던 최명길의 손자이다. 최명길은 권이진의 증조부인 권득기와 교유하였다. 1704년(숙종 30년) 권이진은 홍문관 수찬으로 있으면서 대간들로부터 공격받는 최석정을 옹호한 적이 있고, 1709년(숙종 34년) 동래부사로 부임할 때에는 최석정의 천거를 받은 인연이 있다.

최석정은 스승인 윤증과 더불어 소론의 대표적 인물이기도 했다. 흥미로운 점은 그가 수학과 천문학 등에도 관심을 가졌다는 것이다. 특히 수학에 해박하여 《구수략(九數略)》이란 저술도 남겼다. 또한 청나라가 채택한 시헌력(時憲曆, 서양 천문학의 이론과 방법에 기반한 역법)을 수용하기도 했다. 이는 양명학을 공부해 성리학을 교조적으로 해석하지 않고 개방된 세계관을 가지고 있었기에 가능했던 일이었을 것이다.

권이진이 벼슬길에 나선 이후 고위직 관료와 사적으로 교류한 경우는 찾아보기 힘들다. 그가 최석정과 사적인 편지를 교류할 정도의 인연이 있었던 것은 서로 개방적이고 실용적인 사고를 했다는 점 때문이었을 것 같다. 또 윤증과 친근한 관계라는 점에서도 그 인연의 실마리를 찾을 수 있을 것이다. 윤증은 권이진의 고모부

4. 의인 권이진의 아름다운 인연

이자 스승이며, 동시에 최석정의 스승이기도 하다. 존경하는 스승을 함께 둔 두 사람 사이에는 사상적으로나 정서적으로 동질감과 친밀성이 있었을 것으로 상상해 볼 수 있다. 편지에서 권이진은 최석정이 보낸 답장에 대해 감사함을 표하고 있는데, 그 답장은 문집에 기록되지 않았다.

제주판관 남구명을 전송하며

권이진이 제주판관 남구명(南九明)을 전송하는 글에서 제주에 관한 흥미로운 이야기를 남겨 소개하려 한다. 남구명은 1712년(숙종 38년) 제주판관으로 부임해, 흉년에 도민 구제에 공을 세워 제주 죽림사에 제향된 인물이다. 권이진은 먼저 지인의 전언을 통해 제주도를 소개한다.

"내가 일찍이 해남의 대둔산(大屯山)에 올라간 적이 있는데, 절의 중이 나에게 '한라산이 점과 같이 보인다.'고 했다. 시야에 들어오는 안개 가운데로 손가락을 가리키며 내 시선을 인도했으나 나는 시력이 약해 그 유무를 분별할 수 없었다. 여기서 거리가 얼마나 되느냐고 물었더니, 중이 두려운 기색을 띠고 말하기를 '제가 일찍이 한 번 가본 적이 있습니다. 당시 너무 놀랐기 때문에 지금 말하

4. 의인 권이진의 아름다운 인연

고자 하매 낯빛이 두려워집니다. 이곳에서 뱃길로 8백~9백 리입니다. 고금도와 추자도 및 소화탈도, 대화탈도의 험한 곳을 지나는데, 물살이 여울처럼 빠르게 움직여 배가 키를 켜듯이 흔들리니 배에 탄 사람들이 종종 신명을 부르면서 살려주기를 바랐습니다. 새벽부터 사나운 바람이 종일 불었고 밤에 들어 비로소 조천관에 정박하자, 뱃사공이 술을 뿌리며 다시 살아남을 축하했습니다. …' 하였다. 아아! 역시 위험하도다."

이어 당시 제주의 행정과 파견되는 관리들에 대해 얘기한다. 고을의 관원으로는 목사(牧使)와 판관(判官)이 있고, 속현(屬縣)으로는 정의와 대정이 있다. 목사는 고을의 존귀함을 독차지하고 섬사람을 마음대로 할 수 있으니, 그 벼슬이 영광스러운 것이나 바닷길이 멀고 험하기 때문에 목사가 된 사람은 대부분 가려 하지 않았다. 그렇기 때문에 조정에서 파견되는 사람은 명망과 지위가 낮고 미천해 세상에서 중시되지 못하는 사람이 아니면 벼슬길에 길이 끊겨 당시에 뜻을 얻지 못한 사람들이라고 했다.

이런 형편에 남구명처럼 총명하고 단아한 사람이 제주에 부임하게 된 것을 다행으로 여기며 그가 백성을 위해 좋은 관리가 될 것을 기대한다. 그러나 제주 마을이 바다 밖에 있으므로 정사가 백성에게 잘 시행되더라도 그 칭송하는 소리가 조정에 진달되지 않았다.

또 진미를 배로 부치면 세력가와 교분을 맺을 수 있기 때문에 관리가 된 자는 청렴한 이가 적어 백성들이 가렴주구에 괴로워했다. 남구명이 부임하면 반드시 정성으로 상관을 섬기고 은혜로써 백성을 어루만져 병든 백성을 요 위에 앉혀 쓰다듬고 따뜻하게 해주리라고 기대한다.

그의 기대에 부응해 남구명은 흉년을 맞아 백성 구제에 공을 세우게 된다. 그는 남구명에게 어려운 환경에서도 용기를 내도록 격려한다.

"한라는 옛날 방장(方丈, 바다 가운데 있다는 삼신산의 하나)이라 일컫는 산으로, 그 위에 올라가면 흰 파도가 만 리로 펼쳐져 바다와 하늘이 하나가 된다네. 서쪽으로는 중국의 절강(浙江)이 보이고, 동쪽으로는 유구(琉球, 오키나와)가 내려다보이고, 위로는 노인성(老人星, 천구의 남극 부근에 있어 2월 무렵에 남쪽 지평선 가까이에 잠시 보이는 별)이 수레바퀴처럼 크게 보이니, 이는 진실로 천하의 기이한 구경이고 장쾌한 유람이라오.

소동파(蘇東坡)가 말하기를 '남방에서 구사일생한 일 한스럽지 않노니, 이곳에서 절경을 유람함은 평생의 으뜸이네.' 하였지 않소. 옛사람 중에 이미 이를 즐거워한 이가 있었으니, 어찌 벼슬살이의 괴로움만 생각하겠는가! 정사가 이루어지고 공무가 한가할 때 장유시 한 편을 지었다가 서울로 돌아와 벼슬하는 날에 보문산 속의 나에게 보내주기 바라오."

그가 남구명과 어떤 인연으로 가까웠는지는 알 수 없으나 이처럼 정감있고 낭만적인 글을 보낸 걸 보면 둘은 인간적으로 매우 끈끈한 사이였음을 알 수 있다.

영조의 치제문

  권이진은 1734년(영조 10년) 6월 5일 벼슬을 마치고 고향 무수동으로 돌아온다. 〈연보〉에 의하면 그는 10월 보름 이후 피곤한 기색을 보였으며, 11월 6일 정침(正寢, 제사를 지내는 몸채의 방)에서 세상을 마치게 된다. 태어난 지 67년째 되는 해였다. 영조는 치제문(致祭文, 죽은 이의 덕을 기리는 글)을 지어 보낸다.

아! 경이여
훌륭한 조상의 뒤를 이어
시와 예로 법도를 삼았네
두 마디 말로 표현하면
지혜가 밝고 세운 뜻 확고했네

4. 의인 권이진의 아름다운 인연

밝음은 촛불로 비춘 듯하고
확고함은 철벽과 같았네
온전한 재주 견줄 이 드물고
정사와 문학에 뛰어났네
문학은 어떠한가
난핵에서 조서를 담당하였네
이연에서 계옥하니
임금의 알아줌이 전에 없이 특별했네
정사는 어떠한가
여섯 가지 어려운 일 잘 처리했네
위엄이 동래에서 드러났으니
단속함이 오랑캐와 역관에게 미쳤네
깨끗한 지조와 민첩한 일처리
조정에서 입을 모아 천거했네
영남의 관찰사가 되었을 때
내가 처음 즉위하였네
정사에 다른 방법을 쓰지 않고
금석처럼 법을 집행하였네
명망이 이웃 고을에까지 미쳐
모두가 그 덕을 노래했네
저 판조를 맡으니
미려가 새지 않고 말랐네

영조의 치제문

관직을 맡은 지 오랜 뒤에
아! 경은 높이 발탁되었네
세력 있는 이에게 붙지 않았고
늘그막에 조정에 나아갔네
잠시 헐뜯었다가 곧이어 칭찬하니
정교처럼 백성들 복종하였네
군비가 증가하여 지출도 많아졌지만
쓰고 남은 것이 산처럼 쌓였네
나라가 지금 영원히 힘입을 곳은
오로지 경의 역량뿐이네
한 마디 말로 시비를 분별하니
그 직책을 맡을 이 누구이겠는가
모든 중책을 맡길 만한데
내가 어찌 경을 놓을 수 있겠는가
오정의 힘으로 끌어당겨도
경의 의지 바뀜이 없었네
무고함이 있으면 시원하게 씻어주고
원통함이 있으면 밝게 살펴주었네
편전에서의 그대의 깨우침에
감동의 눈물 가슴에 가득했네
내가 서쪽을 바라보니 걱정스러워
관문을 지키는 일 경에게 맡겼네

　　　　　　　　　　　　4. 의인 권이진의 아름다운 인연

재화가 천고에 넘쳤으나
돌아올 때 전대가 깨끗하였네
변장을 지키는 일에 온 힘을 다하였고
나라 걱정으로 병이 들었네
잠시 견책으로 재앙이 되었으나
바야흐로 견복을 생각했네
슬프게도 부음 갑자기 들리니
하늘의 빼앗아감 어찌 이리 빠른가
아! 경이 이룩한 정사의 공적은
진실로 학식에 바탕한 것이네
의장을 설치한 높은 기풍
야박한 자들을 권면하였네
내 허물 지적해 줌을 잊지 못하겠으니
중후하며 곧고 순박하였네
주발과 급암처럼
꾸밈없이 사실대로 말하였네
쇠미한 풍속에 휩쓸리지 않아서
중임을 맡길 만하였네
저 쓰임을 다하기도 전에
슬프고 애통함이 더하였네
이에 예조의 관원을 보내어
술을 따라 올리네

영조의 치제문

밝으신 영령께서는

이르러 흠향하시오

- 지제교 남태제(南泰齊)가 지어 올린 글

1772년(영조 48년) 채제공이 시장(諡狀)을 지어 읽게 되는데 "맹분(孟賁, 전국시대 제나라의 용사), 하육(夏育, 춘추시대 주나라 위 지역 사람)도 빼앗지 못한다."에 이르자, 영조는 "과연 그렇다. 실로 맹분, 하육도 빼앗지 못할 지조가 있었다."라고 말했다. 또 영조는 "어찌하여 문(文)자의 시호를 얻지 못하였는가? 이 사람이 '문'자의 시호를 얻지 못하였으니, 그 나머지 '문'자의 시호는 모두 부끄러워함 직하다. 그러나 '일을 집행함에 견고하다.'(당시 권이진에게 내려진 시호는 공민(恭敏)이다)는 것은 또한 이 사람에게 매우 적절하다."고 했다.

다음날 영조는 채제공에게 "어제 시장은 경이 잘 지었다고 할 만하다. 이 사람은 과연 재정에 공이 있었으나 오늘날까지 사람의 원망이 있다."고 하자 채제공은 이렇게 답했다.

"간사한 아전은 오늘날까지 그를 헐뜯고 식견이 있는 사람은 오늘날까지 칭찬합니다. 신이 찬집청(纂輯廳, 문헌자료의 찬집을 위하여 설치한 임시관서)에 있을 때에 《문헌비고(文獻備考)》(1770년 왕명에 따라 우리나라 고금의 문물제도를 수록한 책)를 죽 고찰해 보았더니, 국초부터 봉부동(封不動, 비상대비용 물건을 쓰지 못하도록 창고에 넣고 굳게 봉하여 변동시키지 못하게 함)을 한 사람이 없었다가 권모로부터 처음 창립되었는데, 오늘날까지 혹 남기도 하고 혹 모자라기도 하나 준용하여 지탱하는 것은 오로지 이 때문입니다."

부록

———

연
행
일
기

———

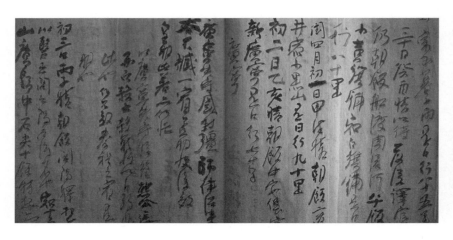

대전광역시 문화재자료 〈연행일기〉 필사본

[연행일기 해제]

  권이진은 1723년(경종 3년) 11월에 사은사(謝恩使)의 부사에 제수되어 그 다음해인 1724년(경종 4년) 3월 연경(燕京, 현재의 북경)에 간다. 《열하일기》 를 쓴 연암 박지원이 사은사의 일원으로 연경에 갔던 것이 1780년(정조 4년) 이니 56년 앞선 일이다. 청나라 시대 사행의 명칭은 사은사, 진주사(주청사), 진하사, 진위사, 진향사, 변무사, 고부사, 문안사, 참핵사 등이 있었다. 1724 년의 사행은 사은사였는데, 청이 조선에 고마운 처사를 했을 때 그에 대한 인사로 가는 것이었다. 각 사행의 임무는 복잡했지만 표자(表咨) 등 사대문 서의 전달과 조공품의 진상이 주임무였다. 권이진은 이 여정 전반을 일기 형 식으로 기록한 《연행일기》를 남겼다.

  사행의 구성 및 인원은 종류에 따라 다르지만 대부분 사(使) 2명(정사·부 사), 서장관(書狀官) 1명, 대통관(大通官, 통역관) 3명, 압물관(押物官, 각종 예 물 호송관) 24명으로 구성된 정관이 30명이다. 이들을 포함해서 전체 일행 은 200~300명 내외였고, 정사·부사·서장관을 3사라고 한다. 청대의 공로 (公路)는 명대와 큰 차이 없이 주로 육로를 이용했는데, 해로에 비해 편리하 고 단거리여서 시일이 단축되었기 때문이다. 주요 경유지는 평양, 의주, 압록 강과 봉황성, 연산관, 요동, 심양, 금주, 사하, 산해관, 통주, 북경이었다. 총 3,100리로 약 40일의 여정이었으나, 실제로는 가는 데 50~60일, 오는 데

50일 정도 소비되었으며, 북경에서의 체류는 5개월 내외였다.

이들 사행은 의주에서 도강하기 전에 정관 이하 사행의 인원, 마필, 세폐(歲幣, 사신이 가지고 가는 공물), 여비, 기타 물품의 적재량을 국왕에게 보고했다. 이것을 도강장(渡江狀)이라고 한다. 또 책문에 도착했을 때도 같은 사항을 만주 측 지방관에 보고했는데, 이것이 책문 보고이다. 심양 도착 후 방물의 일부는 요동 도사를 통해 북경의 황제에게 전송되었다.

사행은 북경에 입경한 다음날 예부에 표자를 전달하고 임금에게 하례할 때에는 미리 그 연의(衍義, 뜻을 넓혀서 자세히 설명함)를 행한 후 조하(朝賀, 경축일에 조정에 나아가 임금에게 하례하던 일)했다. 세폐와 방물은 내무부에 표주문을 보낸 후 내무부가 사수(查受, 조사하여 받음)할 것을 황제에게 말씀드려 결정된 후에 수납해 내탕(內帑, 왕실의 재물을 넣어두던 창고)에 보관했다. 그리고 황제는 국왕에 대한 회사(回謝, 사례하는 뜻을 표함)를 비롯해 사행의 정관 전원과 종인 30여 명에게 하사품을 주었다. 사행의 임무가 끝나서 북경을 떠나려고 할 때에도 홍려시에 통보하고 예부에 가서 소정의 의식을 행했는데, 후에는 회자문을 받는 것으로 그쳤다. 사행원은 이 같은 공적 활동 외에 사적으로 중국학자와 접촉해 학문적 교류도 했다.

사행의 빈도수는 청초 특히 숭덕(崇德, 청나라 2대 황제인 태종 홍타이지의 연호) 연간에는 연평균 7차례 이상이었으나 그 후 점차 감소하여 강희(康熙) 연간에는 연 2~3차례, 평균적으로 연 3차례 정도 사행이 파견되었다. 이렇게 사행의 빈도수는 사은행(謝恩行)을 제외하고는 시대적으로 그 수가 점차 감소되었다.

1724년 사은사의 정사는 소현세자의 증손인 이탄이었고, 사행중의 사건을 기록하여 임금에게 보고하는 서장관(정4품에서 6품 사이의 관원이 임명되어 삼사 가운데 가장 지위가 낮았으나, 일행을 감찰하고 인마[人馬]와 복태[卜馱, 말이나 소로 실어 나르는 짐]를 점검하는 행대어사의 임무를 겸함)은 심준이었다. 정사 이탄은 이후 이인좌의 난(1728년 영조 4년에 정권에서 배제된 소론과 남인 일부가 연합하고 이인좌가 중심이 되어 일으킨 반란)에 연좌되어 자살하게 된다. 서장관 심준은 권이진이 함경도 병마절도사 후보로 거론될 때, 사헌부 지평으로 있으면서 반대 상소를 올렸다가 체직된 인물이다. 당시 대부분의 대신들은 권이진의 능력과 인품을 거론하며 적임자라고 옹호하였다. 이처럼 악연을 가진 자와 함께 사은사에 참여하는 것은 당사자인 권이진으로서는 매우 불편한 일이었을 것이다. 실제 연경을 다녀오는 내내 심준의 부적절한 행동으로 인해 사은사 일행은 힘겨워했다. 또한 학문적 관심이 깊었던 권이진이 중국학자를 만나는 등 사적인 활동을 자제하는 원인이 되었다.

그는 사은사에 제수된 다음해인 1724년 2월 형조참판에서 호조참판으로 옮겨 연경행에 참여하게 된다. 당초 청나라 황제에게 올리는 표문을 최종 검토하고 봉합하는 날인 배표일은 3월 27일이었다. 그런데 청에서 중궁을 책봉한다는 칙서를 발표함에 따라 방물(方物, 조공품)을 추가로 준비해야 하는 문제가 대두했다. 하지만 당시 호조의 재정이 이를 마련해 올릴 여력이 없어 배표일을 3월 15일로 변경하게 되었다. 당시 조선의 재정이 얼마나 취약했는지를 알 수 있는 씁쓸한 풍경이다.

당시 사은의 이유는 교제(郊祭, 청의 황제가 교외에서 천지의 신에게 지내는 제사) 때 강희제를 함께 제사 지내고 세 황후를 종묘에 모시는 일, 그리고 난두(欄頭, 북경에 가는 사신 일행의 물자를 도맡아 대는 상인)에 관한 것이었다. 우리 사신이 청나라에 들어가면 모든 짐바리는 난두들이 고용한 수레로 실어 나르도록 되어 있었는데, 이를 조종하는 권한이 저들에게 있으므로 우리 측은 고통을 감당하기 어려웠다. 이를 청에 요청해 혁파하게 되니, 이에 감사를 표시하게 된 것이다.

권이진은 출발일인 1724년 3월 15일로부터 돌아오는 7월 17일까지 5개월에 걸친 대장정을 일기 형식으로 꼼꼼히 기록하였다. 기록으로서의 가치도 있고 당시 사행의 이모저모와 풍속, 서북의 실정, 청의 지리, 풍속과 정치 등 흥미로운 부분이 담겨 있어 여기에 전문을 옮긴다.

연행일기

−3월 15일

사시(오전 9시에서 11시 사이)에 배표(拜表)했다. 표문(表文, 중국 임금에게 보내는 외교문서)과 자문(咨文, 중국 예부에 보내는 외교문서)을 각각 두 벌씩 봉함해 인정전 중간에 설치된 붉은색 책상 위에 봉안했다. 상사와 부사인 내가 각각 한 봉함씩 모셔내어 용정(龍亭, 임금의 조서·옥책·금보 따위를 옮길 때 사용하던 가마)에 안치하고 모화관(慕華館, 명나라와 청나라의 사신을 영접하던 곳)에 도착했다. 사대(査對, 중국에 보내는 외교문서를 서울과 지방에서 여러 번 재검토 확인하는 제도)에는 관례에 따라 육조에서 세 당상 중 한 사람씩 모두 모였다. 사대가 끝난 뒤 형조와 호조에서 나를 위해 술자리를 마련했는데 두 순배가 돈 뒤 나는 먼저 일어나 홍제원에 당도했다. 거기에는 둘째 형님과 두 아이(아들), 조카 호징 외에도 서울에 있는 여러 사람이 많이들 전송하러 와 있었다. 조금 후 형님과 눈물 흘리며 작별했다. 두 아이와 호징, 생질(누이의 아들) 홍우열은 나를 따라왔다. 심정석과 김정태 군, 생질 홍우철은 군관으로 나를 따라 연경에 들어가는데, 그 밖에도 노도관 군은 중방(中房, 관장의 수행비서)으로, 하인 유익간은 건량고자(乾糧庫子, 식량담당)로, 하인 김덕삼은 종으로 수행하고, 역관 김유문은 건량역관(乾糧譯官)이었다. 다른 역관들은 각각 소속이 있어 나에게 전속된 자들이 아니었다. 이날 40리를 가 고양에서 잤다.

－3월 16일

흐림. 조카 호징이 돌아갔다. 나는 칙사(勅使, 조선에 칙서를 가지고 오던 중국 사신)가 앞에 있었으므로 그가 고양에 들어오기를 기다려 출발했다. 경기감사 이세최(李世最)가 곧장 내 처소에 도착했으므로 이야기를 나눴다. 원접사(遠接使, 중국 사신을 맞아들이던 관리) 심수현(沈壽賢)의 처소를 방문해 잠시 이야기를 나누고, 1리쯤 가다가 삭녕군수 홍중징(洪重徵)을 만나 주막에 들어가 잠시 이야기했다. 이날 파주에서 잤다. 40리를 갔다.

－3월 17일

장단에서 점심을 먹었는데, 고을 원 허정(許珽)과 만나 인사를 나누었다. 개성부에서 묵었다. 유수(留守) 유중무(柳重茂)와 경력(經歷, 각 부에서 실제적인 사무를 맡아보던 종사품 벼슬) 이진환(李震煥)이 모두 와서 만나 보았다. 이날 70리를 갔다.

-3월 18일

아침에 국재(菊齋, 유회당의 13대조로 고려 후기에 정승을 지낸 권보의 호) 선생의 유허(遺墟, 오랜 세월에 쓸쓸하게 남아 있는 옛터)를 둘러보았다. 전 경력 권시경(權始經)이 돌을 세워 표지를 해놓았다. 늦게 비가 왔다. 청석동을 나오다가 비를 만났는데, 아들 정정이 잘못하여 우구(雨具, 비를 막는 기구)를 하인에게 가져가게 했으므로 옷을 약간 적셨다. 고금천에서 잠깐 쉬었다가 정오경에 금천에 도착하니, 고을 원 한일운(韓日運)과 평산의 신임 수령 홍덕망(洪德望)이 와서 만났다. 평산에서 잤는데 전임 평산부사 이보혁(李普赫), 연안부사 정석규(鄭錫圭), 곡산군수 구성임(具聖任) 등이 와서 보았다. 이날 100리를 갔다.

-3월 19일

맑음. 총수참에서 점심을 먹었는데, 수안군수 홍이한(洪以漢)과 토산현감 김정희(金鼎熙)가 와서 보았다. 서흥에서 잤다. 고을 원 오수원(吳遂元)이 와서 보고, 신계현령 이형수(李衡秀)도 와서 만나 보았다. 이날 80리를 갔다.

-3월 20일

맑고 바람 불다. 검수참에서 점심을 먹었는데 문화현령 박수한(朴秀漢)과 장연현감 윤동교(尹東郊)가 와서 기다리고 있었다. 봉산에서 자는데 고을 원 장두소(張斗紹)가 와서 보고, 기린찰방 이정석(李廷錫)은 황주에서의 사대 일로 와서 역시 만났다. 이날 70리를

연행일기

갔다.

－3월 21일

맑음. 황주에 도착해 부사 유정(柳綎)을 만나보고, 병사(병마절도사) 조세망(趙世望)도 와서 만났다. 이날 40리를 갔다.

－3월 22일

맑음. 황주에 머물렀다. 목사 유정과 기린찰방 이정석이 사대했는데, 표문의 '많은 벗(百朋)'이란 글자는 본디《시경》에서 나온 것으로 곧 임금이 신하를 위로하는 말이니 마땅한 용처가 아니고 다른 곳에도 잘못된 곳이 있어 치계(馳啓, 보고서를 올림)하여 고칠 것을 청했다. 월파정, 별당 등지를 둘러보고 병사를 찾아 만났다.

－3월 23일

맑음. 중화에 도착해 돌아오는 동지사(冬至使, 명나라와 청나라에 정기적으로 파견한 사신 일행)를 만나 이야기를 나누었다. 이 고을 원 여위량(呂渭良), 양덕현감 김대(金坮), 대동찰방 이광식(李光湜)을 만나 보았다. 이날 50리를 갔다.

－3월 24일

맑음. 평양에 도착해 평림 10리를 가서 대동강의 배에 오르니 판관(判官, 소속 관아의 행정실무를 지휘, 담당하거나 지방관을 도와 행정·군정에 참여한 종5품 관직) 이보혁(李普赫)이 술과 안주를 가지고 와서 기다리고 있었다. 연광정에 오르니 성벽에 바짝 붙어 있는 정자인데, 강이 성을 두르고 있어 물고기를 내려다보며 셀 수 있을 정도였다. 넓은 들판에 면한 백사장이 10리는 되어 보였다. 사람들이 떠드는 소리가 크게 들려 살펴보니 나루터에서 서로 건너려고 다투는 소리였다. 감사 오명항(吳命恒)을 찾아보고 대동관으로 돌아와 있자니 감사가 찾아와서 만나고 밤이 되어서야 파했다. 이날 30리를 갔다.

－3월 25일

흐림. 평양에 머물면서 대종찰방, 양덕현감 등과 사대하고 봉함한 뒤 장계를 올렸다.

－3월 26일

맑음. 그대로 평양에 머물며 인현서원(仁賢書院, 기자를 모신 서원)을 찾아 배알했다. 앞은 들판에 닿았고 뒤로는 우거진 송림 언덕을 등지고 기자의 화상을 봉안했는데 화상은 좁은 폭에 세밀화로 그렸다. 기자 우물을 보니 깊이만 깊을 뿐 특별히 다른 것은 없다. 정전(井田, 기자가 평양에 설치했다는 정전)이 성 밖에 있는데, 누구의 전지를 막론하고 모두 평평하고 모서리가 반듯하며 두둑 경계마다 두 개의 돌을 마주 세웠다. 전지의 나비나 길이가 모두 서로 비슷하여 한백겸(韓百謙)이 상고해 낸 은나라 제도와 당시의 생각이 더욱 분명하다. 다만 경계에 세운 돌은 당시의 것이 아니고 후세 사람이 표를 해놓은 것이라 한다.

－3월 27일

맑음. 기자묘를 배알하니 소나무 수풀 속에 낮은 담장으로 둘러

쳐져 있다. 비석은 담장 안에 있고 담장 밖에 두어 간 묘각이 세워져 있어 받드는 제도가 거칠고 간략하다. 이로써 우리나라가 옛것을 높이는 정성과 물력이 쇠약해져 시들어짐을 알 수 있다. 두 아이를 집으로 돌려보내니 마음이 언짢다. 순안에서 자는데 현령 조두수(趙斗壽)가 와서 만났다. 이날 70리를 갔다.

—3월 28일

맑음. 숙천에 도착하니 고을 원은 차사원(差使員, 각종 특수임무의 수행을 위하여 임시로 차출, 임명되는 관원)으로 칙사를 맞이하러 가고 없었다. 이날 60리를 갔다.

—3월 29일

달이 작아 그믐달이다. 숙천에서 머물렀는데 날씨가 흐리고 추웠다.

—4월 1일

흐림. 숙천을 떠나 안주에 도착했다. 소성령에 올라 청천강을 내려다보니 마치 흰 무명이나 명주 필을 바래는 것과 같다. 고을 원 강필신(姜必愼)과 만나 보았다. 이날 60리를 갔다.

—4월 2일

흐림. 안주에 머물렀다. 객관은 칙사가 묵게 되었으므로 나는 아문 내의 동헌에 들었는데, 들판을 내려다보니 손바닥 같았다. 마당가에 서 있는 살구나무 한 그루가 이제 막 붉은 꽃망울을 터뜨리려 했다. 안주에 그대로 머물렀다. 병영을 방문했으나 병사(兵使, 병마절도사) 김수(金洙)가 마침 나포되기를 기다리며(경종 2년에 목호룡의 고변으로 시작된 임인옥사에 연루되어 관직이 삭탈된 뒤 죄인의 몸으로 대기중이었다.) 사가에서 대기 중이라 들어가 만나 보았다. 백상루에 올랐다. 백상루는 청천강 가에 있는데, 조수가 밀려오면 물이 혼탁해지고 흙은 진흙탕이 되어 깨끗한 흙이라곤 전부 없어진다. 강 중류에 떠있는 평평한 수풀섬은 10리 가량 되고, 큰 들판이 시력이 다하도록 펼쳐져 수십 리 혹은 백여 리쯤 된다. 멀리 보이는 동쪽 들머리 60~70리 되는 곳에 솟아오른 산이 있으니 약산동대(藥山東臺, 소월의 시에 나오는 바로 그 약산이다.)라고 한다.

－4월 3일

맑음. 가산에서 묵으며 고을 원 어유기(魚有琦)가 와서 만났다. 이날 50리를 갔다.

－4월 4일

맑음. 정주에 도착했는데 칙사가 뒤에 있다는 말을 듣고 점심을 먹은 뒤 곧장 출발해 곽산의 운흥관에서 잤다. 고을 원 윤이신(尹以莘)이 와서 만났다. 이날 100리를 갔다.

－4월 5일

맑음. 선천에 도착해 관덕루에 머물렀는데 누각은 의검정과 나란히 서있다. 칙사도 이날 이 고을에서 점심을 먹는다고 했다. 반송사(伴送使, 중국 사신이 돌아갈 때 딸려보내 접대를 맡게 한 사신) 김시환(金始煥)이 와서 의검정에 있었으므로 가서 만나 보고 이야기했다. 숙천부사 민사연(閔思淵), 박천군수 안종대(安宗大), 철산군수 남태적(南泰續), 용천군수 이국형(李國馨), 영변부사 신광하(申光夏)가 와서 보았다. 이날 40리를 갔다.

－4월 6일

맑음. 선천에 그대로 머물렀다. 칙사가 앞에 있고, 또 상사와 서장관을 기다리기 위해서이다. 고을 원 이익필(李益泌)과 만나 보았다.

－4월 7일

맑음. 거련관에서 점심을 먹었는데 고을 수령 철산부사는 칙사를 영접하는 일 때문에 와서 문안하지 않았다. 용천의 양책관에서 잤다. 길에서 비를 조금 맞았다. 문안사(間安使, 문안을 목적으로 중국에 보낸 사절 또는 사신) 이홍모(李弘模)가 의주에서 와서 관에 역시 머물렀다. 맑은 시내에 다다르니 맑은 물이 고여서 아래위에 세 개의 웅덩이를 형성했는데, 물가 언덕은 우뚝 솟은 석벽으로 이루어지고 만개한 두견화가 석벽을 뒤덮었다. 조그마한 평지가 있어 돗자리 두어 장을 펼 만했다. 이날 60리를 갔다.

－4월 8일

맑음. 소관관에서 점심을 먹었는데 이곳은 이미 의주 지역이다. 의주에 도착해 향청을 객관으로 정했다. 박천군수 안종대, 삭주부사 성은석(成殷錫), 의주부윤 이현장(李顯章)이 와서 보았다. 이날 60리를 갔다.

－4월 9일

맑음. 의주에서 머물렀다. 감사 오명항이 시재(試才, 재주를 시험함)하는 일로 역시 의주부에 머물고 있었으므로 아침에 일어나 가서 보고 부윤, 정사, 서장관을 두루 만나 보았다. 이날 밤 감사가 와서 보았다.

－4월 10일

비. 그대로 의주에 머물면서 하루종일 낮잠을 잤다. 철산군수 남태적이 와서 만나보았다.

－4월 11일

사대하였다. 이날 바람이 불었다.

－4월 12일

맑음. 서장관과 부윤이 방물 짐을 꾸렸다. 나는 정사와 함께 통군정에 올랐다가 구룡연을 돌아 날이 저물어 돌아왔다. 이날 밤 비가 왔다.

－4월 13일

흐림. 의주에 머물렀다.

－4월 14일

맑음. 치통을 앓았다. 이날 밤 비가 왔다.

－4월 15일

맑음. 병으로 머물렀다.

－4월 16일

맑음. 병이 비로소 차도가 있었다.

—4월 17일

맑음. 의주에 머물렀다. 부사가 병이 나서 여러 날 지체했다는 뜻을 장계했다. 내일 강을 건너려고 한다.

—4월 18일

맑음. 아침을 먹고 출발해 강가에 이르니, 부윤이 강변에 전별연을 베풀어 놓았으므로 술 두 순배를 돌리고 파했다. 첫 번째 압록강을 건너니 강 서쪽은 아직 우리 땅이다. 풀이 무성해 사람이 파묻힐 지경인데 의주에서 해마다 베어다 쓴다. 1리 남짓 가서 두 번째의 소서강을 건너는데 폭이 좁아 거룻배도 건널 정도이다. 나무 그늘 아래로 2리를 갔는데도 아직도 중국 땅이 아니다. 또 중강을 건너는데 강의 너비는 소서강의 두 배 가량이지만 옅은 곳은 옷을 걷어 올리고도 건널 수 있을 정도이다. 강 중앙을 보니 작은 섬이 있고 비석이 있는데 '조선계(朝鮮界)'라고 새겨져 있다. 이를 건너면 바로 중국 땅으로 이미 순검(巡檢, 순찰하여 살핌)하는 호인(胡人, 만주 사람) 5~6명이 와 있었다. 책문 밖, 사람이 살지 않는 공지가 백여 리인데, 매월 두 차례씩 봉황성에서 사람을 보내 순시한다고 한다. 구련성 냇가에 이르니 이미 의주에서 장막을 설치하고 여기서 묵도록 대기하고 있었다. 이날 25리를 갔다.

—4월 19일

맑음. 해가 뜨기 전에 길을 떠나 45리를 가서 온정에 도착했다.

말에게 풀을 먹이고 사람도 밥을 먹었다. 길이 산속으로 났는데 양쪽 산 사이는 모두 평평하고 널찍한 언덕이고 우거진 수목 사이로 좁은 길이 났다. 그중에서도 탕참이 가장 넓어 남북이 10여 리나 되고 성터가 있는데 잡목이 빽빽이 들어찼다. 총수산에 도착해 잠깐 쉬었다. 세 사신이 모두 개울가에 호상(胡床, 등받이가 있는 접는 의자)을 놓고 걸터앉아서 보니 건너 쪽 언덕에는 철 지난 꽃이 아직 절벽에 남아 있고 갓 돋은 풀잎과 나무의 새싹이 볼 만하다. 두서너 모롱이를 돌아가자 올려다보면 산기슭이요 내려다보면 굽이굽이 시내 골짜기의 돌서덜(냇가나 강가 따위의 돌이 많은 곳) 비탈길이 나오는데 이를 어룡퇴라고 한다. 어룡퇴를 지나자 비로소 냇가의 조그마한 들판에 이르게 되는데 꽃다운 풀은 방석을 깔아놓은 듯하고 늘어진 수양버들은 언덕을 덮었다. 토인(土人, 토착민)이 사냥을 하기 위해 개울 건너 산에 불을 놓았는데 휘감겨 올라가는 불길이 마치 붉은 깃발을 벌여 세워놓은 듯하여 이 또한 기이한 광경이다. 의주 장교가 역시 장막을 설치해 놓아 거기서 묵었다. 이날 76리를 갔다.

－4월 20일

25리를 가 책문 밖에 도착해 막차(幕次, 막을 쳐서 임시로 만들어 가마를 머무르게 하던 곳)에서 아침밥을 먹었다. 성장(城將, 성을 지키는 장수) 이하 모두 와서 기다리니 관례에 따라 예물을 주어야 한다고 했다. 행수역관이 와서 하는 말이 "성장들이 신래관(新來官)

을 두려워해 여기서 받지 못하고 봉황성에서 비밀리에 받으려고 합니다." 하기에, 나는 이렇게 말했다. "예란 절차가 지나면 폐하는 것이니, 여기서 받지 않는다면 그대로 폐지하는 것이 마땅하다."

그러자 비로소 예물을 받는데, 성장 이하 우록, 장경, 갑군 등 30~40명에게 모두 주는 것이 있는데, 추도(錐刀, 끝이 뾰족한 작은 칼)를 서로 가지려고 다투었다. 신래관이란 자는 자칭 지위가 성장 위에 있다고 하면서 성장이 받는 환도(環刀, 조선시대에 사용하던 전통 무기로 고리를 사용하여 패용하던 도검)를 얻으려고 했다. 주느니 안 주느니 왕복하기를 그치지 않다가 받고 나서야 비로소 책문을 들어가도록 허락하는데, 처음에는 숫자를 세는 척하다가 많이 몰려들자 그대로 버려두었다. 이른바 '신래관'이란 자가 전일에는 책문에서 교역하는 일은 없었는데 십수 년 이래 의주로부터 '봉재거물(逢載車物)'이라 하면서 인마 70~80바리를 들여보내 서로 교역한다. 의주부윤이 이것으로 부당한 이득을 취하고, 심양의 호부(戶部) 관원 역시 장교를 보내 세금을 거두니 이익을 추구하는 폐단은 실로 피차 다를 것이 없다. 이를 가리켜 역관 무리들은 천자가 특별히 파견하는 어사로서 책문을 규찰한다고 구실을 붙이니 진실로 가소로운 일이다. 책문을 들어가 20여 리를 가서 봉성찰원에서 잤다. 이날 55리를 갔다.

－4월 21일

맑음. 20리를 가 염자포에서 아침밥을 먹고 마고령을 넘는데 고

갯길은 돌서덜로 잡목들이 하늘을 찌를 듯 솟았다. 수목 사이 십여 리를 가자 비로소 들판이 나왔다. 돌아서 송참찰원에 들었는데 상사는 사처에 묵었다. 이날 60리를 갔다.

－4월 22일

흐림. 일찍 길을 떠나 크고 작은 두 개의 긴 고개를 넘어 30리 길인 팔도하에서 아침밥을 먹었다. 통원보에서 묵었는데 나와 상사는 찰원에 들었다. 이날 60리를 갔다.

－4월 23일

맑음. 아침 일찍 출발해 초하구를 지나 답동에 이르러 아침밥을 먹었다. 분수산령과 대고가령, 소고가령을 넘어 연산관에 도착해 화(花)씨 성을 가진 사람의 집에서 잤다. 이날 50리를 갔다.

－4월 24일

맑음. 아침 일찍 출발해 회령령을 넘는데 재가 높고 길어 소석릉(少石稜)과 같다. 첨수참에 이르러 냇가에서 아침밥을 먹고 이어 청석령을 넘었다. 고개는 높고 또 먼데 돌모서리가 말발굽에 채이고 나뭇가지가 가마를 스쳤다. 고개를 넘어 얼마 가지 않자 곧바로 소석령(小石嶺) 오름길이다. 고갯길은 벼랑을 따라 났는데 멀리 가지 않아 고개를 넘고 평전에 내려 장막을 설치했다. 상사가 일행을 위해 화병(火餠, 밀가루나 메밀가루를 반죽해 모닥불에 구워낸 떡)과 창면(昌麵, 녹두가루를 물에 개어 익힌 다음 냉수로 식혔다가 채를 쳐서 차게 먹는 음식)을 베풀기 위함이었다. 곁에서 농부가 소 세 마리를 매어 밭을 갈고 있었는데 소 모는 소리가 해괴했다. 낭자산에 이르러 왕씨 성을 가진 사람의 집에서 잤다. 이날 80리를 갔다.

－4월 25일

흐렸다 개었다 함. 왕상, 석문 두 고개를 넘어가 냉정에서 아침밥을 먹었다. 구요동을 지나는데 시장과 인물의 번화로움이 중국에 들어온 이후 제일이다. 처음으로 관왕묘(關王廟, 관우를 모신 사당)를 보니 장대 화려한 누대와 전각이 종횡으로 늘어서서 광경이 휘황찬란하다. 그 중에서도 정전이 가장 높아 큰 건물에 '관성제묘(關聖帝廟)'라는 높다란 현판이 걸렸는데 '삼한 왕모가 쓰다.'라고 하였고, 조대수의 묘비에도 역시 '삼한 사람'이라고 되어 있다. 이는 요동의 중앙이 고구려의 소유였기 때문에 요동 이동을 삼한이라고 일컫는 것인지 모를 일이다. 마당에 비석 세 개가 서 있다. 하나는 가정(嘉靖, 명 세종의 연호) 연간(1522~1566)에 지방의 여러 관원이 세운 것으로 관왕묘 건립 시말을 두루 적고 "지원(至元, 원 세조의 연호) 18년에 조칙을 받들어 건립했다."고 표기하였다. 하나는 수년 전에 산서의 여러 상인들이 전후에 걸쳐 은을 모아 네 번째로 여러 전각들을 수리 건축하고 비석을 세워 기록한다고 했고, 마지막 하나는 보지 못하였다.

관제묘에서 나와 수백 보를 가면 탑 아래 이르게 되는데 탑이 매우 높고 장려하며 모두 13층으로 기이 교묘하기가 비길 데 없다. 아래에 크고 작은 금부처 7~8구가 놓여 있고 두세 명의 쇠잔한 중들이 지키고 있었다. 성의 북문을 지나 태자하 강가에 이르니 화병을 준비해 놓았다. 이어 사처로 들어갔다. 청나라 초기에 요동을 격파하고 곧장 그 성을 파괴했는데 성벽이 매우 두터워 평지로 만들 수가 없어 옛터가 아직도 그대로 남아 있다. 백성들과 관원들은 모두 시가가 형성된 구성(舊城)에 그대로 살고, 신요동은 하나의 빈 성으로 약간의 백성이 살고 있다고 했다. 상사와 서장관은 참원에 들었다. 이날 80리를 갔다.

−4월 26일

아침에 흐림. 난니포에서 아침밥을 먹은 후 20리를 가다가 비를 만났다. 그렇게 심한 비는 아니었으나 십리포에 들어가 묵었다. 요동을 지난 다음부터는 들이 넓고 산은 멀리 있어서 시계가 가물가물했다. 또한 작은 구릉이 없는 것은 아니로되 잠시 오르막인가 하면 금방 내리막으로 토양은 진흙이었다. 찰원에서 묵었는데, 이날 60리를 갔다.

−4월 27일

맑음. 백탑에서 아침밥을 먹고 정오경에 심양에 도착했다. 역관의 말이 "이곳은 청나라 제2의 수도로서 전부터 사신들이 가마를 탈 수 없었습니다." 하므로 말을 타고 성에 들어갔다. 성은 작으나 장엄하고 백성 또한 많았다. 병부, 호부, 장군 등의 관아가 모두 성 안에 있었다. 성밖을 나서니 큰 사찰이 보이는데 실상사라고 한다. 누런 빛 푸른 빛의 단청이 자못 장엄하다. 비석 세 개가 서있는데,

하나는 불경을 새겼고 하나는 청나라 글이라 알 수가 없었다. 나머지 하나는 한자로 썼는데 원나라의 마답(麻答)이 서방의 천축국에서 경법(經法, 불경)을 가져온 이후 원이 북으로 쫓겨간 뒤에도 그대로 그 나라에 있었는데, 청 세종이 정복해 그 경법을 이 절에 안치했다고 한다. 동북쪽을 바라보니 10리쯤 되는 곳에 누런 빛깔의 집 4~5채가 송림 속에 은은히 보이는데 바로 청 세조의 묘소라 한다. 이날 60리를 갔다.

심양은 제2의 수도로서 사신이 묵는 숙소도 북경과 같아서 상사, 부사, 서장관이 각기 들어가야 하는 숙소가 따로 있었다. 그런데 서장관이 자칭 자신은 다른 서장관과는 비할 바가 아니라며 자신의 숙소에 들어가지 않으려고 의주 비장을 심하게 꾸짖었다. 그렇게 되자 의주 비장은 두려워서 서장관을 부사의 숙소로 맞아들여 정당(正堂)을 차지하게 하고, 나를 복물의 뒤편에서 자도록 하는 것이었다. 나는 도리상 모욕을 당할 수가 없어 상사의 숙소로 나와 의주 비장을 나무랐다. "사신들의 숙소가 따로 있다는 것은 양국이 익히 아는 사실인데 어찌하여 이런 거조(擧措, 말이나 행동 따위를 하는 태도)가 발생했는가? 나는 이곳에 묵을 수 없으니 나가서 사처를 정하는 것이 옳겠다." 서장관이 이 말을 듣고 크게 노하여 행수역관을 잡아들여 곤장을 치려고 하는 등 거조가 해괴하므로 이윽고 창피하여 거기에 더 머물 수가 없기에 사처로 나갔다. 내가 그 위인을 보니, 사리를 따질 인물이 되지 못하는데 사처에 쫓겨나서 이해하려니 가소롭다. 그 후에도 숙소에 들 때나 식사 때가 되면 번번이 해괴한 행동을 하여 일행이 고통스러워하고, 상사가 "이번 사행에 십 년을 감수했다."고까지 했으니 참으로 가소로운 일이다.

－4월 28일

맑음. 여기에서 방물을 싣고 온 사람과 마필은 의주로 되돌아가고, 청인이 짐을 받아 싣고 북경으로 들어가도록 되어 있었다. 행수역관 등 3~4인을 잠시 뒤에 머물러 있게 하고 인원수에 따라 경비를 지급한 뒤 사신 등은 먼저 출발했다. 영안교에서 아침밥을 먹었는데 다리 양쪽에 설치한 난간 석공이 자못 정교했다. 고가자에서 잤는데 저녁에 비가 조금 내렸다.

－4월 29일

맑음. 뒤에 떨어진 역관을 기다리기 위해 그대로 아침밥을 먹고 배를 타고 주류하를 건너 소황기포에서 점심을 먹고 백기포에서 잤다. 이날 80리를 갔다.

－윤4월 1일

맑음. 이도정에서 아침밥을 먹고 소흑산에서 잤다. 이날 90리를 갔다.

－윤4월 2일

맑음. 중안보에서 아침밥을 먹고 신광녕에서 잤다. 이날 70리를 갔다.

- 윤 4월 3일

맑음. 여양역에서 아침밥을 먹고 십삼산의 넓은 들판 가운데서 잤다. 암석산 봉우리 십여 개가 특이하게 삐죽삐죽 솟은 것이 또 한 하나의 장쾌함이다. 이날 80리를 갔다.

- 윤 4월 4일

맑음. 대릉하에서 아침밥을 먹었다. 정오 무렵부터 큰 바람이 불고 모래가 날리기 시작해 지척을 분간할 수 없었으므로 간신히 소릉하에 들어가 잤다. 이날 60리를 갔다.

- 윤 4월 5일

맑음. 송산보에서 아침밥을 먹고 행산보에서 잠깐 쉬었다가 고교보에서 잤다. 옛날 청인이 행산보를 공격하다가 기마병 1만여 기를 잃자 매우 노하여 성을 파한 뒤 성안에 있는 것은 닭이나 개 같은 가축까지도 남김없이 죽였다. 때문에 지금까지도 인민이 쓸쓸하고 때로 길가에서 귀신들의 울음소리가 들린다고 한다. 작은 구릉이 서로 잇닿아 있다. 효종과 소현세자가 심양에 있을 때 청인을 따라 전쟁을 관전하던 곳이다. 이날 53리를 갔다.

- 윤 4월 6일

맑음. 연산역에서 아침밥을 먹고 영원에서 잤는데 고을 내외의 성첩(城堞)이 거의 다 무너졌다. 성안에 조대수(祖大壽)의 패루(牌樓, 현관을 건 문루)가 2개소 있다. 문루에 고명(誥命, 송대 이후 천자가 증직이나 봉작할 때 내리는 명령)으로 증직한 관작을 양각하고 좌우

양쪽 돌기둥에는 각각 사륙문 한 구절씩을 썼는데 과장을 극하였다. 그 은혜를 받음이 이와 같되 끝내는 나라를 저버렸으니, 한 글자 한 획이 모두 수치스러운 것이다. 이날 60리를 갔다.

－윤 4월 7일

　맑음. 영원성을 출발해 1리쯤 되는 곳에 있는 조씨의 묘를 지나게 되었다. 들어가 보니 담장으로 주위를 둘러쳤는데, 담장이 자못 높직하고 솜씨가 치밀했으며 둘레가 수백 보나 되었다. 나무문을 설치하고 자물쇠로 채웠으며, 문밖에는 돌을 깎아 문미(門楣, 창문 위에 가로 댄 장식)를 만들었다. 문미의 높이와 너비가 모두 3~4장가량 되었다. 담장 안에 무덤 세 기가 있는데, 무덤 앞에 벽돌을 쌓아 문 모양을 만들어 묘비를 둘러쌌다. 묘비에는 '황청 고 증영록대부 현고태자소부 휘 대수'라 양각하고, 이와 나란히 '비 일품부인 모씨 모씨 모씨 묘'라고 썼다. 또 한 묘비에는 '황명 진국장군 휘 승교의 묘'라 새기고, 비(妣, 죽은 아내) 또한 앞의 것과 같다. 그 앞에 별도로 세운 비석의 글귀는 대수의 아들 택부가 "청나라 시대를 만나 군사를 거느리고 제(齊), 노(魯, 산동성 지역), 민(閩, 복건성 지역) 지방을 발섭(跋涉, 산을 넘고 물을 건너 길을 감)하며 전쟁을 하느라 묘소를 손질하지 못해 불효를 했다."는 말과 묘소를 크게 수리했다는 말로 스스로 자랑하는 것들이었다. 묘지기를 불러 물어보니 지금도 그의 자손 중에 지부(知府, 부의 행정 책임자), 지현(知縣, 현의 행정 책임자), 장경(章京, 명·청대의 장교)으로 있는 자가 많고,

묘소에는 1년에 네 번 제사 지낸다고 한다. 묘역 담장 안에는 소나무와 개오동나무가 제멋대로 나서 울창한데, 봉분 위에 심은 잔디는 반이나 허물어졌고 큰 나무가 그 위에서 자라는데도 베어버리지 않은 것이 괴이하다. 묘지기가 문을 나와 서쪽의 소나무와 개오동나무가 울창한, 흰 담장으로 둘러싸인 곳을 가리키면서 그것도 조가네 묘라고 한다. 사하소에서 아침밥을 먹고 동관역에서 잤다. 이날 60리를 갔다.

－윤 4월 8일

맑음. 중후소에서 아침밥을 먹고 양수하에서 잤다. 오시부터 큰 바람에 모래가 날려서 사람과 말이 눈을 뜨지 못해 길을 갈 수가 없었다. 이날 60리를 갔다.

－윤 4월 9일

맑음. 중전소에서 아침밥을 먹고 망부사에 올랐다. 사당은 넓은 들판 가운데 오뚝 솟은 작은 산에 있는데, 동쪽으로 바닷물에 임했고 서쪽으로 장성을 올려다보니 기이한 암석들이 뒤엉켜 솟아 있다. 앞에는 관양묘, 뒤에는 망부사가 자리하고 있었다. 사당에 있는 비문은 이러하다.

"진나라 때 강씨는 자기 남편이 만리장성을 쌓는 부역에 동원되어 바다에 빠져 죽자 남편을 찾으러 나섰다. 이곳을 지나다가 잠깐 쉬던 중 바위 위에 남편의 자취가 있는 것을 보고 바닷속으로 뛰어들어 남편의 시체를 안고 나왔다. 해신이 그 정성에 감동해 바다 가운데 석부도가 솟아나게 했는데 물결을 타고 왔다갔다하면 서도 침몰하지 않았다."

도중에 비를 만났다. 산해관에 도착하니 문루는 허물어지고 성 또한 수리하지 않았는데 문을 지키는 자가 곧장 성안으로 들어가는 것을 허락하지 않았다. 그리고 봉황성의 공문 중 40바리를 척으로 잘못 써서 의견이 오가느라 심히 고통스러웠다. 상사와 서장관은 큰길에 그대로 있고 나는 성 옆에 있는 작은 절로 막 들어가려고 하는데 역관이 입성한다고 했다. 성에는 문이 이중으로 되어 있었다. 두 문 사이에서는 길 한가운데서 가마를 세우는 것이 관례라 한다. 이에 대해 나는 "시가(市街)는 가마를 세우는 곳이 아니니 나는 그렇게 할 수 없다. 비록 오래 지체된다 해도 정지하지 않는 것을 허락해야 들어가겠다."라고 했다. 말이 여러 차례 오고간 후에 성장과 세관이 모두 허락하였으므로 드디어 성문을 들어가 숙소에 도착했다. 이날 80리를 갔다.

－윤4월 10일

맑음. 멀리 돌아 망해정에 들어갔다. 정자는 산해관에서 동북쪽으로 10리쯤에 있는데, 바닷물이 그 아래를 침식해 바라보면 하늘과 물만 보일 뿐이다. 동남쪽으로는 제로(齊魯) 지방(제나라, 노나라 지역 곧 산동성 일대)이 아득하고, 정동이 우리나라라고 한다. 서쪽으로 중원을 내려다보니 한눈에 천여 리가 들어오는데, 산해위(山海衛)의 민가가 지상에 펼쳐졌고 장성의 성첩이 잇달아 진실로 장관이다. 만리장성은 본디 바다까지 30리는 미치지 못했었다. 그런데 중산왕 서달(徐達, 명나라 초기의 장수)이 북평(北平, 북경의 옛 이름)을 안전하게 하기 위해 30리를 이어 쌓아 바다에 이르게 했다. 그리고 산해관을 설치하고 바다가 닿은 곳에 정자를 세웠다. 명대 중기 이후부터의 시문이 온 벽에 가득한데 모두 돌에 새겨 벽을 파 설치해 놓았다. 마당에도 비석을 세우고 시문을 새긴 것이 매우 많으니 중국인들이 호사자(好事者, 일 벌이기를 좋아하는 사람)임을 알 수 있다. 대리영에서 아침밥을 먹고 유관에서 잤다. 이날 80리를 갔다.

－윤 4월 11일

맑음. 무령현을 지나 배음포에서 아침밥을 먹고 영평부에서 잤다. 영평부는 6현을 관할하는데 현의 관아와 부치가 성안에 있고 지부, 지현, 수비 등의 관원이 있기 때문에 시장과 인물이 번화해 역시 하나의 도회이다. 찰원이 자못 높고 웅장하다.

－윤 4월 12일

맑음. 이제묘에서 아침밥을 먹었다. 사당은 난하의 물가 고죽 고성에 자리하고 있다. 이자(二子, 백이와 숙제) 모두 키가 두 자 남짓한 소상(塑像)으로 만들어져 한 탁자 위에 함께 앉아 있으니 아마도 숭봉(崇奉, 우러러 공경하며 받듦)하는 예는 아닌 듯하다. 청풍대에 오르니 강물은 푸른 빛을 끌고 들판에는 녹색의 푸르름이 깔렸는데 멀리 보이는 산들은 그림 같고 인가에서 나는 연기는 교외에 둘러 있다. 강 가운데 있는 작은 섬 안에 고죽묘가 있다고 사람들이 전한다. 누대 역시 새로 수리해 울긋불긋 단청이 눈을 부시게 한다. 상로(商輅), 왕세정(王世貞)을 비롯한 여러 사람의 시를 모두 돌에 새겨 벽 속을 파고 넣어두었다. 기타 정자와 누대, 비갈이 매우 성대해 우리나라의 초라한 기성사(箕聖祠, 기자의 사당)와 기자묘가 진실로 너무 부끄럽다. 사하역에서 잤는데 서장관이 반찬이 풍성하지 못하다는 구실로 상사의 건량역관을 잡아들여 곤장을 때리려 하다가 여러 역관들이 애걸하여 그만두었다. 이날 60리를 갔다.

–윤 4월 13일

맑음. 진자점에서 아침밥을 먹고 풍윤현 민가에서 잤다. 주인이 생질 홍우철을 보고 스스로 말하기를 자기는 소흥부 사람으로 관원 후보자로 선발되어 북경에 온 지 18년이 되었다고 한다. 앞으로 2년 뒤면 관직을 얻게 될 터인데 북경에서는 먹고 살기가 어려워 이곳에 와서 집을 세놓아 산다고 한다. 이날 90리를 갔다.

–윤 4월 14일

맑음. 사류하에서 아침밥을 먹고 지나는 길에 용타암에 들렀다. 암자에 어떤 중이 있어 자못 유식했는데 말 한마디 하지 않고 감실(龕室, 불교나 유교에서 불상이나 신주 등을 봉안하기 위하여 만든 종교 건조물)에 머물면서 지나가던 사람이 시주한 돈으로 이 암자를 완성했다고 한다. 옥전현의 찰원에서 잤다. 옥전현은 바로 옛날 옥을 심어 아내를 얻었다는 곳이다. 이날 80리를 갔다.

－윤 4월 15일

맑음. 봉산점에서 아침밥을 먹고 계주에서 잤다. 계주는 곧 옛날 어양이다. 독락사를 관람하니 비석이 눈에 띄는데 금나라 통화와 명나라 만력(萬曆, 명나라 신종 만력제의 연호), 청나라 강희 연간에 걸쳐 세 번 수리했다고 한다. 장륙금불(丈六金佛, 높이가 일장 육척이 되는 불상)이 2층 누각 속에 솟아 있고 누각 위에는 누운 부처 하나 가 비단 이불을 덮고 있다. 이날 80리를 갔다.

－윤 4월 16일

맑음. 방균점에서 아침밥을 먹었다. 이곳은 바늘을 만드는 곳이 라 한다. 백간점에 들어가니 향화암에 숭정(崇禎, 명나라 숭정제의 연호) 연간(1628~1644)의 상신 주연유(周延儒)가 지은 비석이 있는 데, "서상시가 지은 글이 자못 기이하다."고 했다. 암자는 높은 누 각 이중 대문에 넓고 깊숙하다. 비구니 수십 명이 안에 있고, 중은 대문 옆 행랑에 거처하면서 지나가는 손님을 응대한다. 강희황제 도 일찍이 이곳에서 묵었다. 높은 누각 위에 자리한 어탑(御榻, 임금 이 앉는 상탑)에는 사람의 출입을 허락하지 않았다. 몇 개의 문을 돌아가자 마당 가운데 두 그루의 소나무가 있는데 껍질은 흰색이 고 잎은 녹색으로 보통 소나무와 다르다. 호타하를 건넜다. 이는 곧 지지에서 말하는 난하인즉 지방 사람들이 잘못 부르는 것을 역 관들이 그대로 따라서 그런 것이다. 호타하는 진정부 남쪽 5리 지점에 위치한다. 범성대(范成大)가 금나라에 사신으로 갔을 적에 이른바 "도를 들은 하신(河神, 물을 맡아 다스린다는 신)이 얼음을 녹였고, 일찍이 위기를 부지(扶持, 상당히 어렵게 보존하여 나감)하여 중흥을 이룩했다."는 곳으로 연경에서 남쪽으로 630리 거리에 있다. 삼하현에서 묵었다. 이날 70리를 갔다.

－윤4월 17일

맑음. 어제 저녁 약간의 비가 내렸다. 먼지를 적시기에도 부족했으나 아침에 길을 가기에는 오히려 청량감을 느끼게 했다. 하점에서 아침밥을 먹고 통주에서 묵었다. 통주의 백하는 천진에서 땅을 파 물길을 끌어온 것으로 정박한 강남 상선들이 온 강을 뒤덮어 모여든 물화와 민가와 시장의 융성함이 심양을 능가한다. 다만 거리와 골목은 매우 좁은데 이중으로 둘러친 성곽과 겹으로 된 담벽은 매우 높고 웅장했다. 옛날 사람들이 이른바 노하라고 부르던 곳이다.

－윤4월 18일

맑음. 대왕장에서 아침밥을 먹고 팔리점을 지났다. 팔리점이란 곳은 대신, 종실, 외척, 귀인, 공주들의 묘막(墓幕, 무덤 가까이에 지어 묘지기가 사는 작은 집)이다. 문과 담장에는 소나무, 노송나무들이 매우 무성하고 각 담장마다 큰 문을 돌다리에 닿게 만들었다. 분묘 중에는 간혹 석회를 쌓아 만든 것이 있는데 바라보면 흰 모자와 같다. 미륵원에 이르러 옷을 단령(團領, 깃을 둥글게 만든 관복)

으로 고쳐 입고 사모(紗帽, 문무백관이 관복을 입을 때 갖추어 쓴 모자)를 쓰고 조양문으로 들어갔다. 조양문은 바로 원나라 때의 제화문이니 고려 후기의 정승 이공수(李公遂)가 "제화문을 나와 하인을 시켜 피리를 불게 했다."는 곳이 바로 이 문이다. 저자거리는 진흙으로 뒤덮여 이목을 새롭게 하지는 못하고, 다만 돌로 패루(牌樓, 중국의 큰 거리에 길을 가로질러 세우던 시설물)를 만들어 시장과 여염의 입구로 삼은 것이 많았다. 늦게 비가 조금 뿌렸다. 옥화관에 도착함으로써 마침내 여정이 끝났다. 이날 40리를 갔다. 지나온 지역 중 봉황성에서 영원위까지는 심양에 속하고, 산해관에서 노룡현까지는 영평부에 속하고, 풍윤현 이후는 순천부에 속한다.

－윤 4월 19일

맑음. 단령에 사모관대를 갖추고 예부에 나아가 표문(表文, 황제에게 올리는 글)과 자문(咨文, 청의 예부에 보내는 공문서)을 바치니, 사신을 주객사(主客司)에 앉아 있게 했다. 대개 같은 부중인데 네 개의 관아로 나누어 관원과 이서(吏胥)를 두었을 뿐이다. 주객사의 여러 낭관 중 원외랑이 다시 다른 곳에 앉았는데 상거가 수십 보가 안 되었다. 예부 낭관 정복(定福)이 제독(提督)으로 우리를 접반(接伴, 함께 모시고 다님)하는 주무인데, 정복의 본성은 부(傅)였으나 강희황제가 지금 성씨인 정(定)을 하사했다고 한다. 우시랑 왕경증(王景曾)이 뒤에 도착했다.

표문과 자문을 접수하자면 십이왕(十二王, 청나라 황실 제도에 여러 황자들을 친왕으로 봉하고 순서를 매겨 불렀다) 역시 와야 하는데 여러 관원이 모이느라 시간이 지체되었다. 얼마 후 십이왕이 도착하자 다시 사신을 동월랑으로 옮겼다가 왕들과 시랑이 대청 위에 늘어선 뒤, 통관이 사신을 인도해 대청 위에 놓인 탁자 앞에 이르렀다. 대개 미리 대청 위에 하나의 탁자를 설치해 놓고 흰 보자기를 덮어 표문과 자문을 그 위에 안치하도록 한 것이다. 역관이 표문과 자문이 담긴 두 개의 궤를 사신에게 올리고, 상사와 내가 각각 한 개씩 받아 차례로 받들어 올리니 모두 시랑이 받았다. 십이왕이 통관을 시켜 우리들의 관등과 성명을 묻고 이어 월랑으로 돌아가 있게 했다. 십이랑이 사람을 시켜 보내온 낙장(酪漿, 우유)을 대접받은 뒤 드디어 의식을 끝내고 나왔다.

−윤4월 20일

맑음. 제독이 와서 하는 말이 "혹시라도 황제가 사신을 불러 볼는지 모르니 홍려시에서 의식 예행연습을 시키려 합니다." 하므로 나는 병을 핑계로 가지 않고, 상사와 서장관이 가서 예를 행하고 왔다.

−윤4월 21일

맑음.

−윤4월 22일

맑음.

−윤4월 23일

맑음. 제독이 와서 십이왕이 사신을 보자고 한다 하여 관복을 입고 갔다. 우리들은 단령에 사모관대, 혹은 도포에 도대(塗帶, 도포를 입을 때 매는 실로 짠 허리띠) 차림으로 갔다가 밤이 늦어서야 돌아왔다.

－윤 4월 24일

맑음. 심양 사람들이 가지고 온 방물이 비로소 도착했다.

－윤 4월 25일

맑음.

－윤 4월 26일

맑음. 방물을 다시 쌌는데 종이 46속을 쇄마(刷馬, 고용한 말)의 말꾼들에게 도둑맞았다고 했다.

－윤 4월 27일

맑음.

－윤 4월 28일

흐림. 저물녘에 비가 뿌렸으나 먼지도 젖지 않을 정도였다.

－윤 4월 29일

맑음. 달이 작아 이날로 4월이 끝이다.

－5월 1일

맑음.

－5월 2일

비 오다 갬. 새벽부터 비가 조금 내리다가 정오쯤에 개었다.

−5월 3일

맑다가 비. 날씨가 맑고 서늘했다. 저물녘에 바람이 불고 비가 오다가 곧 그쳤다. 행수역관 유재창과 역관 김유문이 상명(尙明)을 가서 만나 보았다. 하루 전에 이미 한 번 갔었는데, 또 의원을 데리고 그 아들의 병을 보러 갔으니 곧 간청이 있어서이다. 상명이란 자는 의주 사람으로 정묘년(인조 5년, 1627년)에 잡혀갔던 김귀준의 손자이다. 귀준의 처가 강희의 아버지를 젖 먹여 키우니 이이가 세조로서 이로부터 궁중에 출입하여 문득 내척(內戚, 황제의 여자 쪽 친척)처럼 되어 청주(淸主, 청의 황제에 대한 폄칭)가 어려서부터 상명과는 허물없이 친밀하게 되었다. 즉위하게 되어서는 항상 대궐 안에 거처하면서 일급 시위(侍衛, 임금을 호위하는 직책)가 되어 '지내의원 남해자 내무부사 내대신'으로 안팎에서 위세를 부린다고 한다.

명나라가 위엄으로 나라를 세워 백성들이 은덕을 입지 못했으므로 끝내는 내부에서 반란이 일어나 궁궐을 범했는데도 백성들은 기꺼이 지키려 하지 않았다. 청인이 이를 바꾸어 너그러움으로 다스리니, 천하 사람들이 모두 체발(剃髮, 체두변발의 약칭)을 했으나 백성들의 생활이 안정되어 천하를 향유한 지가 근 백 년이 되었다. 그러나 강희 말년경부터 기강이 허물어졌다. 지금은 더욱 심하여 귀신(貴臣)은 임금을 향해 침을 튀기고, 소신은 반열에 들어와서 절하지 않는 자들까지 있으며, 주현 등 지방 관아들이 빚을 진 것이 많은 경우는 수백만 냥에 이르고, 적은 곳도 십여만 냥을 내려가지 않는다. 합밀(신강성에 있는 지명)에 군사를 동원한 지 20년이 지났으나 승패가 일정하지 않고, 연갱요는 총비(寵妃)의 오라비로서 밖에 많은 군대를 거느리고 있으며, 높은 관직은 많은 외척들이 차지하고 있는 가운데 안에서 이를 총괄한다. 상명 같은 자는 농신(弄臣, 농담 상대의 신하)으로서 밤낮없이 희롱으로 지새우느라 한 달에 15일 정사를 보는 제도도 이미 너무 느슨한데, 근래에는 한 달에 한 번도 정사를 보지 않으니 그 정치를 알 만하다. 한인(漢人)과 청인들은 항상 당을 만들어 서로 미워하고 증오한다. 강희가 비록 조정을 한다고 하나, 한인이 우리나라 사람을 만나면 온통 청주의 악함만 이야기하다가 청인이 오는 것이 보이면 묵묵히 일어나서 간다고 한다.

—5월 4일

맑음.

—5월 5일

흐리고 더웠다.

—5월 6일

비오다 갬. 오시(오전 12시 전후)부터 비가 오다가 포시(晡時, 오후 4시 전후)에 개었다. 상명이 예부에 통관(通關, 관아와 관아 사이에 공문을 보낼 때 관문으로써 통용하던 일)을 보내 이렇게 말했다. "예부의 표문이 들어가서 폐하께서는 이미 비답을 내리셨는데, 비답은 '경의 표문을 살펴보고 잘 알았다. 예부는 사신이 속히 돌아갈 수 있도록 하라.' 하셨으므로 내가 이미 십이왕과 예부의 당상관들에게 청하였습니다."

−5월 8일

맑음.

−5월 9일

맑음.

−5월 10일

맑음. 역관이 와서 하는 말이 "서반(序班, 홍려시(鴻臚寺)의 한 벼슬. 백관(百官)의 반차(班次)를 담당했으며 황제의 칙명을 전하는 일을 맡음)으로 있는 양씨 성을 가진 자가 편지 한 장을 보내 말하기를, '난두(欄頭, 북경에 가는 사신 일행의 물자를 도맡아 대는 상인) 문제로 사은하면서 표문만 있고 예물이 없으므로 예부에서 이것을 허물로 삼아 사신 일행을 조사하려 하니 뒤에 마땅히 제참(題參, 탄핵)이 있을 것이다.' 하고서 자기에게 한 가지 해결 방안이 있는데 사례를 바란다."는 것이었다. 식사 후에 제독이 와서 "예부가 지금 이 문제를 가지고 회의를 하니 역관은 나를 따라오라." 했다고 역관이 와서 말하며 어떻게 하면 좋겠느냐고 청했다. 내가 "우리나라가 사대하는 법도는 반드시 전례가 없는 경우는 없다. 이 중에서 만약 참고할 만한 전례가 없다면 우리나라에 자문(咨文, 중국과의 사이에 외교적인 교섭이나 통보, 조회할 일이 있을 때 주고받던 공식적인 외교문서)을 보내 반드시 합당한 사례를 가져와서 이 중에 해당되는 일을 상고해 본 뒤에 청해야 한다. 또 만력 연간, 설함평의 가옥을 철거했을 때 사은한 사실을 끌어대어 이야기하면 될 것이다." 하니, 제독이 말하기를 "그대들이 직접 갈 필요는 없다. 내가 마땅히 글을 보내 좋게 이야기할 것이다." 했다는 것이다.

　─5월 11일

　맑음. 제독과 서반이 와서 하는 말이, "방물 문제는 무사하게 되었습니다. 3기 방물은 감하여 연공으로 옮겨 쓰도록 의논해 내일 십이왕에게 고할 것인데, 내일은 바로 황후 탄신일이라 모레 들어올 것입니다." 하였다. 처음 방물이 들어온 후 행수역관이 작은 종이쪽지를 가지고 와서 저들의 편지라고 하면서 "방물은 당연히 감해질 것인데, 감해 달라고 청하는데 매기마다 50냥이 있어야 합니다."고 말했다. 나는 "사신이 방물을 가지고 와서 납부하는 일은 다행한 일인데, 뇌물질을 해서 모면하기를 청한다면 이 어찌 될 법이나 한 소리인가. 준절히 거절함이 옳다. 다만 황제의 은혜가 나와 감해진 것이니, 뒤에 다른 용도로 옮겨 쓰는 것은 곧 우리의 일이다. 여기에서 힘을 쓴다면 마땅히 사례물이 있을 것이라는 뜻으로 말하는 것이 옳다."고 나무랐다. 행수역관이 이어 방물을 감하여 그것을 전용하도록 해준 데에 대해 비상용 은자를 사용하기를 청하므로 나는 "이 일은 황제의 은전에서 나온 것으로 비상사태는 아니다. 또 전례가 없으므로 사용할 수 없다."고 했다. 방물이 없는 문제에 대해서 뒤에 다시 비상금을 사용하기를 청하는데, 상사와 서장관은 이미 허락하였다. 나는 "전례에 따라 은자를 사용하려고 한다. 애당초 잘못이 없는데 은자를 가지고 미봉한다면 어찌 조정에서 책망하지 않겠는가?" 하고서 역시 허락하지 않았다.

−5월 12일

맑음.

−5월 13일

역관이 와서 하는 말이 "제독이 예복을 입고 와서 황후의 탄신이라 하례에 참여할 수는 없지만 그래서 이 복장으로 왔다고 스스로 말했다."고 하였다.

−5월 14일

맑음. 상명이 사람을 보내 인사말을 전해 오고, 떡과 고기를 보내 왔다. 상명은 전에 앵무를 보내와 완상하도록 했다.

−5월 16일

맑음. 상명이 사람을 보내 초청했는데, 행수역관 및 역관 김유문, 비장(裨將, 감사·유수·병사·수사 등을 따라다닌 수행원) 심모, 의관 정모가 갔다가 오후에야 돌아왔다. 예부의 주의(奏議, 의논하여 상주한 안건)가 내각에 내렸다고 한다.

−5월 17일~20일

모두 맑음.

−5월 21일

맑음. 비로소 방물을 바쳤다. 상명이 창고에 이르러 창고 담당 관원에게 수량을 따지지 말고 포장을 풀지도 말고, 짐꾼을 시켜 곧바로 창고 안에 져다 놓게 하였다. 전일의 관례로는 공물을 받을 때 역관과 군관 등은 마당에 지키고 섰다가 일이 끝난 뒤에라야 돌아왔다. 그런데 이번에는 그런 일이 없이 창고 담당 관원은 자기 방에 앉아 있고, 역관 이하는 성대하게 술과 고기 대접을 받아 짐꾼들에 이르기까지 포식하였다. 역관과 여러 역원들이 돌아와 '부사가 주선한 공력(功力, 애써서 들이는 정성과 힘)'이라고 하례하자, 서장관이 듣고 크게 노여워하는 기색을 보였으니 가소롭다.

−5월 22,23일

모두 맑음. 상과 잔치를 내린다는 문서가 이미 예부에 내렸다고 한다.

−5월 24,25일

모두 맑음. 일행이 모두 요술놀이를 보았는데 나는 보러 가지 않았다.

−5월 26일

맑음. 제독이 와서 말했다. "마땅히 상과 잔치를 내려야겠으나 십이왕이 덕비의 소상으로 화주 묘소에 갔으니 모시고 돌아온 뒤에라야 의식이 거행될 것입니다. 내일 십이왕이 돌아오니 28일에 상과 잔치가 내리고, 29일에는 출발할 수 있을 것이오."

−5월 27일

비. 아침부터 시작해서 비가 왔다.

－5월 28일

비. 비가 많이 왔다. 예궐(詣闕, 대궐 안으로 들어감)하여 처음에는
서쪽 익랑에 앉았다가 인도를 받아 오문(午門, 자금성의 정문) 밖 서
쪽 뜰 전석 위에 나아가 삼배구도구의 예를 행하고, 상을 받은 후
에 다시 처음과 같이 삼배구도구를 행했다. 십이왕 및 좌우 시랑
왕경증, 장정석이 동쪽 뜰에 서고, 그 앞에 상 하나를 설치하고 누
런 보자기로 덮어 놓았는데, 대개 상으로 내린 물건들을 놓아둔
것이었다. 의식이 끝난 후 예부로 갔다. 조금 앉아 있다가 인도를
받아 정청 앞에 나아가니 기둥 밖에 남향으로 상 하나를 놓고 향
불을 피워 놓았다. 앞에는 문채 있는 큰 양탄자를 깔았는데 둘레
가 여러 발이나 되었다. 십이왕이 앞에 서고, 사신들은 뒤에 서서
삼배구도구의 예를 행한 뒤, 서쪽 벽 아래 평상으로 나아갔다. 상
왕이 주벽에 동향하여 앉고, 사신들은 그 오른편에 남향하여 앉
았다. 통관이 왕의 왼쪽에 모시고 서고, 우리 일행 원역들은 사신
들 뒤에서 음식을 받았다. 손님과 주인과의 거리는 두어 자에 불
과한데, 잔칫상은 극히 풍성하고 화려한 기명들은 모두가 겹겹이
었다.

내가 역관을 시켜 환대를 사례하자 왕 또한 우리 역관을 불러 직
접 사례에 답하는 말을 한다. 이어 음식 들기를 권하여 각기 몇 가
지 음식을 먹고 술 두어 잔을 마신 뒤 연회를 파했다. 다시 앞서 고
두하던 곳에 나아가 전과 같이 의식을 끝내자 왕이 돌아서서 손

을 든 채 '잘 가오, 잘 가오' 한다. 내가 예를 행하자고 청했으나 왕이 예를 생략하고자 하여 드디어 파하고 관으로 돌아왔다. 상마연(上馬宴, 사신이 귀국 길에 오르기 직전에 중국 측에서 대접하는 마지막 공식 연회)을 거행하려면 당연히 시랑이 와야 하는데, 마당에 물이 고여 수척 깊이나 되고, 또 비가 너무 많이 와서 오지 못하고 연회용 음식만 들여왔다.

—5월 29일

비. 사관(使館, 사신이 묵던 곳)을 출발해 조양문을 나오니, 빗속에 길이 진흙탕인데 물이 간혹 3~4척이나 고인 곳이 있어 가마가 엎어지고 말이 넘어지는 등 고생이 막심했다. 겨우 통주까지 40리를 가서 묵었다.

—6월 1일

비. 비를 무릅쓰고 연교보에 이르러 장계를 봉함해서 상사의 군관 정태현과 나의 군관 김정태, 그리고 역관 노태일 편에 먼저 보냈다. 아침을 먹고 폭우를 무릅쓰고 하점까지 가려고 했으나 또 물에 막혀 우회하여 시련보로 돌아가 용안암에서 자게 되니 겨우 40리를 갔다. 상사는 촌가에서 묵고 서장관은 또 하천 북쪽에 있는 절에서 묵는다고 한다.

—6월 2일

비오다 갬. 늦게 개었다. 비로소 절을 떠나 간신히 개울을 건너 하점에서 묵었다. 전날 묵은 곳과의 거리가 10리가 안 되었다. 앞서 가던 군관 역시 와서 모였으므로 장계를 고쳐 쓰고 내일 발송을 기다렸다. 이날 하점에서 머물렀다.

내가 호조참판으로서 사신으로 나왔기 때문에 본조에서는 관례대로 여비를 주어 길 떠나는 준비를 하도록 했는데 준비를 다 하고도 4백 냥 남짓이 남았다. 이는 여행 경비로 나온 것이라 도리상 한 푼도 집에 가지고 갈 수는 없었다. 그러므로 모두 역관에게 주어 은 2백 냥으로 만들어 공용에 대비하게 하였다. 그런데 때없는 사행이 수시로 있게 되니, 장사치들의 은화는 이미 고갈되고 관은 또한 요청할 수가 없게 되었다. 상사가 역관의 청에 따라 조정에 계청(啓請, 신하가 임금에게 어떤 사항의 처리나 허락 여부를 아뢰어 청함)하기까지 하였으나 받아들여지지 않아 장차 빈손으로 갈 수밖에 없는 지경에 이르렀다.

마침 길에서 돌아오는 부사를 만나 저쪽 사정을 물었더니 "사신의 임무는 은이 없으면 실로 이루기 어려울 것이오. 저들 중에 상명이라는 자가 있는데 총신으로서 권세가 있어 진실로 그의 환심을 산다면 잘 주선해 줄 것이오. 그런데 상명이 지금 한창 우리나라 말 가운데서 화마(花馬, 무늬 있는 말)의 규격에 맞는 말을 구하고 있는데 만약 사가지고 간다면 일을 무사히 마치고 돌아올 수 있을 것이오."하고 대답하였다.

그래서 장계를 올려 말 값을 요청했으나 결국 허락을 받지 못하고, 평안감사나 의주부윤도 조정의 명령이 없으니 은을 줄 리가 천

만부당한 일이었다. 그래서 내 행장의 은이 이미 공용에 대비한 것이었으므로 역관으로 하여금 말을 사가게 했다. 과연 그의 환심을 사서 이루지 못할 일이 무사하게 되었으니 천 냥의 은보다 훨씬 나았다. 처음에는 비록 일행들에게 말하지 않았으나 가지고 가서 줄 때는 분명히 하지 않으면 안되겠으므로, 말을 사가지고 가서 주려고 할 때 역관을 시켜 이러한 뜻을 서장관에게 자세히 알리게 하였고, 상사에게는 중로에서 내가 직접 말했다. 서장관은 역관의 말을 듣고 크게 기뻐하면서 "만약 일만 성사된다면 역마를 가져다 준다고 할지라도 좋다."고 하였다.

그 이튿날 상명이 자기 종을 시켜 앵무새를 보내오고 그 말을 가지고 갔는데, 상사와 서장관이 함께 내 처소에 와서 앵무새 구경을 하고 말을 풀어 주었다. 방물을 바칠 때 비장과 역관들이 돌아와 지나치게 환대를 받은 일과 쉽게 방물을 바친 일을 말하면서 한가지로 나의 공덕을 칭송하자 서장관은 이미 노여워하는 기색을 보였다. 일이 다 끝나고 연회를 대접받은 뒤에 서장관이 비로소 사사로이 말을 사다 준 것은 잘못이라고 거론하자 상사가 준엄한 말로 꺾어버리면서 "처음부터 한마음으로 주었는데 지금 와서 웬 시비인가?" 하였다. 그리하여 장계를 봉함할 때에는 말을 지급한 사실을 기필코 빼버리려 하였고, 심지어는 역관을 불러 나무라면서 분노하는 말을 보내오기까지 하니, 일행은 그의 행동에 대해 해괴하게 여기지 않는 사람이 없었다. 상사 역시 조금은 그의 요구를 따르려고 하였다.

　나로서는 다른 나라 사람에게 말을 준 문제를 어찌 계문(啓聞, 신하가 정무에 관하여 임금에게 아룀)하지 않을 리가 있었겠는가마는, 당초에 계문하지 못했던 것은 실로 미처 겨를이 없었기 때문이었지 절대로 아뢰지 않으려고 했던 것은 아니었다. 그리고 그가 기필코 그 사실을 드러내지 않으려고 한 것은 그 일을 시기했기 때문일 뿐 아니라 나를 죄에 얽어 넣으려는 생각에서였다. 상명이 물품을 보내온 문제 역시 그 사실을 전달해 물품을 받지 않을 수 없었다고 해야 했는데도 상사 또한 이것을 장계에 넣으려고 하지 않았다. 내 생각으로는 "후일 반드시 관직을 갖게 될 것이니, 그때 등대하여 상소를 올려 진대하거나 혹은 면전에서 직접 아뢴다고 해도 모두 불가할 것이 없겠다." 싶어 그 한 조항은 장계를 고쳐 봉함할 적에 삭제했다. 그리고 물품은 싸서 행수역관에게 주면서 내가 진달한 후에 바치도록 하였다. 그랬더니 나는 귀환한 뒤 이내 병들어 눕게 되고 또 관직도 없다가 경상감사에 제수되자마자 상의 옥체가 미령(靡寧, 어른의 몸이 병으로 인해 편하지 못함)하시어 끝내 하세(下世, 웃어른이 돌아가심)하시는 슬픔을 당했다. 나는 영남에서 돌아와 대죄하느라 미처 겨를이 없었고, 선물로 받은 물품은 아직 역관한테 그대로 있어 끝내 평소의 생각을 실행하지 못했으니, 슬프고 슬프다.

　서장관은 사행에서 돌아온 후 온갖 계책을 얽어 모함하려 했지만 다른 일은 지적할 것이 없기 때문에 이 일을 가지고 되지도 않는 말을 만들어 내었다. 평소 나를 좋아하지 않던 자들은 가소로운 말인 줄을 모르는 바가 아니지만 즐겨 이야깃거리로 삼고 있으니, 나는 진정 비웃음을 참고 견딜 뿐이다.

－6월 3일

맑음. 날씨가 매우 쾌청하여 햇볕에 행구(行具, 여행할 때 쓰는 물건과 차림)들을 말렸다. 또 동쪽 개울을 건너기 어려워 그대로 머물렀다.

－6월 4일

맑음. 비로소 동쪽 개울을 건널 배 한 척을 구했다. 하지만 배가 작아서 말을 실을 수가 없어 말들은 헤엄쳐서 건넜다. 여러 사람들의 의견은 삼하에서 묵자는 것이었으나 상사가 반드시 방균점에서 묵어야 된다고 해서 삼하에서 묵지 못하고 다시 호타하를 건넜다. 하루종일 어두울 때까지 물을 건너느라 말이 모두 파김치가 되었으니 통탄할 일이다. 이날 70리를 갔다.

－6월 5일

맑음. 사람과 말이 모두 피곤하여 길을 갈 수가 없어 단지 한 참(站)을 가서 계주 성안의 민가에서 잤다.

－6월 6일

맑음. 일찍 계주를 출발해 어양하에 이르니 강물이 너무 넓어 저쪽 언덕의 소와 말을 분별하지 못할 정도였다. 배는 한 척뿐이었다.

나와 상사, 그리고 수행하는 두 통관이 먼저 도착했으므로 먼저 강을 건넜다. 두 번째 배편에 통관의 짐을 싣고 배가 나루터를 이미 떠났는데, 서장관이 뒤늦게 도착해 따르는 자들을 질책해 배를 돌리라고 독촉했다. 배가 돌아오자 먼저 실었던 물건들을 모두 내리고 자기가 데리고 온 인마(人馬)와 짐바리만 싣고서 강을 반쯤 건너 가는데 또다시 소리쳐 불러 배를 되돌아오게 하고는 자기 인마를 모두 하선시키고 짐바리만 싣고 강을 건너게 했다. 두 번째 배를 돌려 대었을 때 그 하선시킨 인마까지 함께 배에 태워 갈 수 있었는데도 인마를 내려놓은 것은, 대개 뒤에 오는 배편에 짐을 더 실을 여지가 있어 혹 다른 사람의 짐을 함께 싣게 되지 않을까 염려해서였다.

청인들이 맞대놓고 욕설을 하는데도 전혀 상관하지 않으니 개탄스러운 일이다. 이런 일 때문에 일정이 매우 늦어 오시가 되어서야 별산점에 도착해 아침을 먹고 밤이 깊을 때까지 길을 갔다. 옥전에 이르기 전 십 리쯤에서 말이 진흙탕에 넘어져 나는 진흙탕 물 속에 그대로 서 있었다. 캄캄한 한밤중에 말을 타고 간신히 옥전 찰원에 도착했다. 이날 80리를 갔다.

－6월 7일

맑음. 말은 피폐한데 가마도 탈 수 없어 말을 타고서 간신히 40리를 가서 사류하의 촌사에서 묵었다.

－6월 8일

맑음. 말을 타고 약 30리를 가서 풍윤현 찰원에서 잤다.

－6월 9일

맑음. 중복이다. 말을 타고 참 하나를 가서 진자점에서 묵었다.

－6월 10일

맑음. 또 말을 타고 약 40리를 가서 사하역 성 밖에 있는 절에서 잤다. 매우 비싼 방값을 요구했다.

－6월 11일

맑음. 범가장에서 아침밥을 먹었다. 여기서부터 가마를 타고 가서 영평부 찰원에서 묵었다. 영평부 5~6리 못 미쳐서 배를 타고 새 나루를 건넜는데, 이날 비로소 2참, 60리를 갔다.

－6월 12일

맑음. 대리영에서 아침밥을 먹고 오시경에 산해관에 이르러 성 안으로 들어갔다가 동문에 도착해 막 성문을 나오려는데, 도사가 아직 오지 않았다고 못 나가게 했다. 상사와 서장관은 가마에 그대로 앉아 한길 가운데 있고, 나는 길가 상점에 들어가니 점원이 교의(交倚, 신주를 모셔 두는 다리가 긴 의자)를 내어주어 한참 동안 앉아 있었다. 그제야 도사가 말을 타고 오는데, 머리에 꿩 꼬리를 늘어뜨린 두 마리의 말이 앞에서 인도하고 두서너 마리의 말이 뒤를 따랐다. 성장소(城將所)에 가서 모인다는 것이다. 바야흐로 출문을 허락하므로 2리를 가 점(店)에서 묵었다. 이날 80리를 갔다.

－6월 13일

맑음. 중전소에서 아침을 먹고, 양수하 찰원에서 잤다. 찰원에 있는 사람 말이, 우리나라 사신이 또 이르러 영원에서 묵는다고 하므로 장사꾼을 보내 가서 탐문하게 하였다. 이날 80리를 갔다.

-6월 14일

비오다 갬. 아침에 비가 조금 오다가 곧 개었다. 중후소에서 아침밥을 먹었다. 이곳은 작은 모자를 만드는 곳으로 역관은 모자 매매 일로 조금 머물렀다. 길에서 탐문하러 보냈던 장사꾼을 만나보니 과연 어제 들은 말은 헛소문이었다. 동관역 찰원에서 묵었다. 이날 60리를 갔다.

-6월 15일

맑음. 사하소에서 아침을 먹고, 영원위에서 묵었다. 상사의 쇄마인과 청인이 길에서 싸움을 하여 마치 죽어가는 시늉을 하였다. 행수역관이 시비를 가리려 지주(知州, 주의 장관)의 처소에 들어갔는데, 지주 이증혜가 환대하면서 스스로 말하기를 자기의 먼 선조가 경익인데, 홍무(洪武, 명태조의 연호) 25년(1392년)에 중국에 들어갔고 본관은 우리나라 전주로 우리 국성과 동성이었다. 대대로 경기 부평에 살았으며, 그는 당시 북경에 사는데 문과에 급제해 지주가 되었다는 것이다. 이날 60리를 갔다.

-6월 16일

맑음. 연산역에서 아침밥을 먹고, 고교보의 민가에서 묵었다. 이날 60리를 갔다.

－6월 17일

맑음. 송산포에서 아침을 먹고, 소릉하 찰원에서 잤다. 이날 60
리를 갔다.

－6월 18일

비오고 흐림. 아침에 비가 조금 왔다. 입추이다. 대릉하에서 아침
을 먹고, 십삼산 민가에서 잤다. 이날 60리를 갔다.

－6월 19일

맑음. 여양역에서 아침을 먹고 신광녕(新廣寧)의 민가에서 잤다.
이날 70리를 갔다.

－6월 20일

맑음. 중안보의 소흑산 민가에서 잤다. 서장관은 까닭 없이 성을
내며 홀로 신점에 가서 묵었다. 이날 60리를 갔다.

－6월 21일

맑음. 이도정에서 아침을 먹고, 백기보에서 잤다. 이날 100리를
갔다.

－6월 22일

맑음. 소황기보에서 아침을 먹고, 거하보(巨河堡)에서 잤다. 이날
80리를 갔다.

－6월 23일

맑음. 거하보에서 아침을 먹고, 세성의 민가에서 잤다. 이날 50리
를 갔다.

－6월 24일

맑음. 영안교에서 아침을 먹고, 심양성 밖 실상사에서 잠깐 쉬자니 주지승이 담요를 가져와 그것을 깔고 앉았으나 냄새가 나서 앉을 수가 없었다. 또 양젖을 보내왔다. 심양 찰원에서 잤는데 상사가 상으로 하사받은 말을 잃어버렸다. 이날 60리를 갔다.

－6월 25일

맑음. 혼하(混河)를 건너 백탑에서 아침을 먹고 십리포 민가에서 잤다. 이날 65리를 갔다.

－6월 26일

비. 난니포에서 아침을 먹고, 신요동 민가에서 잤다. 집이 태자하에 면했는데, 강물이 출렁이고 들판은 손바닥을 편 듯이 평평하여 한번 눈을 확 트이게 하는 곳이다. 이날 60리를 갔다.

－6월 27일

비. 냉정에서 아침을 먹었는데 처음으로 노천에 앉아 밥을 먹었다. 낭자산 민가에서 잤다. 주인이 즐겁게 맞이했다. 이곳 풍습이 가장 순후하다. 이날 70리를 갔다.

－6월 28일

흐림. 안개가 많이 끼었다. 안개 속으로 30리를 가다가 첨수참 동쪽 5리쯤 되는 냇가에서 아침을 먹었다. 서장관은 역참의 찰원에 들어가 함께 자리하려 하지 않았다. 이날 60리를 갔다. 연산관 민가에서 잤다.

－6월 29일

흐림. 안개가 많이 끼었다. 30리를 가다가 초하구 냇가에서 아침을 먹었다. 서장관은 성을 내면서 의주 군관 장문항에게 형벌로 매 17대를 때리고는 역참에 들어가 묵지 않고 10여 리를 가서 잤다. 무슨 까닭인지 알 수 없다. 나와 상사는 통원보에서 잤다. 이날 60리를 갔다.

연산관에서 30리를 가 석우만산 속에 이르렀다. 작은 들판이 제법 널찍한데 벌써 단풍이 든 나뭇잎도 있고 누런 빛깔로 변한 풀도 있어 모두가 볼 만하다. 가마에서 내려 쉬고 있는데 상사 또한 이르러 한참 이야기를 나누었다. 상사가 일어나 가려고 하기에 내가 말했다. "지금 가지 말고 조금 지체하시오. 속히 가면 당상 역관 중에 반드시 곤욕을 당할 사람이 있을 것이오." 통원보에 이르러 들으니, 서장관이 지나쳐 가려고 하자 호행하는 통관(通官, 사역원에서 통역과 번역을 맡아보던 사람)이 만류하면서 "이미 역참에 왔으니 일행과 떨어져서 가는 것은 불가하다." 하였다. 이 말에 서장관이 노하여 당상 역관을 잡아다 곤장을 치려고 했으나 잡지 못하고 노하여 소매를 떨치고 가버렸다고 한다. 상사와 나는 이런 대화를 나누었다.

"일을 헤아림이 어찌 그리 귀신 같소?"

"사리가 반드시 그런 것인데 무엇이 알기 어려우리요."

"사리 밖의 것도 아시니 괴이한 일이라 하겠소."

"비록 사리 밖의 일 같으나 역시 사리 내의 일입니다."

－7월 1일

비. 안개가 많이 끼고 오후에 비가 조금 왔다. 팔도하 냇가에서 아침을 먹고, 송참에서 잤다. 이날 60리를 갔다.

－7월 2일

맑음. 여음자방 냇가에서 아침을 먹고, 봉황성 호결의 집에서 잤다. 호결은 바로 북경에서 짐을 운반하기 위해 고용되었다가 앞서 가던 군관과 동행해 먼저 온 자이다. 역관의 말이 "내일 책문을 나가야 하는데 행중에 가진 은이 없고, 관례로 주는 예물 단자대로 다 줄 수가 없으며, 행장 중에는 수출 금지 물품이 많아 필시 국가에 사단이 생길 수도 있습니다. 그래서 호결을 시켜, 짐바리를 맞이하러 의주에서 올 때 많이 보낼 것이라는 말로 성장(城將)을 설득한다면 성장도 어찌할 수 없을 것이고 또 보내올 것을 기대할 것입니다." 하므로 허락하였다. 이날 60리를 갔다.

－7월 3일

비. 책문 안 가게에서 아침을 먹은 뒤 비를 무릅쓰고 책문을 나오는데 짐 검사는 형식일 뿐이어서 대우가 매우 너그러웠다. 온정평에서 잤는데 장막에 빗물이 샜다. 이날 70리를 갔다.

－7월 4일

맑음. 삼강 강가에서 아침을 먹고 오시경에 압록강에 이르니, 부윤이 맞이하러 나왔다. 함께 배에 올라 술통을 열고 즐겁게 마셨다. 이날 50리를 갔다. 장계를 갖추어 올렸다.

−7월 5일

맑음. 의주에 머물면서 행장을 다시 정리했다.

−7월 6일

맑음. 아침을 먹은 뒤 길을 떠나 소관관에서 점심을 먹었다. 용천 청심당에서 잤다. 이날 70리를 갔다.

−7월 7일

맑음. 아침을 먹은 뒤 길을 떠났다. 철산 거련관에서 점심을 먹고 고을 원 남태적을 만나 보았다. 선천부 관덕당에서 묵었다. 밤에 거문고 소리를 들으면서 주인이 시를 청하므로 휘갈겨 써서 주었다. 이날 85리를 갔다.

−7월 8일

맑음. 곽산의 운홍관에서 점심을 먹었는데 고을 원 박동추(朴東樞)가 와서 보았다. 저녁에 정주에서 묵었다. 고을 원 정수기(鄭壽期) 영감이 와서 만나 보았고, 저녁 식사 후 내가 가서 원을 만났다. 이날 75리를 갔다.

−7월 9일

맑음. 가산에서 점심을 먹었다. 고을 원 어유기와 박천군수 안종대가 와서 만났다. 대정강, 청천강 두 강을 건너 안주에 들어가니 병사 조빈(趙儐)이 와서 만났고, 숙천부사 민사연 역시 와서 만나 보았다. 이날 120리를 갔다.

－7월 10일

맑음. 늦게 출발해 숙천에서 잤다. 이날 60리를 갔다.

－7월 11일

비온 후 갬. 밤에 비가 왔으나 아침에 개었다. 순안 안정관에서 아침을 먹었다. 고을 원 조두수는 이미 금산군으로 부임했다. 참판 김재로(金在魯)를 가서 보았다. 저녁에 평양에 도착했다. 감사 사상(士常) 오명항이 와서 보고 밤이 깊어서야 돌아갔다. 이날 120리를 갔다.

－7월 12일

맑음. 감사를 찾아보고 중화에서 저녁을 먹었다. 고을 원 여위량이 와서 만나 보았다. 저녁에 황주에서 잤다. 고을 원 김몽서(金夢瑞)와 해주목사 이광덕(李匡德), 안악군수 신정하(申正夏), 금교 독우(찰방의 다른 이름) 장세량(張世良)이 와서 만나 보았다. 해주목사는 이날이 내 생일이란 말을 듣고 나를 위해 서쪽 마루에 특별히 술자리를 마련해 주었다. 상사도 함께 와서 음악을 베풀고 놀다가 밤이 되어서야 파했다. 이날 90리를 갔다.

－7월 13일

비. 비가 조금 내렸다. 봉산에서 점심을 먹었는데 고을 원 장두소가 와서 만나 보았다. 검수참에 도착하니 문화현령 박수한이 와서 보았다. 밤길을 무릅쓰고 15리를 가 서흥에서 묵으니 고을 원 홍정보(洪鼎輔)가 와서 만나 보았다. 이날 120리를 갔다.

－7월 14일

비. 큰비가 왔다. 비를 맞으며 총수참에 이르니, 토산현감 김정희, 수안군수 홍이한이 와서 만나 보았다. 보산역에 이르러 간신히 앞내를 건너 평산에서 묵었다. 곡산군수 구성임(具聖任)과 본 고을 원 홍덕망이 와서 만나고, 권호징(權濩徵)도 와서 보았다. 이날 80리를 갔다.

－7월 15일

맑음. 배로 저탄을 건너 금천에 들어가니 고을 원 한일운이 와서 만나 보았다. 판서 임방(任埅)을 적소(謫所, 귀양살이하는 곳)로 찾아가 약간의 삼을 전했다. 금천 고을 원에게 청해서 쌀 몇 석을 보내 그의 가난과 병고를 보살펴 주도록 했다. 고금천역에서 잠깐 쉬고 청석동에 이르니 아들 형징과 조카 숙징이 와서 기다리고 있었다. 정아(둘째 아들 정징)는 병이 나서 송도에 머물러 있다고 한다. 외종인 개성유수 윤장문(尹長文)과 그의 아들이 골짜기 개울가에 장막을 치고 기다리고 있었다. 저녁 때 태평관에 도착해 자질들을 데리고 가서 유수를 문후하니 그 동생 소문 역시 함께 있었다. 밤이 깊어서야 돌아왔다. 이날 백 리를 갔다. 서장관은 물품을 호송하고 역관을 기다리느라 금천에 따로 떨어져 머물렀다.

－7월 16일

맑음. 유수와 함께 판문의 13대조 국재공(菊齋公)의 묘소를 배알하고 전(奠, 제사 때 제물을 신에게 바치는 행위)을 드렸다. 장단에서 점심을 먹었다. 권이성(權以成)이 와서 보았다. 파주에서 말에 꼴을 먹이는데 고을 원 정내주(鄭來周)가 와서 만나 보았다. 저녁에 고양에서 잤다.

-7월 17일

맑음. 정오에 서울에 들어와 예궐해 복명하였다.

1668년(현종 9년)	7월 12일, 대전 탄방동에서 태어남.
1672년(현종 13년)	조부 탄옹 권시, 세상을 떠남.
1678년(숙종 4년)	모친이 세상을 떠남. 상을 마친 후 부친을 따라 서울로 올라감.
1682년(숙종 8년)	부친 권유가 전의현감으로 부임하면서 함께 따라감.
1684년(숙종 10년)	부친 권유, 세상을 떠남.
1687년(숙종 13년)	전주이씨와 결혼함. 부인은 이익하(李翊夏)의 따님.
1688년(숙종 14년)	황산 한양촌에 살면서 유봉에 있는 윤증의 집을 오가며 학문을 배움.
1694년(숙종 20년)	별시(別試)에 급제함.
1695년(숙종 21년)	권지 승문원 부정자(權知 承文院 副正字)에 뽑혀 보임됨. 품계는 조봉대부(朝奉大夫). 부사정(副司正)이 됨. 큰아버지 권기, 유배지 거제에서 세상을 떠남.
1696년(숙종 22년)	율봉도 찰방으로 부임함. 김천도 찰방으로 부임함.
1697년(숙종 23년)	봉정대부(奉正大夫)에 오름. 중훈대부(中訓大夫)에 제수됨. 중직대부(中直大夫)에 제수됨.

1698년(숙종 24년)	세자시강원 설서(說書)에 제수됨.
	병조좌랑에 제수되었으나 병으로 사직함.
1699년(숙종 25년)	사헌부 지평(持平)에 제수되었으나 병으로 사양하고 부임하지 않음.
	함평현감으로 부임함.
1700년(숙종 26년)	함평현감으로 있으면서 《기성지(箕城誌)》를 편수함.
1701년(숙종 27년)	동당 참시관(東堂 參試官)으로 금산 도회(都會)에 나아감.
	〈기성지발(箕城誌跋)〉을 지음.
	시강원 사서(司書)로 부임.
1703년(숙종 29년)	지평에 제수됨.
	사직(司直)에 임명되었다가 곧바로 전라도 도사(都事)로 부임함.
1704년(숙종 30년)	홍문관 수찬(修撰) 겸 경연검토관, 춘추관 기사관에 임명됨. 사양했으나 윤허되지 않음.
	다시 상소를 올리기 전에 한영휘 등이 소를 올려 공격하므로 무수동으로 돌아감.
	지제교(知製敎)에 선발되어 제수됨.
	〈양성당기(養性堂記)〉를 기술함.
1706년(숙종 32년)	정언(正言)에 제수됨.
	부수찬(副修撰)으로 자리를 옮기게 되어 상소해 사양했으나 윤허되지 않음.
1707년(숙종 33년)	가솔을 이끌고 무수동으로 돌아감.
1708년(숙종 34년)	시강원 필선(弼善)에 부임함.

평양부 서윤(庶尹)에 제수되었으나 대신 박행의의 논계로 인해 물러남.

필선에 임명되었으나 사직함.

무장현감으로 부임함.

통정대부(通政大夫) 동래부사에 제수됨.

1709년(숙종 35년)   동래부사로 부임함.

충렬별사를 세움.

1711년(숙종 37년)   승정원 부승지(副承旨) 지제교 겸 경연참찬관, 춘추관 수찬관에 임명됨.

우부승지로 옮김.

경주부윤으로 부임함.

《동경잡기간오(東京雜記刊誤)》를 저술함.

1714년(숙종 40년)   영광군수로 부임함.

열부 〈김씨전〉을 지음.

1718년(숙종 44년)   철원부사에 제수되었으나, 맏며느리의 부친 정도복(丁道復)이 춘천부사 겸 강원병마절도사였기 때문에 사양하고 부임하지 않음.

안동부사로 부임함.

1721년(경종 원년)   동부승지(同副承旨)에 임명됨.

형조참의(參議)에 제수됨.

비변사 당상(堂上)에 특차됨.

승지(承旨)에 제수되었으나, 신병으로 소를 올려 사직함.

1722년(경종 2년)   형조참의에 제수됨.

우승지로 승진함. 좌부승지로 옮김.

예조참의에 제수됨.

공조참의에 제수됨.

1723년(경종 3년) 승지로 옮김.

북병사로 천거되었으나 지평 심준의 상소로 체직됨.

사은부사에 제수됨.

동지중추부사에 제수됨.

형조참판으로 옮김. 승문원제조 비국유사당상을 겸직함.

1724년(경종 4년) 호조참판으로 옮김. 오위도총부 부총관을 겸직함.

사은부사로 연경으로 떠남.

경상도관찰사 겸 병마수군절도 순찰사 대구부사에 임명됨.

1726년(영조 2년) 함경도관찰사에 제수되었으나 대간의 상소로 체직됨.

1727년(영조 3년) 경기도관찰사에 제수되었으나 상소하여 사직함.

비변사 당상에 임명됨.

사간원 대사간에 제수됨.

자헌대부(資憲大夫) 호조판서에 제수됨.

1728년(영조 4년) 이인좌의 난을 진압한 공로로 원종공신(原從功臣) 1등에 선
정됨.

1729년(영조 5년) 영조가 은주발을 만들어 올리라고 명했으나, 명령을 봉행하
지 않음.

세 차례 사직소를 올리니 우선 체직을 허락하면서도 대임
(代任)을 내지 말도록 명함.

다시 호조판서에 임명됨.

분황(焚黃, 관직이 추증될 때 그 자손이 추증된 이의 묘소 앞에 나아가 이를 고하고 사령장의 부본인 누런 종이를 불태우던 일)을 이유로 사직소를 올려 말미를 받음. 임금을 면대해서 청하니 그제야 사직을 허락함.

동지경연사에 제수됨.

지중추부사에 제수됨.

의정부 우참찬에 제수됨.

1731년(영조 7년)   지중추부사에 제수되었으나 소를 올려 사직함.

공조판서 및 산릉제조에 임명됨.

1732년(영조 8년)   지중추부사에 제수됨.

1733년(영조 9년)   평안도관찰사 겸 병마수군절도사 관향사 평양부윤으로 부임함.

1734년(영조 10년) 고향으로 돌아옴.

11월 6일 술시(오후 8시부터 10시 사이), 정침(正寢)에서 세상을 마침.

1735년(영조 11년) 정월 22일, 예조좌랑 박첨이 왕명을 받들고 와서 조문하고 제사를 드림.

정월 26일, 대전시 어남동에 장사지냄.

1772년(영조 48년) 채제공이 시장(諡狀)을 지어 봉상시(奉常寺)에 올림.